KB147805

미디어 교육의 이론과 실제

media
education

theory
truth

설진아 지음

에피스테메
EPISTEME

"모두에게 지식을"
We Deliver Knowledge for All

우리 출판부는 "모두에게 지식을 전한다"는 사명으로 대학교재와 함께
학술도서, 녹음강의 카세트테이프, CD, ebook 등을 출판하고 있으며,
특히 "지식의 날개"와 "에피스테메"라는 브랜드로 일반 도서도 발행하고 있습니다.
독자 여러분의 많은 사랑과 관심을 부탁드립니다.

미디어 교육의 이론과 실제

초판 1쇄 찍은날 2007년 3월 5일
초판 1쇄 펴낸날 2007년 3월 10일

지은이 설진아
펴낸이 장시원
펴낸곳 한국방송통신대학교출판부
　　　　110-500 서울시 종로구 이화동 57번지
　　　　전화 | 영업 02-742-0954
　　　　팩스 | 02-742-0956
　　　　출판등록 | 1982년 6월 7일 제1-491호
　　　　홈페이지 | http://wingsofknowledge.co.kr
　　　　　　　　http://press.knou.ac.kr

　　　　출판위원장 | 권수열
　　　　책임편집 | 김미란
　　　　제작 | 변수길

　　　　편집 · 표지 디자인 | 프리스타일
　　　　인쇄 | 정문사문화(주)

ⓒ 설진아, 2007
ISBN 978-89-20-92415-6 93070
값 12,000원

이 책에 관하여

　　21세기는 매체를 통한 인간 커뮤니케이션이 그 어느 때보다 활성화된 시대이다. 커뮤니케이션 기술과 디지털 기술의 발전이 다매체 · 다채널 시대를 앞당겼고, 각종 채널을 통한 뉴스와 정보는 이제 현대인의 가치 판단과 일상생활에서 필요 불급의 양식이 되고 있다. 하루라도 신문과 TV, 광고와 홍보물, 이동전화와 인터넷을 접하지 않고 살 수 있는 자연인으로서의 생활이 점점 더 불가능해지면서 매체의 중요성과 영향력에 대해 우려하는 목소리들이 높아지고 있다. 특히 최근 들어 각종 매체가 급변하는 국제 정세나 사회적 큰 사건들을 매일같이 전달하면서 언론 매체의 기능과 영향에 대한 논의가 예전보다 활발해지는 현상을 목격할 수 있다.

　　매체의 영향과 기능은 성인들에게만 적용되는 것은 아니다. 이미 공기와 물처럼 일상생활 속에 깊숙이 자리 잡고 있는 대중매체는 환경의 일부가 되어 어린이와 청소년에게도 가시적으로나 잠재적으로 큰 영향을 미치고 있다. 정보의 바다로 인터넷을 사용하는 어린이와 청소년들은 성인들보다 많은 시간을 매체에 할애하고 있다. 매체에 대한 청소년들의 신뢰도와 의존도 역시 훨씬 더 높은 경향이 있는데, 이는 태어나면서부터 다매체 환경 속에서 자라나고 가정과 학교, 매체를 통해 사회화 과정을 거치면서 현실 인식에서 매체 의존도가 높아졌기 때문이다. 하지만 미디어가 전하는 정보가 일상의 모든 국면에 깊숙이 침투해 우리의 사고방식에서부터 문화 형성에 이르기까지 크고 작은 영향을 미치는데도 미디어 자체에 대한 교육은 제도권 교육에서 아직 적극적으로 도입되지 못하고 있는 실정이다.

지금까지의 미디어 교육은 교육학 분야에서는 선진국의 사례를 중심으로 상당히 체계적으로 정리되고 많은 연구가 소개되었지만, 우리나라에 바로 적용하기에는 교육과정이나 교수법이 달라 현장 교사들이 적용하기가 어려웠다. 또한 여러 시민 단체에서 교육해 온 풀뿌리 미디어 교육은 사회 저변으로 미디어 교육의 관심과 중요성을 확산시키는 데 크게 기여했지만, 이론적 체계가 부족하고 단체마다 다양한 교육법을 제시하고 있어서 현장 교육에 그대로 적용하기에는 무리가 따른다. 이는 단체의 입장이나 관점에 따라 강조하는 바가 다르기 때문에 어쩌면 당연한 현상이기도 하다.

이러한 맥락에서 이 책은 미디어 교육이 제도권 교육 내에서 활용될 수 있도록 정보사회에서 미디어를 사용하고 이해하는 데 필요한 기초적인 미디어 관련 이론과 미디어 교육의 실제 내용을 다루고 있다. 특히 이 책은 다양한 대중매체 중 청소년에게 많은 영향을 미치고 있는 매스 미디어를 선별해 어떻게 교육시켜야 하는

가에 중점을 두고 있다. 크게 3부로 구성된 이 책은 '정보사회와 미디어 교육', '미디어 특성 교육', '미디어 제작과 교육 사례'를 다룬다. 먼저 제1부인 '정보사회와 미디어 교육'에서는 정보사회의 특성과 미디어의 기능 및 영향은 무엇인지 소개하고, 정치와 대중문화에서 미디어 교육의 필요성을 탐구한다. 제2부인 '미디어 특성 교육'에서는 매체 중심의 강론으로 모든 매체를 다룰 수가 없기 때문에 중등교육 및 청소년 교육에 적용할 수 있는 TV와 광고, 영화와 같은 동영상 대중매체와 인터넷을 중심으로 미디어 교육 내용을 정리해 본다. 마지막으로 제3부인 '미디어 제작과 교육 사례'에서는 멀티미디어 시대의 신문을 활용한 미디어 교육과 방송 영상물의 기획 및 제작방법을 간략히 살펴보고, 이를 위한 카메라 영상 촬영의 기초와 편집방법을 소개한다. 아울러 미디어 교육 사례로서 제7차 교육과정에 반영된 일부 교과목의 미디어 교육 사례를 제시하고자 한다.

　이 책에서 다루는 미디어 교육의 이론과 실제는 청소년기의 학생, 특히 중·고등학교의 학생들을 지도하는 현장 교사나 시민단체에서 일반 성인들을 대상으로 미디어 교육을 실시하고 있는 강사들을 위해 그 범위와 내용의 한계를 두고 있다. 따라서 미디어 교육을 전문적으로 연구하는 교육학자의 입장에서는 교육학적 체계나 이론적 깊이가 부족하며, 반면에 언론학을 전문으로 하는 커뮤니케이션 학자의 입장에서는 매체에 대한 특성 분석이나 이론적 체계가 대단히 조야할 수도 있다. 분명한 것은 이 책은 일상생활의 매체 활용에서 훨씬 더 앞서 있는 청소년들을 매일 교육시켜야 하는 현장 교사들에게 현실적 방법론을 제시함으로써 미디어 교육에 조그마한 보탬이 되고자 기획된 것이다. 이 책의 저자로서 미디어 리터러시 교육이 제도권 교육에서 보다 활성화되기를 바라면서, 기존의 미디어 교육에 관한 훌륭한 저서들과 연구자료, 논문, 사례 발표집 등을 많이 참고했음을 밝혀 둔다. 아울러 이 책이 청소년들의 미디어 능력을 향상시키는 데 도움이 되기를 희망한다. 끝으로 이 책이 나오기까지 많은 자료를 찾고 정리해 준 위스콘신 대학교 언론대학원 박사과정의 남궁강 후배에게도 고마움을 표하며, 이 책의 부족한 점이나 모든 잘못된 부분에 대한 책임은 저자의 몫임을 고백한다.

대학로 평생교육 현장에서

설진아 씀

차 례

제1부 정보사회와 미디어 교육 _ 1

제1장 정보사회와 뉴미디어 ——————————— 3
1. 정보사회의 이해 ——————————— 4
2. 커뮤니케이션 기술과 뉴미디어 ——————————— 8
3. 매스 미디어의 기능과 영향 ——————————— 16

제2장 정치와 미디어 ——————————— 29
1. 여론 형성과 미디어 ——————————— 30
2. 미디어 정치와 선거 ——————————— 35
3. 선거 보도와 TV 토론 ——————————— 41

제3장 대중문화와 미디어 ——————————— 51
1. 대중문화와 매스 미디어 ——————————— 52
2. 미디어와 글로벌 문화 ——————————— 56
3. 미디어와 문화산업 ——————————— 61

제4장 미디어 교육의 현황 ——————————— 69
1. 미디어 교육의 정의와 영역 ——————————— 70
2. 디지털 시대의 수용자 특성 ——————————— 74
3. 국내외의 미디어 리터러시 교육 ——————————— 83

제2부 미디어 특성 교육 _ 123

제5장 신문과 미디어 교육 ──────────── 125
　1. 신문의 정의와 역사 ──────────── 126
　2. 신문의 특성 ──────────── 131
　3. 신문의 기능과 미디어 교육 ──────────── 138

제6장 텔레비전과 미디어 교육 ──────────── 147
　1. 텔레비전의 정의와 발전과정 ──────────── 148
　2. 텔레비전의 특성 ──────────── 152
　3. 텔레비전 프로그램의 종류 ──────────── 157
　4. 텔레비전의 영향과 미디어 교육 ──────────── 160

제7장 광고와 미디어 교육 ──────────── 167
　1. 광고의 개념과 역사 ──────────── 168
　2. 광고의 종류와 기능 ──────────── 172
　3. 광고의 영향과 미디어 교육 ──────────── 177

제8장 영화와 미디어 교육 ──────────── 183
　1. 영화의 역사 ──────────── 184
　2. 영화의 특성 ──────────── 192
　3. 영화와 미디어 교육 ──────────── 197

제9장 인터넷과 미디어 교육 ──────────── 205
　1. 인터넷의 정의와 발달과정 ──────────── 206
　2. 인터넷의 특성 ──────────── 210
　3. 인터넷과 미디어 교육 ──────────── 216

제3부 미디어 제작과 교육 사례 _ 225

제10장 신문 제작과 교육 사례 ————————— 227
1. 미디어 제작 교육과 NIE————————— 228
2. 신문 제작 교육 ————————————— 230
3. NIE를 통한 특기·적성 지도 사례 ————— 233

제11장 영상물 제작과 교육 사례 ——————— 245
1. 영상물 기획과 제작 ———————————— 246
2. 좋은 기획을 위한 체크리스트 ——————— 250
3. 카메라 촬영과 편집의 이해 ——————— 254
4. TV와 영화 교육 사례 ——————————— 276

제12장 통합교과 미디어 교육 사례 ————— 289
1. 제7차 교육과정에서의 미디어 교육 ————— 290
2. 미디어 교육의 교과과정 ————————— 294
3. 교과목별 미디어 교육과정 ———————— 299
4. 미디어 교육의 향후 전망 ———————— 306

참고문헌 ——————————————————— 311
부록 | 방송 프로그램의 모니터 기준과 방법 ———— 317
찾아보기 ——————————————————— 325

제1부
정보사회와 미디어 교육

제1장 정보사회와 뉴미디어

제2장 정치와 미디어

제3장 대중문화와 미디어

제4장 미디어 교육의 현황

제 1 장
정보사회와 뉴미디어

1. 정보사회의 이해

2. 커뮤니케이션 기술과 뉴미디어

3. 매스 미디어의 기능과 영향

1. 정보사회의 이해

21세기를 흔히 '지식 기반의 정보사회'라고 일컫는다. 정보 (information)란 음성이나 시각적 기호로 전달되는 상징적 의미체계로서 사물의 내용과 형편에 관한 소식이나 자료를 의미한다. 사람들은 일반적으로 특정 사물이나 현상에 대해 정보를 많이 가질수록 불확실성이 줄어든다고 인식하며, 이를 위해 매스 미디어는 음향이나 영상 혹은 문자를 통해 정보 메시지를 전달하는 기능을 수행한다. 그렇다면 정보사회는 어떤 사회를 의미하는가? 정보사회는 한마디로 정보와 지식이 사회적 가치재로 인식되고, 상품이나 재화를 대신하는 양상이 두드러진 사회이다. 자본주의 사회의 변화를 주창한 벨(Daniel Bell)이 그의 저서 『후기 산업사회의 도래』에서 예측했듯이 정보사회는 컴퓨터 기술을 비롯한 새로운 정보기술들이 경제를 포함한 사회구조와 정치체계, 문화 유형 영역의 기틀을 변화시키고, 자원 배분의 효율성이 강조되는 사회이다. 또한 정보사회는 전 세계를 연결시키는 네트워크 기술의 발전으로 세계를 지구촌으로 만들고, 참여민주주의를 확산시키는 특성을 갖고 있다.

정보사회의 개념과 주요 특성을 살펴보면, 정보사회는 무엇보다 커뮤니케이션 기술의 발달과 정보화의 진전으로 사회구조 전반에 걸쳐 정보와 지식의 가치가 산업사회보다 높아진 사회라고 할 수 있다. 즉 정보사회는 경제활동의 비중이 물질적 생산에서 정보의 생산과 처리, 유통 등 정보산업으로 옮겨지고, 정보나 지식이 경제적 가치를 창출할 수 있게 된 사회이다. 이러한 정보사회는 특히

정보기술(IT : information technology)의 혁신과 매체기술의 괄목할
만한 발전에 힘입은 바가 크다. 정보통신기술을 기반으로 하는 다
양한 뉴미디어들이 등장하고, 뉴미디어 산업의 성장과 사회적 확산
에 따라 사회 다방면에서 크고 작은 변화들이 나타나면서 '정보화
사회'가 등장한 것이다. 정보사회의 특징에는 여러 가지가 있겠지
만, 가장 주목할 것은 정보기술 혁신에 기초한 효율성 증대이다. 사
회 전반에 걸쳐 컴퓨터와 인터넷 같은 정보기술이 광범위하게 이용
되면서 이에 따른 사회적 경쟁력과 산업 부문에서의 효율성이 증가
되었다. 더 나아가 디지털 기술의 발전과 컴퓨터 기술의 혁신으로
정보 지식 분야가 핵심 산업을 이루면서 세계 도처에서 네트워크화
를 토대로 한 정보화가 앞당겨지고 있다.

　　정보사회에 대한 담론이 제기된 것은 1950년대 중반 미국의
경제학자들에 의해서였다. 이들은 미국의 산업구조가 1·2차 산업
에서 3차 산업, 그중에서도 지식과 관련된 산업으로 이전되고 있음
에 주목하였다. 이들 중 매클럽(Fritz Machlup)이란 학자는 1962년
발간된 『미국에서의 지식 생산과 분배』라는 책에서 교육과 연구 개
발, 미디어, 정보 기기, 정보 서비스의 지식산업 분야가 미국 전체
GNP의 31%를 차지하고 있어서 이미 1950년대 말에 미국은 지식
산업이 주도하는 사회로 전환되었음을 주장한 바 있다(전석호,
1999). 이후 1970년대의 정보사회에 대한 논의는 토플러(Alvin
Toffler)를 비롯하여 네이스비트(John Naisbitt), 윌리엄스(Frederick
Williams), 네그로폰테(Nicholas Negroponte)와 같은 미래학자들이
본격적으로 제기하였다. 미래학자들이 예측한 정보사회의 모습은
상당히 긍정적이었다. 이들에 따르면, 정보사회는 정보기술과 뉴
미디어의 발전에 따라 산업사회의 집중화된 권력이 분권화되고 표
준화됨으로써 산업 논리 역시 대량 생산보다는 개별화 또는 개인화

된다는 것이다(Negroponte, 1994). 미래학자들은 기본적으로 정보기술이 인간 생활의 변화를 위해 큰 역할을 할 수 있다는 긍정적 입장에서 정보사회를 예측하였다. 그들은 컴퓨터와 같은 기술의 발달이 인간의 창의적 활동을 증진시킬 뿐만 아니라 삶의 질을 획기적으로 향상시킬 것이라고 내다보았다.

정보사회에 대해서는 낙관론과 비관론이 있다. 정보사회에 대해 낙관적인 입장은 산업사회에 비해 정보사회가 정보기술과 뉴미디어의 이용을 통해 권력을 분권화시킬 수 있으며, 정보사회에서는 컴퓨터나 기계가 인간의 역할을 대신하면서 인간의 창의적 활동이 증진되어 삶의 질이 획기적으로 향상될 수 있다고 본다. 반면에 정보사회에 대해 비관적인 입장은 정보사회가 산업자본주의를 더욱 공고히 하고, 자본가의 경제적 지배를 오히려 강화시키는 데 기여한다고 비난한다. 슬랙(Jannife Slack), 로빈스(Kebin Robins)와 웹스터(Frank Webster) 같은 학자들은 정보사회의 낙관적 시나리오가 자본주의의 모순을 은폐하기 위한 이데올로기로 등장한 것뿐이며, 결론적으로 정보사회는 산업사회의 연장에 불과하다고 주장하였다(오택섭 외, 2003). 즉 정보사회는 정보와 지식의 독점으로 산업자본주의가 더욱 견고해지며, 정보의 불평등 현상에 따라 정보 격차는 소득 격차로 연결됨으로써 자본주의의 문제점을 오히려 은폐한다는 것이다. 다시 말해 정보사회를 부정적으로 보는 학자들은 정보사회에서 정보를 독점하는 일부 계층들의 삶의 질은 획기적으로 증진되지만 정보 접근이 불가능한 소외 계층의 삶은 산업자본주의 사회와 크게 달라지지 않으며, 상대적 빈곤감은 오히려 더 커질 수 있다고 보았다. 정보사회에 대한 비관적 주장들은 정보의 생산과 분배가 본질적으로 자본가의 경제적 논리와 무관하지 않다는 점에서 일부 동의할 만하다. 그러나 정보사회가 반드시 자본가계급의 이

익을 위해서만 운영되지는 않는다는 점에서, 이 또한 전적으로 수
긍하기 어렵다. 자본의 논리가 정보의 상업화에 기여한 것은 사실
이지만, 그 결과·나타난 정보기술들은 자본가들의 독점적 지배를
약화시키는 데 기여하기도 하였다. 따라서 정보사회는 점차 탈산
업화된 정치·경제적 질서를 창출하게 되면서 자본주의 산업사회
와는 다른 새로운 사회의 특징들을 초래하고 있다는 점도 간과해서
는 안 될 것이다.

정보사회는 산업사회에 비해 정보를 생산하고 배포시키는 커
뮤니케이션 기술이 발전한 사회이다. 커뮤니케이션 기술은 과거
특정한 계층에 의해 독점되었던 정보를 광범위하게 활용할 수 있는
가능성을 열었으며, 시민 민주주의의 확대에 기여한 바 있다. 우리
나라의 경우도 방송과 통신의 커뮤니케이션 기술 발달에 의한 정보
화는 현재 사회 여러 분야에서 진행 단계에 있다. 각 분야별 정보화
속도가 다른 만큼, 이에 따라 변화되는 조직구조나 운영체제의 변
화된 양상을 쉽게 예단하기가 어려운 만큼 정보화 사회로의 진행과
정을 좀더 지켜봐야 할 것이다. 또한 정보화 이행 단계에 따른 부정
적 측면이나 양상이 존재하는 만큼 새로운 가능성도 존재하므로 다
양한 관점에서 이를 바라보는 열린 자세가 필요하다. 따라서 정보
사회의 미디어 교육은 환경으로서의 미디어 자체 교육도 중요하지
만, 커뮤니케이션과 뉴미디어가 정보사회에서 어떠한 역할을 하는
가에서 우선적으로 출발해야 할 것이다.

2. 커뮤니케이션 기술과 뉴미디어

커뮤니케이션 기술의 발달은 매체의 대중적 확산과 이용 증대로 사회 변화에 적지 않은 영향을 미쳤다. 19세기 중후반에 등장한 신문, 대중잡지, 영화 그리고 20세기 초중반에 등장한 라디오와 텔레비전 같은 전파 매체들은 점차 많은 사람이 정보를 얻거나 전달하는 데 사용되기 시작하였다. 이러한 대중매체들은 대중사회(mass society)를 형성하는 토대가 되어 주로 산업사회의 대량 생산과 대량 소비를 위해 다수의 대중들에게 같은 메시지를 전달하는 데 이용될 수 있었다. 21세기에 들어와서도 신문과 방송 같은 대중매체는 여전히 사회 하부 구조들 간의 의사소통을 위한 신경조직이자 대중문화를 형성하는 근간이 되고 있다.

정보사회로 진입한 이후 커뮤니케이션 매체는 훨씬 더 다양해졌고, 여러 가지 부가 서비스 기능이 강화되었다. 예를 들어 과거의 전화기에 비해 최근의 이동전화기는 TV 기능과 전자수첩, MP3, 카메라 등 복합 기능을 갖고 있으며, 인터넷을 기반으로 한 다양한 뉴미디어들은 IP-TV와 Wibro 같은 새로운 매체를 등장시킴으로써 정보사회를 규정하는 새로운 의사소통의 기반이 되고 있다. 뉴미디어(new media)는 문자 그대로 새로운 매체를 뜻한다. 여기서 새롭다는 의미는 기존의 매체와는 전혀 다른 성능의 혁신적 매체 특성을 갖고 있거나, 이미 존재했던 미디어가 약간의 기술적 응용과 활용방법의 변화에 따라 진보된 새로운 미디어를 말한다(오택섭 외, 2003). 즉, 뉴미디어란 상대적인 개념으로서 커뮤니케이션 기술 혁신에 따라 창조된 새로운 매체일 뿐만 아니라 기존의 미디어가 기술적으로 더 발달된 형태를 모두 포함하고 있는 것이다. 일정한 시기가 지나면 새로운 미디어는 사회에 확산되고, 결국 그 매체는 대중화됨으로써 이미 뉴미디어로서의 속성을 잃게 된다. 우리가 뉴미디어라고 하는 새로운 매체들 역시 몇 년 후가 되면 이미 올드미디어 대열에 속하게 되는 태생적 한계를 갖고 있다. 신문이나 라디오, 텔레비전 등도 개발된 당시에는 뉴미디어로 인정받았으며, 또한 가장 최근에 개발된 이동 멀티미디어 방송(DMB)과 IP-TV 같은 첨단의 뉴미디어도 장래에는 더 이상 뉴미디어로 취급받지 못하게 될 것이다. 따라서 특정 미디어가 뉴미디어인가 아닌가는 상대적인 시점에 달려 있다고 볼 수 있다.

　뉴미디어에 대한 개념 정의 역시 '기존의 매스 미디어에 새로운 정보 처리 및 정보 전달기술이 부분적으로 부가된 것'과 '기존의 매스 미디어와는 전혀 다른 새로운 정보 교환 기능을 갖춘 미디어'를 모두 포함한다(배규환, 2004). 즉 뉴미디어는 기술이나 기능 면에서 기존의 미디어와 완전히 다를 수도 있겠지만, 동시에 아무리 새로운 미디어라고 하더라도 기존의 미디어와 완전히 분리해서 생각하기는 어렵다. 예컨대 라디오는 전파 미디어로서 활자 미디어인 신문이나 잡지와 비교하면 전혀 다른 기술 혁신을 이용한 것이지만, 이동 멀티미디어 방송인 DMB의 경우는 텔레비전과 분리하여 그 기능과 특성을 설명하기는 어렵다. 또한 IP-TV와 같은 뉴미디어들이 컴퓨터와 텔레비전과는 전혀 다른 새로운 매체라고 단정지을 수는 없으며, 이러한 미디어 역시 세월이 지나면 올드미디어에 속하게 될 것이다. 다만 이러한 뉴미디어가 커뮤니케이션 기술과 정보통신기술을 최대한 이용하고 있다는 점에서 최근에 사용하는 뉴미디어라는 용어는 '커뮤니케이션 기술과 통신기술, 컴퓨터 등을 이용한 새로운 차원의 미디어'라고 정의 내릴 수 있다.

　뉴미디어의 등장 배경을 살펴보면 새로운 커뮤니케이션 기술이 항상 근간을 이루고 있다. 최초로 정보를 기록하고 저장 가능한 활자기술의 발달이 인쇄 매체를 낳았다. 이어 전파와 전신기술, 전화의 발명이 라디오를 탄생시켰으며, 사진술과 영화 같은 영상기술의 발명이 거리와 시간의 개념을 극복하여 정보 전달을 가능하게 하는 텔레비전을 발명시켰다. 20세기 말에는 통신기술과 컴퓨터 기술의 발전으로 위성방송과 인터넷 같은 뉴미디어가 탄생하였다 (〈그림 1-1〉 참조). 21세기의 뉴미디어들은 디지털 기술과 커뮤니케이션 기술이 결합하여 만들어진 경우가 많다. 디지털 기술은 정보

〈그림 1-1〉 커뮤니케이션의 기술적 발달과 미디어 탄생

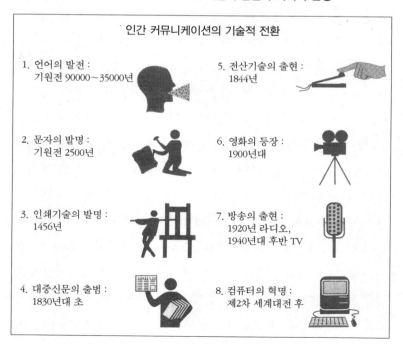

출처 : 전석호, 『정보사회론』, 나남출판사, 1999, p. 47.

의 수집, 조합, 창출, 저장능력을 극대화시켰고, 커뮤니케이션 기술은 정보의 전달능력을 극대화시켰다고 할 수 있다. 즉, 디지털 기술과 커뮤니케이션 기술의 발전은 매체가 융합되는 현상을 가져왔다. 매체 융합은 기존의 여러 매체의 특성이 결합됨으로써 다양한 서비스와 기능을 제공하는 현상을 의미한다.

최근에는 뉴미디어를 멀티미디어 혹은 디지털 미디어라는 용어와 혼용하여 사용하기도 한다. 요즘의 뉴미디어는 대부분 콘텐츠[1]의 제작과 전송이 디지털 기술로 이루어지고 있기 때문에 디지

〈그림 1-2〉 미디어의 디지털화 추세

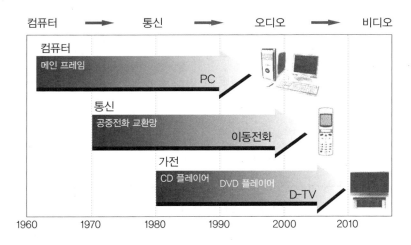

출처 : SBS 서울디지털포럼 편, 『유비쿼터스의 최전선』, 2005, p.107.

1_ 콘텐츠란 "원래는 서적, 논문 등의 내용이나 목차를 일컫는 말이었으나 요즘은 각종 유무선 통신망을 통해 매매 또는 교환되는 디지털화된 정보를 통칭하는 말"로 주로 쓰인다 (www.naver.com). 예를 들어 인터넷이나 PC 통신 등을 통해 제공되는 각종 프로그램이나 CD와 DVD 등에 담긴 영화, 음악, 만화 애니메이션 등 해독 가능한 기호체계로서 판매될 수 있는 상품이기도 하다. 콘텐츠의 경우에도 텍스트와 소리, 동영상이 함께 혼용되는 멀티미디어 콘텐츠를 제공하기 때문에 멀티미디어라고 일컫기도 한다.

털 미디어라고 부르는 경우가 많다(배규환, 2004 : 333). 디지털 기술의 발달로 이제는 이동전화와 같은 디지털 단말기 하나를 통해 문자, 음성, 영상 등 멀티미디어 서비스를 모두 이용할 수 있게 되었다. 〈그림 1-2〉에서 볼 수 있듯이 미디어의 디지털화 추세는 컴퓨터에서 통신 분야로 발전하였고, 통신에서 오디오와 비디오 분야로 전개되고 있다.

　한편, 뉴미디어들은 기술적 차원에서나 매체 속성상 공통적인 특성을 갖고 있다. 디지털 기술에 바탕을 둔 대부분의 뉴미디어들은 동영상을 전달하고 비동시적 특성을 갖고 있으며, 올드미디어보다 상호작용성이 강화되었다. 대부분의 뉴미디어들은 고도의 컴퓨터 디지털 기술과 커뮤니케이션 기술을 바탕으로 커뮤니케이션 메시지의 전달 내용과 전달방식, 그리고 표현 양식을 변화시킴으로써 산업사회의 올드미디어와는 구별되는 특성을 갖는다. 대부분의 뉴미디어들은 전달능력을 확장하기 위해서 정보 처리와 전달방식에 필요한 정보를 모두 디지털 신호로 처리하고 있다. 디지털의 원리는 0과 1의 이진 부호를 사용해 전압의 개폐기를 이용하여 끊고 잇는(off/on) 신호를 반복하며 전송하는 기술로서, 컴퓨터의 정보 처리 부문과 통신기술의 정보 전송 부문을 결합시킬 수 있다. 디지털 신호는 아날로그 신호보다 더 안정적이고 효율적이며 전송, 복제, 축적의 과정에서 신호의 손실이 적다(강상현 외, 2002). 디지털 기술은 전파의 흐름이 유동적이고 연속적인 아날로그 방식과 비교하여 정밀도가 높고, 재현 성능이 뛰어나며, 압축기술에 따라 정보 전달 능력에서 경제적이다. 뉴미디어의 차별화되는 특성으로는 비동시성과 이동성, 통합성, 상호작용성, 영상의 활동을 들 수 있다.

① 비동시적 속성

기존의 대중매체가 모든 수용자에게 동시적으로 메시지를 전달하는 데 비해 뉴미디어는 비동시적으로 메시지를 전달할 수 있다. 산업사회에서 라디오와 텔레비전 같은 대중매체는 동시적으로 다수의 시청자·청취자에게 메시지를 전달했기 때문에 수용자들은 자신이 원하는 시청시간이나 프로그램을 선택할 수 없는 수동적 입장이었다. 그러나 뉴미디어는 메시지를 저장하고 있다가 수신자가 원하는 시간에 원하는 프로그램을 볼 수 있게 해 줄 뿐만 아니라, 선별적으로 원하는 시간대에 원하는 프로그램만 주문 형식(VOD)으로 시청할 수가 있고, 시청 환경 역시 가족보다는 점차 개인화되고 있다. 사실상 방송 매체의 경우 편성시간의 개념이 붕괴되고 있는 것이다.

② 이동성

다음으로 뉴미디어는 기존의 매스 미디어에 비해 시간과 공간의 제한을 초월하는 이동성(mobility)과 편재성이 높다. 현대인들의 생활이 분주해지고 복잡해짐에 따라 이동시간과 야외 활동의 증가로 이동성을 가진 미디어의 수요가 더욱 높아지고 있다. 이에 따라 시간과 장소에 구애받지 않는 뉴미디어가 계속해서 개발되는 추세이다. 예컨대 이동전화기를 통한 DMB와 PDA, 텔레매틱스, 포켓용 TV와 Wibro 등과 같은 뉴미디어는 특히 이동성이 높은 매체들이다. 이러한 뉴미디어의 특성은 전 세계의 커뮤니케이션 시스템이 통합되고 정보통신기술이 확산됨에 따라 정보의 이동성 증가와 정보 사용의 편재성이 더욱 높아질 것으로 예측된다. 이러한 이동성과 편재성이 높아진 뉴미디어의 경우 〈그림 1-3〉과 같이 센서 네트워크 기반의 유비쿼터스 시대가 되면 네트워크의 제약이나 기기

〈그림 1-3〉 센서 네트워크 기반의 유비쿼터스 시대

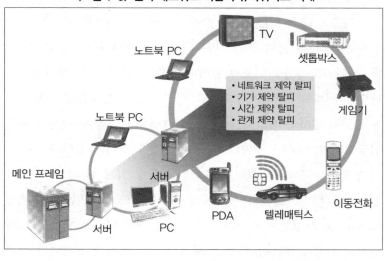

출처 : SBS 서울디지털포럼 편, 『유비쿼터스의 최전선』, 2005, p.108.

의 제약, 시간 제약, 관계 제약에서 벗어나 뉴미디어를 통한 의사소
통이 원활해질 것이다.

③ 통합성

　뉴미디어는 디지털 기술에 의해 점차 하나의 단말기로 정보망
을 통합하는 특성이 있다. 즉, 아날로그 시대에 각기 개별적으로 존
재했던 매체들이 디지털 시대에는 통합되어 멀티미디어화되는 경
향을 보인다. 멀티미디어화에 따라 뉴미디어 이용자들은 이제 하
나의 디지털 단말기로 자신이 필요로 하는 다양한 종류의 신호와
정보를 쉽게 송·수신하고, 또 이용할 수 있게 되었다. 예컨대 수용
자는 퍼스널 컴퓨터 하나로 신문, 잡지, 서적, 영화, 전화, 전자통
신, 라디오, 텔레비전, 화상회의 등 모든 매체의 메시지를 수용할
수 있다. 예를 들어 KBS의 FM 방송은 인터넷상의 '콩 게시판'을

통해 국내뿐만 아니라 전 세계의 라디오 청취자를 대상으로 방송을 실시하고 있는데, 이는 수용자들이 개인 컴퓨터를 통해 모든 정보와 오락을 추구하는 통합적 매체 이용 속성을 잘 활용한 사례라고 볼 수 있다.

④ 상호작용성

뉴미디어는 기존의 매스 미디어에 비해 커뮤니케이션이 양방향으로 이루어진다. 신문, 방송 같은 대중매체가 송신자의 입장에서 일방적이었다면, 뉴미디어의 경우는 수용자의 피드백이 중요해지고, 방송 및 기타 멀티미디어 서비스에 대해 수용자가 능동적인 반응을 보일 수 있다. 즉 디지털 시대의 뉴미디어는 압축기술에 의해 채널 용량이 크게 증대됨으로써 송신자와 수신자 사이의 상호작용성이 더 높아지고, 더 많은 정보를 신속하게 전달해 줄 수 있다. 예를 들어 디지털 케이블 TV를 통한 홈쇼핑이나 인터넷 게시판에서는 커뮤니케이션이 양방향으로 이루어져 상호작용성(interactivity)이 큰 편이다. 뉴미디어인 디지털 멀티미디어 DMB의 경우도 양방향 서비스가 가능하며, 수용자들은 이러한 상호작용적 서비스를 적극적으로 이용할 것으로 보인다.

⑤ 영상 중심의 매체

마지막으로 뉴미디어는 문자와 이미지, 텍스트, 음향을 모두 포함하는 멀티미디어로서 모든 매체를 하나의 스크린에 통합시키는 경향이 있다. 뉴미디어는 또한 인쇄 매체, 음성 매체, 영상 매체의 구별 없이 모두 영상을 포함하는 속성이 있다. 이미 온라인 신문이 많이 실용화되었듯이 영상 전화, 영상 회의, 영상 음반 등 모든 매체에 영상 부분이 포함되어 메시지가 텔레비전이나 컴퓨터 화면을 통하여 전달되도록 바뀌어 갈 것이다. 이러한 영상 위주의 뉴미디어는 메시지의 사회적 임재감(social presence)을 높이게 되는데, 사회적 임재감이란 전달되는 메시지가 사람 간의 직접적 커뮤니케이션과 유사한 정도를 의미한다. 영상 이미지의 활용은 텍스트의 친근감과 리얼리티를 높여 주는 효과가 있다.

3. 매스 미디어의 기능과 영향

매스 미디어는 사회 구성원과 하부 조직, 구성원 간의 커뮤니케이션을 가능하게 하는 매개체로서 대중을 상대로 의도된 메시지를 전달하고 의미와 상징체계를 생산, 가공, 유통시키는 대중매체를 의미한다. 1960년대 중반 캐나다의 맥루한(Marshall Mcluhan)은 "미디어는 메시지이다(The medium is the message)."라는 선언을 통해 인간의 감각체계의 연장 도구로서 미디어를 정의한 바 있다. 그는 미디어가 문화를 통제한다고 보았으며, 미디어에 따라 메시지의 전달 형태나 방식에 차이가 있음을 주장한 바 있다(Mcluhan, 1964, 1994). 그는 미디어를 뜨거운 매체(hot media)와 차가운 매체(cool media)로 구분했는데, 전자는 명세도(high-definition)가 높은 커뮤니케이션 매체로서 정보 전달량이 많은 매체를 가리킨다. 이런 차원에서 신문은 뜨거운 시각 미디어이고, 사진과 영화도 그렇다. 반면에 차가운 미디어는 명세도가 낮은 커뮤니케이션 매체로서 사람들의 높은 참여를 요구한다. 텔레비전은 모호하고 희미한 영상을 채우기 위해 개입과 참여를 요구하므로 차가운 매체이다(오미영·정인숙, 2005: 187). 맥루한 이후 많은 커뮤니케이션 학자들은 매스 미

디어가 사회의 하부 체계 중 하나로서 어떠한 사회적 기능과 구성
원에게 영향을 미치는지에 대해 꾸준히 연구해 왔다. 하지만 신문
과 텔레비전, 인터넷과 같은 대중매체가 사회적으로 어떤 기능을
하고 있는지에 대해서는 학자들에 따라, 혹은 분류 기준에 따라 의
견이 다양하다. 또한 사회 구성원과 하부 체계를 연결시켜 주는 사
회 신경조직으로서의 매스 미디어는 송·수신자의 입장에 따른 기
능 분류가 가능하기도 하다. 더 나아가 미디어가 사회 및 구성원에
게 미치는 영향도 순기능과 역기능으로 분류할 수 있다.

　언론학에서 일반적으로 용인되는 매스 미디어의 주요 사회적
기능은 미디어가 어떤 역할을 하는가를 바탕으로 네 가지로 구분된
다. 이 네 가지 주요 기능은 '환경 감시 및 정보 제공', '상관 조
정', '사회 문화유산의 전수' 그리고 '오락 제공'의 기능이다. 이러
한 사회적 기능은 그 대상에 따라 개인과 사회의 하부 구조 및 문화
에 미치는 영향으로 분류되며, 매스 미디어의 영향이 미리 의도된
것이었는지, 우연한 것이었는지에 따라 다시 '현재적 기능(manifest
function)'과 '잠재적 기능(latent function)'으로 구분된다. 그리고 이
러한 기능들은 다시 사회와 그 성원들의 복지적 입장에서 볼 때 바
람직할 경우에는 '순기능'으로 간주되고, 피해를 주거나 부정적 영
향을 미칠 때는 '역기능'으로 분류된다. 여기서는 라이트(Wright)가
제시한 네 가지 매스 미디어의 기능을 중심으로 미디어 교육과 관
련하여 살펴보기로 한다.

1) 환경 감시 및 정보 제공의 기능

　매스 미디어의 '환경 감시 및 정보 제공' 기능이란 언론 매체

가 사회에서 일어나는 여러 가지 사건에 관한 정보를 수집하고 정
리하여 대중에게 전달함으로써 사회 환경을 감시하는 활동을 의미
한다. 매스 미디어 중 신문이나 방송 같은 보도 매체의 가장 큰 기
능 가운데 하나가 바로 환경 감시 기능이다. 예를 들어 국가의 전쟁
이나 지진 같은 천재지변이 발생할 경우, 매스 미디어는 신속하게
전 국민을 대상으로 뉴스를 전달할 수 있기 때문에 자연적인 환경
이나 국가 · 사회의 인위적인 환경에서 벌어지는 사건들에 대해 사
회 구성원들에게 미리 경고할 수 있다. 매스 미디어는 일상생활에
서 국민의 의식주와 관련된 사건 및 모든 현상을 수시로 알려 줌으
로써 국민들에게 주변 환경의 위험에서 피해를 최소화하게 하는 긍
정적 역할을 한다. 예를 들어 교통과 증권, 날씨 정보처럼 국민에게
직접적인 영향을 주는 뉴스뿐만 아니라 각종 경제 소식과 의학 정
보, 정부 정책에 대한 뉴스와 생활 정보 등을 통해 구성원이 속한
여러 환경을 감시함으로써 대중이 원하는 정보와 필요로 하는 정보
를 제공할 수 있다. 이와 같은 매스 미디어의 환경 감시 기능은 특
권층이나 몇몇 소수자에게만 제공되는 것이 아니라 전 사회 구성원
에게 공평하게 전달되므로, 사회 내부의 정보의 독점을 막고 평등
권을 보장하는 기능까지 수행한다.

　매스 미디어의 환경 감시 및 정보 제공 기능은 또한 정치인이
나 특정 인물에게 권위와 합법적인 지위를 부여하거나 정치 활동에
유용한 정보를 제공하고 여론의 향방을 알려 주는 지위 부여 기능
을 포함한다. 일반적으로 매스 미디어의 뉴스 소재로 등장한 인물
은 일반 공중에게 권위, 신뢰감 그리고 전문성을 인정받는 혜택을
누리게 된다. 반면에 매스 미디어의 뉴스 소재가 되는 정치인들은
매스 미디어에 의해 그들의 비리나 비행이 폭로되어 권위를 잃거
나, 심한 경우에는 정치적 생명을 마감하는 경우도 있다. 이것은 정

치인의 관점에서 볼 때 매스 미디어의 역기능이라고 할 수 있으나 환경 감시 차원에서는 순기능인 셈이다. 이러한 매스 미디어의 환경 감시 활동은 특정 국가나 사회 구성원에게 부정적 영향을 줄 수 있다. 예컨대 매스 미디어를 이용한 세계의 동향이나 국제적 사건 보도는 특정 국가의 정치적 안정을 위협할 수 있다. 특히 북한과 같은 폐쇄사회가 외부에서 유입되는 서방세계의 정보를 철저히 통제하고 있는 것은 바로 이러한 이유에서이다. 문화 차원에서도 매스 미디어의 환경 감시 기능은 문화 간의 교류를 활성화하는 긍정적 측면도 있으나, 고유한 전통문화가 외래문화의 범람으로 파괴되고, 급기야는 종속되어 전통문화의 본질을 잃게 하는 역기능적인 측면도 무시할 수 없다.

　매스 미디어의 정보 제공 기능이 개인에게 미치는 역기능으로는 사회 구성원에게 과다한 심리적 긴장감이나 공포를 유발시키는 경우를 들 수 있다. 매스 미디어가 위협적 사건에 관한 확인과정을 거치지 않고 별 해설도 없이 갑작스럽게 일반 공중에게 정보를 전달했을 때, 그러한 정보를 접한 독자나 시청자들은 공포에 사로잡혀 지나칠 정도로 과민반응을 보일 수 있다. 예를 들어 매스 미디어가 '여성 납치 및 성폭행 연쇄범' 사건에 관한 과도한 뉴스를 연일 보도할 때, 여성들은 심리적 불안을 느끼게 된다. 또한 '중국산 생선에서 납 발견'과 같은 수입 식품에 관한 비리 뉴스나 '만두 파동', '김치 파동' 뉴스와 같이 국민 건강과 직결된 불량 식품 고발 뉴스 역시 위험한 식품 환경에 관한 과다한 정보 때문에 특정 제품에 대한 불신 차원을 넘어 중소기업에까지 피해를 주는 현상을 초래하기도 한다.

2) 상관 조정 기능

매스 미디어의 '상관 조정' 기능이란 변화하는 환경에 사회가 제대로 적응할 수 있도록 미디어가 정보 제공을 통해 도와주는 역할을 의미한다. 상관 조정 기능은 매스 미디어가 단순한 사실 전달 차원을 넘어 정보의 의미를 해석하고 대응책을 처방하여 사람들의 태도 형성에 영향을 주는 기능이다. 변화하는 환경에 성공적으로 적응하기 위해서는 사회의 부분들이 서로 긴밀하게 연계되어야 하며, 이러한 역할을 잘 수행할 수 있는 것이 바로 신문과 방송 같은 매스 미디어이다. 예를 들어 신문의 사설과 텔레비전의 해설 프로그램 등은 사회 하부 구조 간의 갈등과 연계성을 조정하는 내용을 많이 다루고 있다. 환경 감시 기능과 상관 조정 기능은 실제로 구별하기 어려우며, 구분 자체 또한 의미가 없다. 신문 보도나 방송 뉴스에서 편집과정에서의 기사 선택과 배열, 그리고 특정한 어휘의 사용으로 말미암아 환경 감시를 위한 객관적인 보도 역시 부분적으로는 상관 조정의 기능을 할 수 있다.

매스 미디어의 상관 조정 기능이 중요한 이유는 미디어가 수용자들에게 우리 주위에서 발생하는 중요한 사건들을 평가하고 해석하기 때문이다. 즉, 신문과 텔레비전 같은 대중매체가 여러 사건들에 우선순위를 부여하는 역할을 수행한다. 특정한 날에 일어난 많은 사건 가운데 어떤 사건을 신문의 사설이나 TV 톱뉴스 소재로 잡느냐에 따라 사건의 상대적 중요성이 달라진다. 신문의 독자들은 사설이나 논평의 소재가 된 사건이 가장 중요한 사회적 의미를 지니고 있다고 생각하기 쉽고, TV 시청자들은 톱뉴스가 중요하다고 판단하는 경향이 있다. 매스 미디어의 논평 기능, 즉 상관 조정 활동이 없다면 사람들은 사건의 심층적 배경과 의미는 물론, 그 사건에 대해 어떠한 의견을 가지고 어떻게 대처해야 할지 몰라 당황할 것이다. 하지만 동시에 매스 미디어의 상관 조정 활동은 개인이 미디어의 의견 및 주장에 의존하게 함으로써 스스로 해석하고 평가하는 비판적 사고능력을 저하시키는 역기능을 초래한다(오택섭 외, 2003 : 36~38).

미디어 교육에서 주의할 점은 교육 대상자들에게 언론의 상관 조정 기능과 환경 감시 기능의 차이점을 인식시키고, 사설이나 논평이 특정한 시각을 담을 수 있다는 사실을 알려 줄 필요가 있다. 사설이나 논평은 객관적 사실보다는 신문사나 방송사의 철학과 이념, 주요 입장들을 전제로 수용자에게 사회 하부 구조의 상관관계를 비판적으로 해설하고 평가하기 때문이다.

3) 사회 문화유산의 전수 기능

매스 미디어는 특정 사회가 보유하고 있는 지식과 정보뿐만 아니라 그 사회의 가치와 규범을 구성원에게 전수하는 기능을 가진다. 매스 미디어를 통해 전파되는 내용에는 사회 구성원이 공통적으로 지향하는 가치와 집단적 경험이 담겨 있어서 지속적으로 대중매체에 장기간 노출된다면 그러한 내용을 자연스럽게 수용하게 된다. 예를 들어 TV 드라마에 나타난 가족관계나 사회적 규범에 따른 여러 가지 관행의 반복적인 묘사는 대중매체를 접하는 수용자들에게 사회·문화적 코드를 인식시키고 용인하게 한다. 이렇게 될 때 사회 구성원은 사회의 규범을 자신의 것으로 내면화하는 사회화(socialization) 과정에 따라 구성원 간의 결속을 다질 수 있다. 매스 미디어를 통한 사회화는 개인의 입장에서 보더라도 사회규범과 문화적 전통에 자연스럽게 접촉하게 함으로써 사회 적응을 도와주고, 사회 전체가 동일한 규범을 토대로 통합되는 데 기여한다.

한편, 이러한 매스 미디어의 사회 문화유산 전수 기능은 사회 구성원들이 미디어를 통해 필요한 지식과 규범을 학습하는 것을 의미하기도 한다. 즉 사회화 과정 속에 교육의 도구로서 미디어가 활용되기도 한다. 매스 미디어는 어린이와 청소년들뿐 아니라 성인들에게도 현대 사회에서 필요한 지식과 규범을 습득하는 데 유용한 교육적 도구로 이용된다. 특히 텔레비전 교육 프로그램들은 교육적 효과가 뛰어나며, 취학 전 아동들에게나 입시를 준비하는 수험생들에게, 그리고 외국어 및 최신 정보를 획득하려는 성인들에게 매우 유익한 내용을 제공한다. 매스 미디어의 사회화 기능은 또한 뉴스 보도를 통해 사회 내에서 일어나는 각종 일탈행위를 폭로함으로써 사회 통제를 강화하며, 사회 질서를 바로잡을 수 있다. 더 나아가 매스 미디어가 사회의 일탈행위를 공개함으로써 기존의 규범을 강화하고, 다음 세대에게 그 사회의 문화유산을 전수하는 기능을 수행할 수 있다. 하지만 획일화되고 상업적인 대중문화는 문화적 다양성을 침해할 수 있다는 점도 미디어 교육자로서 인식해야 한다.

4) 오락 기능

신문이나 잡지의 영화 소식, 스포츠 및 연예인 정보, 만화와 같은 흥미 위주의 기사 내용은 독자에게 읽는 재미를 주고 드라마, 쇼, 코미디, 가벼운 오락 토크쇼 등의 TV 프로그램들은 사람들의 기분 전환이나 휴식을 돕는 오락적 기능을 수행한다. 특히 TV는 텔레비전 수상기 판매와 상업광고를 위해 프로그램이 만들어졌으므로 태생적으로 오락 매체로서 출발하였다. 다매체·다채널 시대를 맞이해서도 텔레비전 방송사의 치열해진 시청률 경쟁으로 말미암아 방송사들은 오락 프로그램의 비중을 더욱 늘리는 경향이 있다. 이는 상대적으로 텔레비전 방송의 공익성이 저하되고 있다는 우려를 불러일으킨다. 특히 전 세계적으로 각종 스포츠가 인기를 끌면서 대중오락으로 자리 잡게 된 것도 텔레비전이 주요 스포츠 경기를 경쟁적으로 방송했기 때문이다. 월드컵 중계로 전 세계의 축구 스타들이 부상했으며, 야구와 농구, 골프의 경우도 탁월한 운동선수들은 세계적으로 이름이 알려졌다. 이처럼 스포츠 스타 역시 TV가 배출한 새로운 스타로서 시청자에게 즐거움과 기분 전환의 오락을 제공한다.

매스 미디어의 오락 기능은 대중에게 휴식을 제공하여 생활에 활기를 불어넣는다는 측면에서 긍정적이다. 매스 미디어를 통해 전달되는 오락물은 대중적 흥미에 초점을 맞추는 경향이 있으며, 그 내용은 누구나 가볍게 보고, 듣고, 즐길 수 있는 대중문화의 성격을 띤다. 쇼, 드라마, 그리고 코미디 등의 텔레비전 프로그램이 높은 시청률을 보이는 것도 시청자의 오락에 대한 욕구를 충족시켜 주기 때문이다. 하지만 시청자들이 이러한 오락물에 지나치게 몰입하다 보면 개인의 일상생활에 지장을 초래할 뿐만 아니라 사회적으로 중요한 현안들에 대해 무관심해져서 사회적 혹은 정치적 참여를 외면하게 될 수 있다. 실제로 2006년 월드컵 기간에 장시간의 TV 시청으로 직장생활이나 생업에 지장을 받은 사람들도 있었다. 매체 비평가들은 일반 사람들이 대부분의 여가시간을 TV 오락물 시청에 할애함으로써 사회적 불평등이나 왜곡된 현실을 직시하지 못하게 될 수 있다고 지적한다. 그들은 또한 대중들이 매스 미디어가 제공하는 오락에 탐닉하여 공공 문제의 해결에 무관심하거나 많이 알고 있다고 생각하여 참여를 회피하는 경향이 있다고 말한다. 즉 매일같이 텔레비전에서 제공하는 오락물을 접하다 보면 사람들은 현실을 직시하지 못하고 불만족스러운 현실의 상황에서 도피하려는 성향을 보이며, 무비판적으로 매스 미디어가 제공하는 내용에 심취하게 되는데, 이러한 현상을 문화적 순응주의라고 한다.

그러나 매체 비평가들이 주장하는 만큼 매스 미디어가 개인들에게 중대한 해악을 끼치고 실제로 사회에 좋지 않은 영향을 미쳤다는 직접적인 연구 결과는 찾아보기 힘들다. 일례로 TV와 MP3, 인터넷 때문에 청소년들의 창의성과 사회성 발달에 치명적인 영향을 받고 있다는 실증적 사례 연구는 거의 없었으며, 미디어의 효과에 대한 결론 역시 확실하지 않다. 이미 매스 미디어는 청소년들을 포함한 일반인들의 생활환경으로 자리 잡고 있으므로, 이들의 생활과 분리하여 매체의 효과를 측정하기가 어렵기 때문이다. 더 나아가 매체를 많이 사용하더라도 매스 미디어가 개인에게 미치는 영향은 그다지 크지 않으므로, 설혹 매스 미디어가 불건전하거나 그릇된 내용을 전달하더라도 별로 걱정할 바가 아니라는 매체 옹호론자들의 주장도 있다.

이처럼 관점에 따라서 매스 미디어의 사회적 기능과 영향은 긍정적인 측면과 부정적인 측면이 양립한다. 매스 미디어의 사회적 기능에 대한 부정적인 관점은, 매스 미디어의 위력이 실제로 엄청나서 그대로 방치할 경우 사회나 개인들에게 중대한 해악을 끼칠 것이라는 점을 전제한다. 예를 들어 어린이들에게 선정적이거나 폭력적인 영화 관람을 금지하자는 주장은 이러한 영화가 어린이들의 태도나 가치관 형성에 직접적이고 즉각적인 악영향을 끼친다는 가정에서 비롯된 것이다. 이에 비해 매스 미디어의 기능과 영향에 대한 긍정적인 관점은, 미디어의 영향이 아주 제한적이거나 거의 없다고 보는 견해이다. 이들은 비록 매스 미디어가 전달하는 메시지를 바탕으로 우리가 현실세계를 이해하게 되지만, 이것이 사람들의 태도나 의견 변화, 더 나아가 행동 변화에까지 큰 영향을 주지 못한다는 입장이다. 요컨대 매스 미디어의 사회적 영향과 효과에 대해 많은 연구가 행해져 왔지만, 아직까지는 일관된 연구 결과가 나타났다기보다 분석 대상이 된 매체와 사용된 연구방법, 연구 대상 그리고 시대적 상황에 따라 엇갈린 연구 결과가 나타나고 있다 (배규환, 2004).

미디어 효과와 관련하여 커뮤니케이션학 분야에서는 많은 연구가 있었지만, 미디어 교육과 관련해 주목할 만한 효과 이론은 폭력성과 선정성 등을 배양시키는 매스 미디어의 배양효과 이론을 들 수 있다. 배양효과 이론의 주창자인 거브너(George Gerbner)는 TV 시청이 현실 인식에 미치는 영향을 연구하였다. 그는 TV를 과다하게 시청하는 사람들의 경우 그들이 머릿속에 담고 있는 사회의 모습과 TV가 제시하는 '세계'와 일치한다는 사실을 발견하고, 이를 매스 미디어의 배양효과(cultivation theory)라고 일컬었다. 예컨대 범죄와 폭력 관련 뉴스에 많이 노출된 시청자들은 텔레비전을 덜 보거나 거의 안 보는 사람들에 비해 사회에 실재하는 범죄와 폭력에 대해 과대평가하는 경향이 있다는 것이다. 즉, 텔레비전에서 범죄와 폭력을 많이 묘사하기 때문에 텔레비전을 많이 시청하는 사람들은 현실세계가 매우 위험한 곳이라고 인식하게 된다는 주장이다.

거브너가 제안한 미디어의 '문화 배양효과'란 곧 한 사회가 계속 유지·발전될 수 있도록 그 사회의 구성원에게 사회적 현실에 대한 어떤 관념을 대중매체인 매스 미디어가 형성해 주는 것이라고 볼 수 있다. 문화 배양효과 이론의 기본 가정은 매스 미디어, 그중에서도 특히 텔레비전은 가장 강력한 문화적 무기로서, 현실세계에 대한 상징적 환경을 조성하는 기능을 통하여 사람들에게 현실세계에 대한 관념을 배양시켜 준다는 것이다. 이러한 가정에는 다시 여러 가지 구체적 가정들이 내포되어 있다. 첫째는 문화와 커뮤니케이션이 불가분의 상호관계를 맺고 있다는 점이다. 둘째, 이러한 문화는 주로 매스 미디어인 텔레비전을 통해 발전된다는 점이다. 텔레비전은 인간들의 삶과 함께하며 신화를 창조하고, 산업적 대중문화의 기반을 이루며, 모든 것을 포함하는 사회화의 도구이다. 셋째, 텔레비전은 현실세계에 관한 이미지를 제시할 뿐만 아니라 여러 프로그램을 통해 획일화된 메시지를 반복적으로 전달한다는 점이다. 거브너는 텔레비전에서 묘사되는 폭력적 행위들이 거의 비슷하며, 대중들에게 현실세계에 대한 동질적 상을 형성시켜 준다고 본다. 넷째, 텔레비전 시청은 '습관성'이 높아 프로그램에 의해서보다는 시간에 의해서 텔레비전을 보는 경향이 있다는 점이다. 결론적으로 텔레비전은 현대 사회에서 가장 강력한 문화적 무기로서 문화를 배양시켜 주고 있다는 것이 문화 배양효과 이론의 핵심적 가정이다 (세버린·탠카드, 2004).

　　최근 들어 미디어의 효과 연구는 미디어의 영향력이 강력하다는 쪽으로 다시 기울어지고 있다. 이는 정보사회에서 매스 미디어의 중요성이 더욱 부각되면서 커뮤니케이션의 기술혁명과 뉴미디어의 확산에 따라 미디어의 효과를 강조하는 방향으로 나아가고 있기 때문인 듯하다. 즉 미디어의 효과 연구가 다시 '미디어가 사회와 개인들에게 강력한 영향을 미치고 있다'는 쪽으로 변화된 배경에는 무엇보다 정보사회에서 커뮤니케이션 기술혁명과 뉴미디어의 등장에 따른 사회 전반적인 구조의 변화와 상관이 있을 것으로 판단된다.

배양효과에 관한 TV 시청자 연구 사례

1980년 거브너와 그의 동료들은 텔레비전이 미국 사회의 핵심 문화권력이 되었다는 주장으로 출발해, 텔레비전을 하루 4시간 이상 보는 시청자와 그보다 적게 보는 시청자 사이의 인식의 차이를 연구하여 발표하였다. 연구 결과, 중시청자는 종종 텔레비전에서 묘사되는 세계에 근접한 대답을 하였다. 예를 들어 세계 인구의 몇 퍼센트가 미국에 살고 있는지 질문했을 때, 정확한 답은 6%였다. 그러나 중시청자들은 경시청자들보다 이 수치를 훨씬 높게 추정하는 경향이 있었으며, 치안 업무와 관계된 직업을 가진 미국 사람의 비율을 물어 보았을 때 정확한 답은 1%였으나 중시청자들은 이보다 훨씬 높은 수치로 대답하였다. 그 이유는 당시 텔레비전에 등장한 인물의 약 20%가 치안 업무에 관계된 사람들이었기 때문이다. 중시청자들은 또한 "사람을 믿을 수 있습니까?"라는 질문에 경시청자들보다 더 많이 "아무리 주의해도 지나치지 않다."라고 답변하였다. 이와 같은 응답은 중시청자들이 강화된 불안감과 위험에 대한 느낌을 텔레비전에서 얻고 있음을 보여 준다. 거브너와 그의 동료들은 이를 중요하면서도 폭넓게 받아들여지는 텔레비전에 의한 배양효과라고 지적했다.

출처 : 세버린 · 탠카드, 박천일 · 강형철 · 안민호 역, 「커뮤니케이션 이론」, 나남출판, 2004, p. 371.

제 2 장
정치와 미디어

1. 여론 형성과 미디어

2. 미디어 정치와 선거

3. 선거 보도와 TV 토론

1. 여론 형성과 미디어

여론(public opinion)이란 무엇인가에 대한 개념을 분명하게 정의하는 일은 그리 쉽지 않다. 그 이유는 '여론'이라는 용어가 일상생활과 대중매체에서 많이 사용되고 있는 데 비해 정확한 의미와 범위를 한정 짓는 일은 간단하지 않기 때문이다. 동서양을 막론하고 여론은 대통령을 비롯한 국가의 위정자들이 가장 신경 써야 할 통치의 바로미터로 작용하였다. 동양에서는 '민심은 천심'이라고 했으며, 서양에서는 '인민의 소리는 곧 신의 소리'라고 하여 위정자들이 백성의 뜻을 귀중하게 여기도록 하였다. 참여민주주의가 발달한 현대 사회에서 여론의 비중은 더욱 커져 현대 정치를 여론 정치 혹은 미디어 정치라고 칭하기도 한다. 민주주의 사회에서는 최고 통치자의 여론 지지도가 높을수록 강력한 지도력을 행사할 수 있으며, 여론의 지지도가 떨어지면 기존의 정책을 수행하기조차 어려워진다. 더 나아가 여론에 따라 정치 지도자가 등장하고 퇴진하며, 정책 방향이 결정되고 변하기도 한다. 일례로 장기간 집권했던 태국의 탁신 총리가 사임하게 된 것도 궁극적으로 부정부패에 대한 태국 국민의 여론이 악화되면서 비롯되었다.

여론에 대한 정의는 다양하다. 그러나 대체로 '사회 구성원 모두에게 관계되는 일에 대해 시민으로서의 공중(公衆)이 표명하는 집합적 의견'이라는 정의가 가장 일반적이다. 특히 여론은 '정부 이외의 공동체 영역에서 정책 결정과정에 영향을 미치는 집합적 의견'으로서(배규환, 2004), 각종 의견 중 대다수의 지지를 받고 있음을 나타내는 용어이기도 하다. 하지만 여론이 정치적·역사적 사건에 대한 공중의 집합적 의견이라고 볼 때 누구의 의견을 중점적으로 취급했느냐에 따라 여론의 대표성이라든가 조작의 문제가 제기될 수 있다. 여론의 특징으로는 몇 가지 중요한 사항이 있다. 첫째, 여론의 대상이다. 먼저 여론은 동일한 사회 집단에 소속된 사람들의 의견으로 여기서 '동일한 집단'은 하나의 조직체일 수도 있고, 지역 공동체일 수도 있으며, 국가일 수도 있다. 그러나 대중매체인 신문과 방송에서 언급하는 여론은 대부분 공동체의 범위가 국가적, 범국민적인 수준이다. 둘째, 여론은 집단 구성원들이 공통적으로 관심을 가지는 어떤 사안에 대하여 형성되는 것이다. 즉 여론은 정치적 제도나 정권, 헌법적 구조나 쟁점 등 공동체의 공적(public) 논쟁과 관련되어 있다. 따라서 여론은 개인의 사회·경제적 지위와는 독립적으로 이루어지며, 오직 공개적 토론을 통한 사상의 가치에 따라 경중이 결정된다. 셋째, 여론의 주체는 공중(公衆)에서 출발했으나 20세기 대중민주주의 시대로 접어들면서 불특정 다수인 일반 대중 또는 유권자 집단이 중요한 여론의 주체로 등장하게 된다. 공중과 대중의 개념에는 차이가 있다. 공중은 분명한 자의식과 비판정신, 그리고 합리적 이성을 수용하고 있으며, 자유로운 의견 교환을 통해 상호작용을 하는 인간 집합체라는 점에서 군중이나 대중과는 뚜렷이 구분된다. 최근에는 개인 미디어가 발달하고 인터넷의 도입으로 일반 대중 또한 충분한 정보를 갖고 적극적인 상호 의견 교환을 통해 자율적으로 참여하는 공중으로서의 역할을 하는 경향이 있다. 넷째, 여론은 개인의 '의견'에서 출발하며, 이러한 의견은 인지적이고 합리적인 이성과 정서적이고 복잡한 감성이 동시에 영향을 미친다. 마지막으로, 민주주의 사회에서 여론은 최종적 의사 결정의 원동력이 된다. 즉 공중의 의견이 한 방향으로 모아져 집합적 의견으로 채택될 경우, 그러한 여론은 보편성, 객관성, 합리성을 띠게 된다(배규환, 2004 : 247~250).

여론이 형성되기 위해서는 다수의 사람이 매체에 참여하여 의견을 주고받아야 한다. 그 과정에서 미디어가 매개자로서 결정적인 역할을 담당할 수 있다. 미디어가 여론 형성과정에 미치는 영향은 긍정적인 측면도 있고, 부정적인 측면도 있다. 미디어가 여론 형성에 긍정적으로 기여하는 측면은 먼저 신문, 방송 같은 언론이 어떤 쟁점에 대해 사회 구성원의 주의를 환기시킴으로써 여론 형성의 계기를 만들어 준다는 점이다. 또한 언론은 사회 내의 다양한 생각과 의견을 조직화해서 사람들에게 대립적인 쟁점이 무엇인지 스스로 판단할 수 있는 정보를 제공한다. 언론은 더 나아가 수집된 정보를 해석하고 평가하는 기능을 수행함으로써 사회 구성원의 판단에 부분적으로나 근본적으로 변화를 가져오게 하는 역할도 한다. 이러한 점들은 언론이 공적인 이슈에 무관심하고 수동적이던 대중을 의식 있고 비판적인 공중으로 전환시켜 이들에게 토론의 장을 제공함으로써 사회적 여론을 형성시키는 긍정적인 역할을 수행하는 것이다.

미디어가 여론 형성에 미치는 부정적인 영향을 살펴보면, 첫째 미디어의 소유주나 자본가 또는 광고주가 언론에 보이지 않는 압력을 행사할 수 있다. 때문에 미디어가 대중의 의견을 있는 그대로 수렴하는 상향적 커뮤니케이션의 통로 역할을 다하지 못할 때가 있다. 즉 미디어가 다수의 사회 구성원보다는 소유주나 광고주의 입장을 대변하게 되며, 여론을 오도할 가능성이 크다. 때로는 정부나 권력자가 여론 조작을 통하여 통치행위를 합리화할 목적으로 언론 보도에 개입할 수도 있다. 정부나 관료의 완곡한 협조 요청이나 왜곡된 자료 제공 등 다양한 간접적 방법이 미디어 통제에 이용된

다. 또한 미디어가 의견 지도자(opinion leader)들에게 특정 방향으
로 영향을 미치는 경우도 부정적 효과를 초래할 수 있다. 즉 사회
일부의 의견 지도자들이 여론 형성의 주도권을 장악하게 되면, 여
론을 공중의 생각과는 다른 방향으로 유도할 수도 있다. 또한 미디
어가 환경 감시 기능이나 상관 조정 기능을 소홀히 하고 오락적 내
용을 많이 취급하여 대중의 정치적 무관심을 조장하는 결과를 가져
옴으로써 오히려 여론 형성을 저해할 수도 있다.

　최근 여론 형성과 관련해 주목할 만한 변화는 매체의 종류가
다양해지면서 여론 형성에서 인터넷 매체의 영향력이 커진 현상이
다. 미국의 경우 2004년 뉴스 미디어 이용 실태에 대한 전국 조사
에 따르면, 미국인들이 가장 많이 이용하는 미디어는 인터넷으로서
전 미국인의 66%가 이용하고 있는 것으로 나타났다. TV는 인터넷
때문에 두 번째로 많이 이용되는 미디어로 전락했는데, 미국인의
60%가 TV를 시청하고 있고, 42%만이 신문을 읽으며, 40%가 라디
오를 듣고 있다. 이러한 뉴스 매체의 이용 실태 변화는 텔레비전의
이용률이 줄어드는 대신 인터넷에 대한 의존율이 늘어나는 추세임
을 시사한다. 우리나라의 경우도 2004년 통계청 조사를 보면 국민
의 TV 시청시간은 평일 2시간 54분으로 2000년에 비해 30분 정도
줄었으며, 인터넷 이용률은 2000년의 44.7%에서 2004년 12월 기준
70.2%로 해마다 크게 증가하고 있다(한국인터넷진흥원, 2004). 이러
한 미디어 정치 정보원의 다양화는 과거에 비해 인터넷 매체가 여
론 형성에서 종이 신문이나 텔레비전이 지니고 있던 영향력 못지않
은 힘을 발휘하고 있음을 보여 준다. 특히 20, 30대 젊은 층을 중심
으로 인터넷 매체가 빠른 시간 내에 여론을 형성하는 기능을 보여
줌으로써 인터넷을 통한 정치적 영향력이 증대되고 있다. 이는 기
존 매체와는 다른 여론 형성의 새로운 통로가 생겨났음을 의미한

다. 여론 형성에서 이러한 매체의 변화는 사회적 여론을 조성하는
데 미디어의 역할이 더욱 커지고 있음을 반증하는 것이다.

여론과 관련된 매스 미디어의 영향이 극단적으로 드러나는 때
는 선거 캠페인 시기라고 할 수 있다. 우리나라 인터넷 사용자는 이
미 3천만 명을 넘어섰고, 네티즌들의 적극적인 활동으로 사이버 정
치와 선거가 활발하게 진행되고 있다. 선거와 관련해 사이버 정치
의 중요성은 지난 2000년 16대 국회의원 총선에서 제기되었고,
2002년 16대 대통령 선거와 2004년 17대 총선을 거치면서 시민들
이 정치에 직접 참여하는 사이버 정치 시대의 개막을 예고하였다.
흔히 온라인 정치나 인터넷 정치라고도 불리는 사이버 정치는 한마
디로 사이버 공간에서 일어나는 정치인과 국민들 간의 정치행위를
가리킨다. 정치인 입장에서 보면 인터넷을 통해 정책이나 이슈를
많은 국민에게 알리고 이해시켜 결과적으로 국민들에게서 지지를
얻기 위한 활동을 의미한다. 국민의 입장에서는 정보통신기술을
이용해 정책이나 이슈에 대한 개인 또는 집단의 의견을 정치인에게
직접 제시하는 행동을 의미한다. 이런 점에서 사이버 정치는 국민
의 정치 참여를 독려하고 수월하게 하며, 선거과정에서 많은 유권
자들이 참여하는 등 직접적이고 참여적인 민주 정치를 가능하게 하
는 장점이 있다(권혁남, 2000). 또한 사이버 공간의 출현은 정치 정
보 제공의 장을 넓히는 데 기여하였다. 사이버 공간은 의견 교환을
활발하게 하는 공론의 장으로서의 기능과 사이버 여론조사 및 사이
버 투표 등 유권자들 사이의 쌍방향 커뮤니케이션을 촉진함으로써
직접민주주의를 확대시킬 가능성도 크다. 그러나 선거와 관련하여
그동안 국내에서 나타난 사이버 정치 현상에는 긍정적인 측면보다
부정적인 양상이 더 많이 표출되었다. 즉 각종 게시판을 통해 특정
후보자를 비방하는 것이 수십만 명에게 전파되기도 하고, 상대방이

대비할 틈도 없이 사이버 테러를 가하는 경우가 종종 발생하였다. 그런데도 인터넷을 통해 특정 후보자를 지지 또는 비방하는 사이트를 신속하게 단속할 수가 없으며, 지속적인 처벌 역시 간단하지 않다는 점에서 사이버 정치와 선거 활동의 여러 가지 폐단이 속출하고 있다.

2. 미디어 정치와 선거

텔레비전은 정치적 매체라는 말이 있다. 이는 현대 정치에서 TV의 기능이 무시될 수 없을 정도로 정치과정과 직접적인 역학관계에 있다는 것을 의미한다. 민주주의 체제하에서 정치의 핵심인 권력의 구성은 선거에 의해서 창출된다. 국민과 정치는 불가분의 관계이며, 정치 또는 권력은 국민과 커뮤니케이션 과정을 거치면서 형성되고 유지 또는 상실되기도 한다. 따라서 국민과 정치인 사이에 정치적 지식과 정보를 공급하는 데 매스 미디어의 역할은 상당히 큰 편이다. 미디어는 정치 문제와 현상에 대한 각종 자료를 제공함으로써 국민의 이해를 돕고, 현명한 판단과 결정을 내리는 데 도움을 준다. 다음으로 매스 미디어는 선거 보도, 의회 중계, 후보의 TV 토론과 연설, 시사 토론과 인터뷰 등 TV를 통해 국민과 직·간접적인 정치적 의사소통을 가능하게 한다. 그 결과 일반 대중은 TV의 정치 커뮤니케이션의 수용과정에서 정치적 태도를 바꾸기도 하고, 때로는 주요 의사 결정을 내리기도 한다. 실제 선거에서 TV 토론은 유권자의 선택행위에 가장 결정적인 역할을 수행하고 있다고 평가되고 있다(정성호, 2003). 미디어 교육은 선거와 관련해 이처럼

TV가 정치에 미치는 영향을 올바르게 인식시키는 것이다.

자유민주주의 국가에서 선거의 의미는 크다. 그 이유는 선거가 국민의 의지를 국가의 통치과정에 반영할 수 있는 대표적인 방법이기 때문이다. 유권자가 통치자를 선출하는 투표행위는 대의민주정치의 핵심이며, 정치적 권리 실현으로 인식된다. 선거에서 유권자들은 후보자를 평가하고 투표 결정에 이르기 위해 후보자들이 제공한 각종 메시지를 참고하게 된다. 후보자는 자신의 선거공약과 이미지를 유권자들에게 설득시키기 위해 여러 매체를 이용하는데 신문, 방송 같은 대중매체는 후보자의 개인적 이미지나 자질을 알려 줌으로써 유권자의 투표 결정에 중요한 역할을 한다. 특히 시청각 매체인 TV는 뉴스 보도와 후보자 토론, 이미지 캠페인 등을 통해 유권자에게 선거 관련 이슈를 느끼게 해서 선거를 '개인화'하는 설득적 효과가 있는 것으로 알려졌다. 한 예로, 지난 15대 대통령 선거가 한창이던 1997년 8월 5일 김대중 후보가 MBC의 아침 프로그램인 〈임성훈입니다〉에 출연해 사별한 전 부인의 이야기를 하면서 잠시 눈물을 비친 모습이 이 프로그램의 주시청층인 주부들의 심금을 울렸다. 이러한 TV 출연으로 김 후보는 프로그램이 방영되기 이전에 20.7%였던 여성층의 지지율이 8.2% 늘어나서 여성 표 150만 표를 한꺼번에 끌어 모았다고 한다(권혁남, 2006 : 3).

이미 우리나라에서도 1987년부터 네 번의 대통령 선거가 국민의 직접선거로 치러지면서 매스 미디어가 유권자의 투표행위에 크게 영향을 주었다. TV 정치광고의 경우는 지난 14대 대통령 선거에서부터 시작되었고, 15대 대통령 선거부터 후보자들 간의 TV 토론이 실시되었다. 2002년 16대 대통령 선거에서는 총 87차례에 걸쳐 후보자 TV 토론과 세 차례의 합동 TV 토론회가 실시됨으로써 많은 유권자의 관심을 끌었고, 선거운동의 중심무대를 길거리에서 안방으로 옮겨 놓았다. 2002년의 제16대 대통령 선거는 미디어 선거의 여파로 돈과 조직을 이용한 선거 관행이 크게 퇴색된 모습을 보였으며, 미디어를 통한 정책 대결의 선거로 이끄는 데 크게 기여했다고 볼 수 있다. 실제로 선거자금 규모는 TV 토론이 늘어나면서 크게 줄었고, 기존의 조직·청중 동원 선거 대신 TV 등 대중매체와 인터넷을 이용한 미디어 선거가 자리를 잡았다는 평이다.

미디어 선거에서 텔레비전은 여전히 국내에서 가장 많이 이용되는 정치 정보원으로서 신뢰도도 높은 편이다. 그 이유로는 텔레비전이 전달하는 정치 프로그램에서의 메시지는 비정파적이고, 일반적으로 시청자들의 깊은 신념을 문제 삼지 않기 때문이다. 또한 텔레비전은 신문이나 정치 집회에 참여하는 것보다 정치 정보를 획득하는 데 비용이 들지 않는다. 아울러 텔레비전은 시청자들이 보고 좋아하며 신뢰할 수 있는 사람의 입을 통해서 메시지를 전달하는 독특한 방식을 갖고 있기 때문에 선거에서 주요 정보원으로 받아들여지고 있는 것이다(권혁남, 2006 : 7). 실제로 선거 기간에 대다수의 국민들이 매일 텔레비전 뉴스를 가정에서 시청하면서 정치과정에 참여하고 있으며, 뉴스 보도와 정치광고, TV 토론, 여론조사 보도, 후보자 연설 등을 통해 후보자들에 관한 정보를 획득한다.

지난 16대 대통령 선거 기간에는 새로운 매체로서 인터넷이 젊은 층을 상대로 한 선거운동에 많이 이용되었다. TV 토론이 후보들의 이미지와 정책 등에 대한 평가에 영향을 미쳤다면, TV 토론을 보고 난 후 인터넷에서 네티즌끼리 다시 열띤 토론을 벌여 각자 후보와 TV 토론에 대한 평가를 내리기도 하였다. 더 나아가 '노사모', '창사랑' 등의 온라인 정치인 팬클럽이 등장해 인터넷을 통해 후보를 지지하고, 오프라인에서도 적극적이고 자발적인 선거운동을 하는 등 인터넷이 정치 참여 공간으로서 큰 영향력을 발휘하였

다(오택섭 외, 2003). 한국언론재단에서 2002년 인터넷 이용자를 대
상으로 조사한 결과, 이용자들은 인터넷을 통해 선거와 정치 정보
를 쉽게 구할 수 있었으며, 특히 젊은 층을 중심으로 인터넷이 정치
적 의견 습득과 토론의 장으로 활용되고 있었다. 이러한 인터넷은
이용자의 특성이 뚜렷하고 양방향성과 신속성이 있기 때문에 많은
정치인이나 후보자가 인터넷 선거 전략에도 총력을 기울이는 현상
을 초래하였다. 인터넷을 통한 후보자의 홍보 활동은 동영상까지
가미되어 실시간으로 전파되었으며, 사이버 토론과 정치인 팬클럽
이 사이버 상에서 결성되어 선거운동 기간에 활발하게 전개되면서
여론을 형성해 나가기도 하였다. 그러나 인터넷은 정보의 독점을
방지하고 유권자의 선거 참여를 유도해 선거 비용을 낮추는 데 기
여한다는 점에서는 긍정적이지만, 무차별적인 인신공격이나 허위
사실 유포에 의한 프라이버시 침해와 사이버 테러 및 여론 조작이
라는 측면에서 선거과정에 부정적 영향을 미치기도 한다. 특히 세
대 간의 디지털 격차 때문에 연령 및 학력 간의 단절을 초래할 수도
있다.

　한편, 최근 들어 선거에서 후보자의 이미지가 중요한 투표 결
정 요인 중의 하나로 부상되었다. 이에 따라 대다수 선거 후보자들
은 정책 개발보다는 자신의 이미지를 개발하고 관리하는 데 모든
노력을 기울이는 경향이 있다. 이미지에 대한 다양한 정의가 있지
만, 선거와 관련해서 이미지란 '사람들이 특정 후보에 대해 갖고
있는 정신적인 상(像)으로서 공개적으로 지각된 후보의 속성'이라
고 할 수 있다(권혁남, 2006 : 28). 이러한 이미지 개념은 연예인들이
나 스포츠 스타, 정치인들에게 매우 중요시된다. 그 이유는 정치,
경제, 사회, 문화 등 각 분야에서 이미지를 통해 특정 대상이나 사
건에 대한 의견과 여론이 형성되고 있기 때문이다. 분주한 일상생

활 속에 유권자들은 각 후보자의 공약과 정책, 도덕성 등 여러 가지 사실을 명확히 인식하고 판단하기보다는 후보에게서 느끼는 총체적인 이미지를 통해 그 후보를 판단하고 투표행위에까지 연결시키는 속성이 있다. 2006년 5·31 지방선거를 앞두고 열린우리당과 한나라당의 서울시장 후보로 강금실 전 법무장관과 오세훈 전 국회의원이 등장한 경우도 텔레비전을 통해 이미지 정치가 작용한 대표적인 사례라고 볼 수 있다. 미국의 경우, 이미지 정치로 가장 성공한 사례로는 레이건 대통령을 들 수 있다. 영화배우 출신답게 레이건 대통령은 텔레비전 앞에서 매우 효과적인 연설을 할 수 있었으며, 대중에게 강한 이미지를 부각시킬 수 있었고, 미디어 자문가들은 그의 재능을 백분 선거에 활용했다.

과거에는 이미지 중심의 투표 행위가 비이성적이고 비정치적이며 순진한 유권자들의 행위로 인식되었다. 그러나 정당 영향력의 감소와 TV를 비롯한 매스 미디어의 급속한 발달로 유권자들은 텔레비전을 통해 정책에 대한 후보들의 입장을 인식하게 되었다. 즉 텔레비전 상에 나타난 후보의 이미지가 투표 결정 요인으로 작용하게 된 것이다. 사실 이슈와 이미지를 구별하기란 쉽지 않고, 경우에 따라 중복되기도 한다. 텔레비전을 통해 정책 입장을 표명함으로써 후보자들의 이미지가 형성되기 때문이다. 이처럼 선거에서 텔레비전을 통한 이미지 정치가 작용하는 이유로는 다음과 같은 점을 들 수 있다. 첫째, 유권자들은 복잡한 정책이나 심사숙고해야 할 이슈보다 단순하면서 쉽게 판단할 수 있는 후보자의 개인적 속성들에 더 의존하는 경향이 있다. 둘째, 유권자들은 추상적인 것들을 자신의 개인적 경험에 관련시키는 성향이 있어 정치를 개인화한다. 즉, 사람들은 정책을 논하기보다는 후보자의 개인적 성향에 관해 이야기하는 것을 일반적으로 좋아하므로 이미지 중심의 논의가 활발할 수 있다. 셋째, 매스 미디어, 특히 텔레비전의 선거 캠페인 보도는 선거에서 논쟁이 되고 있는 이슈를 전달해 유권자가 후보를 신중하게 선택하게 하기보다는 후보의 순위 중심으로 보도함으로써 선거를 흥미 위주의 오락으로 인식하게 한다. 또한 TV를 선거 도구로 이용하고자 하는 정치 후보자들 역시 TV의 속성에 맞추어 정치광고나 TV 토론에서 정책 이슈보다는 자신의 이미지를 짧은 시간 안에 강하게 전달하는 데 초점을 맞추고 있다. 이러한 여러 가지 요인 때문에 유권자들은 후보의 이미지를 중심으로 투표행위를 한다고 볼 수 있다(권혁남, 1997, 2006).

그러나 텔레비전을 통한 이미지 정치는 정치과정에서 여러 가지 폐해를 초래하고 있다. 무엇보다도 가장 큰 문제점은 선거에서 후보들 간의 승패가 정치적 능력이나 정책들의 본질적인 문제보다 사소한 이벤트나 피상적인 혹은 개인적인 이미지에 의해 가려질 수 있다는 점이다. 선거에서 후보자들의 말솜씨나 표정, 외모와 연기력 등이 얼마든지 작용할 수 있으며, 이를 단서로 유권자들이 후보자를 평가하기도 한다. 특히 TV 토론에서는 토론 내용과 상관없이 잘생긴 후보자가 실수하지 않고 즉흥적으로 답변하면서 거침이 없고, 때로는 사전에 준비한 내용을 연기처럼 완벽하게 소화해 낼 때 더 실력 있는 정치인으로 보일 수 있다. 따라서 잘생기고 표현력이 좋은 데다가 TV 카메라 앞에서 편안함을 느낄 수 있는 후보자는 선거에서 유리한 이미지를 만들어 낼 수 있다. 즉 텔레비전 영상에 의해 표현되는 사실주의는 뉴스 보도의 신뢰도를 높여 주는데, 사람들은 텔레비전에 나온 사람이 믿을 만하다고 느껴지면 그 사람들이 언급한 내용이나 특정 사안에 대한 설명을 그대로 받아들이는 경향이 있다. 따라서 오늘날 많은 정치인이 텔레비전을 이용해 자신의 정치 이미지를 높이기 위해 무엇을 말할 것인가보다는 어떻게 말할 것인가를 더 많이 생각하고 고민하고 있다고 해도 과언이 아닐 것이다.

3. 선거 보도와 TV 토론

선거 보도란 선거 캠페인 기간에 후보자들의 유세 장면이나 동향, 그리고 인터뷰 등을 기사의 형태로 만들어 보도하는 것을 말한다. 선거 보도에는 신문과 방송, 인터넷 같은 대중매체가 주로 이용된다. 선거 보도는 무엇보다 기사의 공정성과 형평성이 중요하며, 각 매체가 양적으로나 내용 면에서 이러한 기준을 잘 준수해야 한다. 특히 TV 선거방송 보도는 다른 매체보다 더욱 공정성을 갖추어야 한다. 외국에서는 신문 사설을 통해 특정 정당이나 후보자를 지지하는 것이 허용되지만, 방송에는 그러한 권한이 부여되지 않는다. 그 이유는 방송 전파가 공공의 자산이고, 유한한 자원이며, 그 영향력 또한 매우 크기 때문이다. 우리나라의 경우도 방송을 통한 선거 보도에서 정치적 중립과 공정성을 선거법으로 강조하고 있다. 2004년 3월 12일에 공포된 새로운 선거법에서 TV 토론과 관련된 가장 큰 변화는 선거방송토론위원회의 설정으로서 각급 선거관리위원회는 후보자들 간의 대담, 토론회와 정책 토론회를 공정하게 주관하고 진행하기 위해 각각 선거방송토론위원회를 설치, 운영하게 하였다. 과거에는 공영방송사들이 TV 토론을 주도적으로 주최하였으나, 개정된 선거법에서는 중앙에 중앙 선거방송토론위원회를 구성하고, 시·도에는 시·도 선거방송토론위원회를 두는 등 각급 선거방송토론위원회가 직접 주최하게 하였다. 2005년에 개정된 선거법에서는 비례대표 시·도 의원 선거와 구, 시·군의 장 선거에서도 대담, 토론회를 개최하게 하고, 초청 대상이 아닌 후보자들에게 별도의 대담 및 토론회의 기회를 부여하였다.

선거방송과 관련된 방송위원회의 규정을 살펴보면, 선거의 후보자와 선거에 참여하는 정당에 대해 방송은 정치적 중립을 지켜야 하며, 선거에 관한 사항을 공정하게 다루어야 한다. 또한 방송 순서의 배열과 그 내용의 구성에서 특정한 후보자나 정당에 유리하거나 불리하지 않게 해야 한다고 명시하고 있다. 또한 선거에 관련된 사실을 보도할 때도 객관적으로 정확히 보도해야 하며, 자극적이거나 선동적인 보도 또는 흥미 위주의 보도를 해서는 안 된다. 여기서 객관적 보도란 정보원을 통해 확인될 수 있는 사실성을 바탕으로, 대립되는 의견이 있을 때 한쪽 입장에 서지 않고 균등한 비중을 두고 보도하는 불편부당성을 지키는 것을 의미한다(박종수, 1991). 아울러 선거의 쟁점이 된 사안에 대한 여러 종류의 상이한 관점이나 견해를 객관적으로 다루어야 한다. 이 밖에도 선거방송에서 유권자의 판단에 영향을 미칠 수 있는 중요한 사실을 과장·부각 또는 축소·은폐하는 식으로 왜곡해서는 안 되며, 선거 결과에 대한 예측 보도로 유권자를 오도해서는 안 된다.

선거운동 기간에 신문과 방송 같은 매스 미디어가 이용되는 형태로는 선거 보도, 정치광고, TV 토론, 방송 유세, 인터넷 등이 있다. 이러한 매스 미디어가 선거에서 중요한 수단으로 등장하게 된 것은 정당이 더 이상 일반 유권자에게 유효한 평가 기준이 되지 못한 까닭도 있겠지만, 매스 미디어가 갖고 있는 동시성과 즉시성, 보편성과 영향력 같은 매체적 특성에 기인하기도 한다. 매스 미디어는 선거 캠페인에서 후보자의 개인적 속성과 정치적 이슈의 중요성을 증가시키는 역할을 함으로써 유권자들이 후보자를 선정하는 데 정당보다 더 직접적인 영향을 미치는 경향이 있다. 또한 현대 사회의 급격한 변화로 인구학적 변화가 심해졌으며, 지속적이고 장기적인 여론보다는 단기적인 여론이 정치과정이나 투표행위에 미치는 영향이 커졌다.

한편, 대중매체 중 TV는 전국의 거의 모든 국민에게 도달되는 시청각 매체로서 장점을 갖고 있으며, 현장감 및 강한 호소력 때문에 가장 중요한 선거운동의 수단이 되었다. 이에 따라 후보자들은 TV 전문가들의 의견을 받아 회견 문안, 복장, 얼굴 분장, 배경 장면 등의 모든 것을 TV에 어울리게 배려하기 시작하였다(이민웅, 1996 : 21). 특히 TV는 선거에서 후보와 유권자를 직접 연결시킴으로써 유권자의 정치적 행위에 절대적인 영향력을 미칠 수 있다. 또한 TV 토론은 선거과정에서 가장 유용한 수단으로 부상하면서 유권자들이 후보자들에 대한 정보를 입수해 투표하게 유도하고 있다. TV 토론은 후보자들에게는 일종의 민주주의 국정 수행능력을 갖추기 위한 시험장이자, 유권자들에게는 참여민주주의를 가능하게 하는 기능을 수행한다. 유권자들은 TV 토론을 통해 정치적 현안에 관한 정보를 얻게 되며, 선거 캠페인에 관심을 갖게 되어 적극적인 유권자가 되기도 한다. 즉 TV 토론은 언론이나 선거 대변인을 통한 간접적 메시지보다 후보자들의 정책과 비전을 유권자들이 직접 접함으로써 합리적 의사 결정을 가능하게 한다(이상철, 2002 : 11).

TV 토론 역시 순기능과 역기능이 있다. 주요 순기능은 우선 유권자가 직접적이고 능동적으로 주요 경쟁 후보자들을 비교·분석할 수 있다는 점이다. TV 토론에 나란히 출연한 후보들을 유권자들이 스스로 비교해서 판단한 후에 선택함으로써 책임 있는 주권 행사를 가능하게 해 준다. 다음으로 TV 토론은 고비용 선거구조를 개선하는 데 기여할 수 있다. 즉 가장 적은 비용으로 가장 많은 수의 유권자에게 후보자의 자질이나 정책을 전할 수 있다. 대통령 선거처럼 전국의 모든 유권자들을 대상으로 할 경우, TV 토론은 찾아가는 수고나 시간 낭비 없이 손쉽게 후보자의 식견이나 정책을 파악할 수 있게 해 준다. 특히 TV 토론은 유권자들이 오랫동안 후보자들의 제스처나 표정 등을 친근하게 지켜볼 수 있으므로 후보자를 직접 만난 것과 같은 대리 경험을 할 수 있다. 이 외에도 TV 토론은 편파성의 여지가 있는 선거 보도의 한계점을 보완해 준다(이효성, 1997 : 23). 과거 방송의 선거 보도 행태는 주로 후보자의 유세 활동, 후보자의 인기도, 후보자의 선거 전략 등과 같이 경마식 보도나 후보자의 이미지와 활동을 소개하는 것이 일반적이었다. 그러나 TV 토론은 유권자가 후보자의 면면을 자세히 비교·검토할 수 있게 입후보자들의 많은 부분을 관찰할 수 있게 한다.

　TV 토론의 역기능을 살펴보면, TV라는 매체를 통해 전달되는 TV 토론은 표현성과 즉각성이 중시되며, 경우에 따라서는 쟁점을 교묘히 은폐하고 정치가의 겉모습으로 판단하는 습성을 유권자에게 심어 준다. 또한 어려운 질문의 경우 시간적인 제한 때문에 카메라와 시청하는 유권자를 향해 즉각적으로 반응해야 하며, 유권자는 쟁점에 대해서보다는 TV라는 영상 매체의 틀 속에서 연기능력으로 후보자를 판단하게 되는 경향이 있다. 따라서 TV 토론은 후보자들 간의 정책 대결의 구도로 진행되지만, 사실상 유권자들에게는 후보자 개개인의 이미지로 영향을 미친다는 사실을 주목해야 한다. 이와 함께 후보자 개인을 강조하는 TV 토론은 정당 정치를 후퇴시킬 염려가 있다. TV를 중심으로 한 선거운동은 정당의 개입이나 영향을 줄이고 대신 선거 전략가, 매체 전문가, 여론조사자, 연설문 작성자 등에 의해 주로 수행된다. 더구나 이러한 매체 중심의 선거운동은 선거의 쟁점들을 단순화하고, 이념이나 정책 대결은 최소화하는 대신 이미지와 인물을 부각시킨다. 그 결과 우리 사회가 나아가야 할 장기적인 비전이나 중요한 현안들에 관한 해결책이 선거 캠페인 중에 모색되지 못할 수도 있다(정성호, 2003).

한편, TV 토론은 민주주의의 발전을 저해하기도 한다. TV 토론이 후보자들 간의 이념이나 정책 대결보다는 겉으로 드러나는 이미지를 의식하는 의도된 연출 때문에 오히려 선거에 부정적인 결과를 초래할 수도 있다. 또한 체계적이고 합리적인 제도가 갖추어지지 않은 상태에서의 TV 토론은 유권자들이 합리적으로 후보자들을 선택하는 데 도움이 되기보다는 오히려 방해가 되고, 이는 결국 유권자들의 정치적 무관심 내지는 냉소주의를 조장하는 결과를 초래한다. 또한 후보자 간의 TV 토론이 주로 후보자의 상황 대처능력이나 인간적 특성을 부각시켜 유권자의 합리적인 판단을 저해한다는 주장도 있다. 우리나라에서는 15대 대통령 선거부터 방송사 주최로 TV 후보자 토론이 실시되었다. 16대 대통령 선거에서는 대통령선거방송토론위원회 주관하에 지상파 방송 3사가 각각 다른 주제로 TV 토론을 개최하여 후보자 합동토론회가 세 차례 진행된 바 있다. 그러나 기계적 공정성에 치중하면서 형식이 내용보다 중시되어 지나치게 딱딱한 토론으로 진행됨으로써 깊이 있는 정책 제시와 본격적 논쟁이 이루어지지 못했다는 지적도 있다. 또한 관련 사항에 대해 나열식으로 토론하는 방법도 개선해야 될 부분으로 지적되었으며, 선거의 핵심 쟁점에 대해 심도 있게 정견을 발표할 토론 기회를 주어야 한다는 제언도 있었다.

선거에서 매스 미디어가 미치는 영향은 TV 토론뿐만 아니라 매일 방송되는 뉴스 프로그램을 통해서도 이미지 정치의 극대화가 이루어지고 있다. 점차 모든 정치 선거는 미디어를 겨냥하고, 미디어를 중심으로 치러지고 있다. 이런 점에서 현대는 미디어 선거 시대이고, 매체 중에서도 특히 전 국민에게 선거과정과 결과를 실시간으로 현장감 있게 전달하는 TV 정치 선거 시대라고 할 수 있다. 이러한 TV 선거는 대체로 여론조사를 통해 선거 보도 형식으로 방송된다. 여기서 여론조사란 선거 결과에서부터 정부나 정당, 언론기관, 기업, 연구소, 각종 사업 단체가 특정 이슈에 대한 국민 혹은 특정 대상인의 집합적 의견을 수렴해서 그 결과를 발표하는 것이다. 이러한 여론조사는 미디어를 통해서 전달될 때나 혹은 미디어 자체가 여론을 조사하여 발표함으로써 사회적 주요 의제를 설정해주고, 의사 결정이 뚜렷하지 않은 수용자가 특정 이슈에 대한 태도를 형성하는 데 영향을 준다. 여론조사는 조사의 내용에 따라 사회 여론조사와 마케팅 조사로 구분되며, 대체로 전문 조사기관이 담당한다. 조사의 목적은 대통령에 대한 지지율을 측정하기 위한 것에서부터 특정 정책에 대한 찬반 의견을 묻는 것에 이르기까지 다양하다. 조사방법 역시 설문조사에서부터 면접조사, 전화조사, 우편조사, 인터넷 조사 등 다양하다.

한편, 미디어 정치가 늘어나면서 신문과 방송사가 중요한 이슈에 대해 독자 혹은 시청자들의 생각이나 의견을 직접 조사해 그 결과를 발표하는 현상이 늘고 있다. 언론 보도에서 여론조사가 자주 인용되는 것은 조사를 통해 여론을 형성하고 수렴할 수 있을 뿐만 아니라, 수용자들이 일반적으로 통계 숫자를 인용한 여론조사 뉴스에 대해 더 신뢰하는 경향을 보이기 때문이다. 또한 미디어가 자체적으로 여론을 조사해서 발표할 경우, 그 신뢰도나 오차범위를 떠나 결과 자체가 뉴스거리가 되므로 학계 및 각종 연구기관에서 발표하는 조사보다 뉴스 가치가 높아지고, 일반 수용자들에게 더 큰 영향을 미칠 수 있다. 특히 선거나 정책 관련 여론조사는 정부와 정당 측에 유용한 정보를 제공할 뿐만 아니라 국민의 정치 참여를 유도하고, 국민과 정부를 연결하는 통로로서의 역할을 수행한다. 하지만 여론조사는 통계자료를 바탕으로 하기 때문에 어떤 질문을 했는가와 나온 결과를 어떻게 해석하는가에 따라 의도적인 자료 조작이 가능하고, 부적절한 분석방법 등에 의해 자칫 여론을 조작할 우려도 없지 않다. 따라서 미디어가 여론조사를 자체적으로 실시해 기사로 전달할 때는 인구사회학적 조사 대상의 속성(연령, 성별, 지역, 학력 등)을 밝혀야 하며, 대상 선정에서 얼마나 공정하고 객관적인 표본을 수집했는지, 또한 조사의 정확성과 신뢰도는 어느 정도로 준수되었는지, 조사방법과 결과에 대해서도 그에 맞는 올바른 해석을 내릴 수 있도록 조사의 절차를 명백히 밝히는 것이 중요하다. 정치와 미디어의 상관성을 고려할 때 TV 여론조사가 무엇을 의미하며, 어떤 점에 문제가 있는가에 대한 인식이 적어도 미디어 교육을 담당하는 교사들에게는 요구된다.

선거철마다 여론조사기관은 분주하다. 이른바 각 정당과 정치인들이 민심을 파악해서 선거 결과를 예측하기 위해 전문 기관을 통해 각종 여론조사를 의뢰하기 때문이다. 과학적인 여론조사에 대한 일반 국민의 신뢰도가 높기 때문에 이를 다시 미디어에 보급함으로써 우호적인 여론을 형성하는 데 여론조사를 이용하기도 한다. 그러나 공정하고 객관적이지 못한 여론조사의 경우나 과학적 절차를 거치지 않은 서툰 여론조사의 경우, 선거 결과를 제대로 예측하지 못해 그 권위를 실추시키기도 한다. 선거 여론조사는 기본적으로 후보자에 대한 정보를 유권자에게 제공하고, 후보 선정에 도움을 주는 역할을 해야 한다. 유권자들은 다양한 정보를 통해서 당선 가능성이 있는 후보와 그렇지 못한 후보에 대한 정보를 얻을 수가 있기 때문이다. 그러나 유권자들은 이러한 선거 여론조사가 정치과정 또는 선거과정에 부정적인 영향을 미치기도 한다는 점을 인식해야 할 것이다. 여론조사가 남용될수록 부정확한 결과 때문에 유권자들이 혼란에 빠질 수도 있으며, 특히 매체별로 결과가 상반되게 도출될 경우 유권자들의 판단 기준에 오히려 좋지 않은 영향을 미칠 수도 있다. 아울러 아직 태도가 형성되지 못한 유권자에게 부정확한 여론조사 결과가 특정 후보자에 대한 지지 또는 역지지를 초래할 수 있으므로 언론사가 자체적으로 선거 여론조사를 실시해 발표할 경우에는 그 절차나 대상을 분명하게 밝혀야 하며, 오차범위에 대한 해설도 첨부해야 할 것이다. 최근에는 이와 같은 선거 여론조사의 문제점들을 해결하기 위해 여러 조사기관에서 조사 설계와 자료의 신뢰성을 심의하는 기구를 형성해 신뢰성 있는 기관의 조사 결과만을 공표하는 방식이 논의되고 있다.

이상에서 살펴본 바와 같이 정치와 미디어에 관한 교육은 크게 여론 형성과 선거 보도, TV 토론, 여론조사 차원에서 실시할 수 있다. 미디어 교육에서 정치와 미디어는 대중매체의 사회적 영향력을 이해할 수 있는 주요 주제이다. 여론 형성과 미디어의 상관성을 탐구하는 이유는 민주사회의 간접적인 정치 참여의 장으로서 대중매체를 통한 공적 의견 개진이 가능하며, 또한 여론 형성에 미치는 미디어의 영향에 대해 알아 둘 필요가 있기 때문이다.

미디어 교육은 여론 형성과 정치과정에서 신문, 방송 같은 매스 미디어가 어떤 기능을 수행하고 있으며, 직접적으로 영향을 미치는지 그 상관관계를 피교육 대상자들에게 알려 줄 필요가 있다. 특히 정치와 관련해 시민 대상 미디어 교육은 TV 정책 토론과 선거 기간에 각 지상파 방송의 일일 뉴스 프로그램들이 후보들의 이미지 형성에 얼마나 크게 기여하고 있는지 꼼꼼하게 모니터하고, 영상과 음향을 분석해 봄으로써 이미지 정치의 문제점을 인식해야 할 것이다. 특정 정당이나 후보를 지지하는 신문과는 달리 TV 방송은 비편

파성과 객관성, 형평성을 유지해야 하는 선거방송법에 적용을 받기는 하지만, 후보자들의 개인적 성향이나 의견을 노출시킴으로써 특정 후보에 대한 우호적 이미지를 강화시키거나 축소시킬 수 있는 개연성이 충분히 내재되어 있다. 따라서 미디어 교육은 TV를 통한 미디어 정치의 긍정적인 기능과 부정적인 영향에 대해서 균형 잡힌 시각을 교육 대상자에게 제공해야 할 것이다.

제3장

대중문화와 미디어

1. 대중문화와 매스 미디어

2. 미디어와 글로벌 문화

3. 미디어와 문화산업

1. 대중문화와 매스 미디어

미디어는 매개체이다. 미디어(media)는 영어로 미디엄(medium)의 복수형이고, 여러 가지 매체를 총칭하는 개념이다. 매스 미디어란 미디어 중 대중에게 의도된 메시지를 보내는 신문과 라디오, TV, 인터넷 같은 대중 커뮤니케이션 매체를 의미한다. 대중매체의 여러 가지 기능 중에는 사회·문화의 전수 기능이 있으며, 여기에는 대중문화 창조의 개념도 포함되어 있다. 즉 대중매체는 대중문화 산물을 활자나 시각적 이미지(영상), 청각적 요소(음향)로 표현하는 매개체로서 무형의 가치를 담고 대중 혹은 공중에게 전달하는 기관, 기구, 설비를 모두 포괄한다고 볼 수 있다. 그렇다면 대중문화와 매스 미디어는 어떠한 관계를 갖고 있으며, 대중문화 발달에서 매체가 차지하는 역할은 무엇인가? 대중문화와 매스 미디어의 상관성은 대중문화의 개념을 이해하는 데서 출발할 수 있다.

한국에서 사용되는 대중문화라는 용어는 외래 번역어이며, 'mass culture'와 'popular culture'가 혼용된 의미로 사용된다. 대중문화의 '대중'을 mass라는 개념으로 볼 때와 popular라는 개념으로 볼 때 그 의미는 아주 다르다. 전자는 부정적 관점에서 엘리트주의적 비판이나 비판 이론의 학자들이 칭한 명칭이며, 후자는 문화민주주의적 접근이나 긍정론적 주창자들이 사용하는 용어이다. 먼저 mass culture로서의 대중문화는 일반적으로 근대사회가 성립된 이후의 문화 현상을 지칭한다. 여기서 mass라는 대중은 이성적인 개인이나 판단력을 갖춘 공중이라기보다는 분별력이 없고 비이

성적인 군중(crowd)을 의미한다. 반면 popular culture로서의 대중
문화의 어원은 이보다 역사적으로 더 오래되었고, 그 뜻도 더 포괄
적이며, 보다 가치중립적이다(강현두, 1980).

대중문화에 대한 시각은 크게 긍정적 관점과 비판적 관점이
있다. 먼저 대중문화에 대한 긍정론은 대중사회를 긍정적으로 보
는 데에서 출발한다. 대중문화에 대한 긍정론은 대중사회를 다원
적 민주주의 사회로 보는 미국 출신의 학자들이 주창하였다. 이들
은 자본주의 현대 미국 사회를 긍정적인 대중사회로 간주하고, 미
국 사회의 문화 현상들을 대중문화로서 긍정적으로 보았다. 이들
이 주창하는 대중문화란 만인이 즐겨 수용하는 문화(popular
culture)이며, 대중들이 자신들을 위해 실질적으로 만들어 낸 문화
로 보는 경향이 있다. 대중문화의 긍정론자들은 대중문화를 서민
의 문화로 보고, 부유하거나 지식계급과는 구별되는 다수의 평민
문화라고 본다(이강수 외, 1998 : 105). 대중문화 긍정론자들은 매스
미디어가 발달함에 따라 과거 일부 집단만 향유했던 고급문화가 광
범위하게 확장되어 현대 대중의 수용권 내에 들게 되었다는 것을
장점으로 제시한다. 그들은 또한 통신기술과 매스 커뮤니케이션
미디어의 발달에 의해 문화 소비가 확산되었고, 소비가 늘게 되었
다고 주장한다.

대중문화 옹호론자들은 대체로 문화적 다원론의 입장에서
popular culture도 문화체계 내에서 하나의 하위문화로 인정하고 있
다. 이들에 따르면, 대중문화는 기본적으로 문화 내용의 전파범위
나 이에 대한 대중적 인기 정도에 따라 고급문화도 popular culture
의 한 부분으로 간주된다. 즉, 과거의 클래식 음악과 같은 고급문화
내용도 현대의 매스 미디어를 통해 대중문화로 전파될 수 있기 때
문에 국제적으로 모든 국가의 모든 계층에게 보편적인 문화로 수용

될 수 있다. 이는 현대 사회에서 고급문화와 대중문화를 구별하는 경계 영역이 흐려지고 혼합되는 현상에 따라 대중문화와 고급문화가 상호 보완적인 관계가 될 수 있음을 시사한다. 대중문화의 또 다른 긍정적 관점은 매스 미디어를 매개로 한 대중문화론이다. 현대 사회에서 매스 미디어를 통하지 않고 전달되는 문화는 거의 찾아보기 힘들 정도이다. 매스 미디어를 통해 매개되는 문화적 산물은 수용자들에게 영화와 대중음악, 스포츠, 비디오, 드라마 등을 통해 즐거움을 제공하고, 인간의 삶을 반영한 다양한 문화 콘텐츠로 영향을 주고 있다. 국제적으로도 매스 미디어는 특정의 이데올로기와 가치를 담고 있는 문화적 산물을 확산시키는 역할을 한다.

한편, 대중문화에 대한 비판적 관점은 매스 미디어 문화가 획일적인 문화적 생산물을 전 세계로 유통시킴으로써 문화적 다원주의의 특성을 감소시키고, 특정 계층의 이익을 위해 정치적으로 이용되기도 한다. 대중문화에 대한 비판적인 측면들을 살펴보면 고급문화와는 달리 대중문화는 영리 추구를 위해 조직화된 기업에 의해서 창조되며, 이윤 추구를 위해 동질화되고 규격화된 제품을 생산한다. 대중문화는 또한 고급문화를 차용함으로써 고급문화를 격하시키고, 잠재적 고급문화 창작자들을 경제적으로 유혹함으로써 고급문화의 질을 떨어뜨리기도 한다. 대중문화는 대중의 정서를 파괴하며, 폭력과 성(sex)을 강조함으로써 대중을 저속화시키고, 현실을 직시하는 능력을 약화시키거나 현실도피를 유도한다는 비판도 있다. 이러한 대중문화 비판론은 토크빌(A. Tocqueville)과 만하임(K. Mannheim), 엘리엇(T. S. Eliot) 같은 문화론자들의 지지를 받았다. 이들은 창조적 엘리트에게 문화 창조의 임무를 맡겨야 한다는 입장을 취하면서 문화는 하나의 생활양식이며, 모든 사회는 공동 문화로서의 문화유산을 보호하고 전승하는 역할을 소수의 엘리트에게 부여해야 한다고 보았다. 그러나 이들의 주장과는 달리 19세기 산업사회로 접어들어 대중의 문화적 요구는 교육의 보편화와 커뮤니케이션 기술의 발달, 그리고 대중의 여가시간 증대에 따라 더욱 거세졌다. 이러한 현상에 대해 문화적 엘리트의 눈에 비치는 대중문화로서의 mass culture는 경멸스러운 비문화 혹은 반문화적인 의미가 지배적이었다. 또한 대중문화는 대중사회의 출현 이후의 문화로서 산업사회에 들어와서 기술 발달에 따라 대량 생산과 대량 소비가 가능해지면서 문화산업으로 성장하게 되었다. 즉, 문화적 영역에서 이윤 추구를 위해 생산과 소비구조를 갖추게 되면서 생겨난 새로운 양상의 문화가 바로 대중문화인 것이다. 대중문화의 비판론자들은 이렇게 양산되고 복제되는 대중문화는 진실한 예술품일 수가 없으므로 의사 예술(pseudo art) 또는 의사 문화(pseudo culture)라고 비난하였다.

대중문화에 대한 또 다른 비판적 시각은 대중문화의 생산물과 생산과정이 산업으로서 이윤을 추구하는 상품으로 변모되었음을 지적한다. 자본주의 사회에서 상품문화로서의 대중문화는 자본주의의 비인간화 과정을 더욱 보강시킴으로써 자본주의 사회 유지를 위해 허위 욕구를 끊임없이 창출시키는 조작된 허위의식이라는 주장이다. 영국의 문화 연구자인 호가트(Hogart)는 대중가요나 대중소설 등의 텍스트에 나타난 대중문화의 문제점들을 지적하면서, 대중문화가 노동계급에게 제공됨으로써 도덕적 진지함을 상실시키고 건강한 문화구조까지 파괴한다고 주장하였다. 그러나 또 다른 문화 연구학자인 윌리엄스(R. Williams)는 "문화는 특정한 삶의 방식에 대한 묘사"라고 정의하면서 "예술과 교육뿐만 아니라 제도와 일상적인 행위에서도 어떤 종류의 의미와 가치를 표현한다."고 주장하였다.

문화에 대한 이러한 해석은 대중문화가 '인간의 감정구조를 표현하는 양식'으로서 자본주의 사회에서의 사회 통합과정에 중요한 역할을 하고 있음을 의미한다. 또한 대중문화에 대한 다양한 관점은 미디어 교육에서 시사하는 바가 크다. 예를 들어 대중문화 연구자들은 텔레비전 프로그램 내용의 텍스트를 분석하여 이데올로기적 기능을 비판하였는데, 미디어 교육은 바로 이러한 문화 텍스트 분석에서 출발할 수 있다. 특히 텔레비전 프로그램이 문화적으로나 정치적으로 수용자들에게 어떤 영향을 미치는지 심층 모니터를 통해 분석해 봄으로써 대중문화와 매스 미디어와의 상관성을 이해할 수 있다.

2. 미디어와 글로벌 문화

오늘날 대중문화에는 국경이라는 개념이 거의 없다. 정치 · 경제적 세계화에 따라 국제 자본과 기업체, 인력의 이동이 급증하면서 문화의 글로벌화 현상도 늘어나고 있다. 여기에는 글로벌 텔레비전이나 인터넷의 역할도 빼놓을 수 없는 중요한 요소로 작용한다. 이제 글로벌 대중문화 스타는 더 이상 한 나라의 스타가 아니다. 할리우드 영화배우 톰 크루즈와 니콜 키드먼, 가수 브리트니와 마돈나, 마이클 잭슨, 영화감독 스티븐 스필버그, 축구 스타인 영국의 베컴, 프랑스의 앙리, 골프 선수 타이거 우즈 등은 글로벌 매체가 단골로 다루고 있는 글로벌 대중문화 스타들이다. 이들이 만든 대중문화 산물이나 출연한 영화, 콘서트, 음반, TV 프로그램 등은 세계 여러 나라의 매체에서 확대 재생산된다. 특히 글로벌 위성 텔레비전은 지금 이 시간에도 전 세계를 대상으로 자국의 시각과 문화를 담은 뉴스와 드라마, 재미있는 스포츠와 가벼운 오락 프로그램들을 유통시키고 있다. 글로벌 위성 텔레비전뿐만 아니라 음반과 영화사를 포함한 거대 복합 미디어 기업들은 초국적 광고와 함께 새로운 미디어 시장에 진출해 문화적 세계화를 선도하고 있다.

문화적 세계화는 미디어의 세계화를 통해 이루어진다. 일반적인 용어로 미디어 세계화는 신문, 잡지, 영화, 텔레비전, 비디오, 유선 및 위성방송을 포함한 대중매체의 세계화 과정과 전체적인 커뮤니케이션 영역에서 이에 수반되는 변형과정을 의미한다. 미디어의 세계화는 어느 특정 매체의 한 현상이 아니라 미디어 부문 간의 상호 연계성을 토대로 한 다차원적인 세계화 과정이다. 미디어의 세계화는 국경을 초월하는 초국적 대기업에 의해 추진된다. 초국적 기업들의 활동으로 글로벌 텔레비전 프로그램이나 글로벌 광고 같은 정보와 문화 제품의 흐름이 크게 증가되었는데, 이러한 흐름을 선두에서 유도한 것 중 하나가 바로 국경을 초월해 방송을 실시하는 글로벌 위성 텔레비전이다.

한편, 대중문화의 세계화는 기본적으로 글로벌 미디어 기업의 역할과 관계가 있다. 세계적인 거대 복합 미디어 기업인 타임워너사(Time Warner)와 디즈니사(Disney) 그리고 뉴스 코퍼레이션사(News Corporation) 같은 글로벌 미디어 회사들은 미디어 시장을 지역 분할로 구성되어 있는 하나의 글로벌 시장으로 취급한다. 이러한 전 지구적 미디어 재벌들은 영화와 TV 프로그램, 책, 음반 등의 문화적 산물을 국제적으로 유통시킴으로써 문화적 세계화 과정을 더욱 확산시켰다. 문화적 세계화는 글로벌 소비주의 대중문화가 산업으로서도 각광을 받게 하였다. 또한 이러한 초국적 자본의 흐름은 글로벌 위성 텔레비전과 인터넷 같은 새로운 커뮤니케이션 미디어에 의해 더욱 가속화되고 있다. 글로벌 상업 미디어가 창출하는 대중문화는 방송 영역에서는 축구와 야구 · 골프 경기 같은 스포츠물과 가벼운 기분 전환용 연예 · 오락물 등이 있다. 글로벌 미디어 기업들은 표준화된 광고를 글로벌 텔레비전을 통해 유통시킴으로써 전 세계에 일반적인 중산층의 소비문화 모델을 유포하는 것으로 해석할 수 있다. 나이키나 모토롤라, 리바이스 광고처럼 초국적 기업광고가 대표적인 사례이다. 아시아에서 초국적 광고 총량이 급속히 늘어난 이후로 많은 글로벌 텔레비전 서비스들은 이러한 광고를 제공해 준 초국적 기업들에 더욱 의존하게 되었으며, 초국적 광고주들은 비용 절감을 위해 표준화된 광고를 적극적으로 더 많이 사용하고 있다. 이에 따라 글로벌 상업 미디어와 초국적 광고 기업들은 표준화된 동질적 '글로벌 소비자문화'를 확산시켰다는 비판을 받는 것이다. 즉, 문화적 측면에서 글로벌 미디어 기업들은 지역 수용자의 요구나 선호도에 상관없이 상업성을 바탕으로 소비주의 문화를 계속해서 창출 · 확산시켜 가는 경향이 있다. 전 세계의 텔레비전 시청자나 영화 관객, 독자를 끌기 위해 미디어 기업들은 영화배우 중 아시아인을 채용하는 현지화 전략(localization)을 통해서 지역의 언어와 문화를 미디어 내용에 반영하기도 하지만, 그들은 여전히 수익성에 따라 현지화를 차별화 전략으로 선택해 결정한다. 또한 글로벌 미디어는 소비주의를 확산시키면서 중산층의 탈정치화 현상을 초래하고 있다는 비판을 받기도 한다.

그러나 한편으로는 글로벌 소비자문화가 반드시 전 세계 사람들의 취향이나 문화의 동질화 현상을 초래하는 것은 아니라는 반론도 있다. 현대인들의 소비 유형에 변화를 가져온 것은 현대화 과정에서 발생하는 사회 · 경제적 변화와 여행 및 문학 같은 다른 채널을 통한 문화적 교류 등의 다른 요인들이 존재하기 때문이다. 또한 단일한 글로벌 소비자문화가 미디어의 세계화 과정 중에 생겨났는 지는 의문의 여지가 있다. 미디어의 세계화는 선진국의 미디어 상품이 다른 나라로 확산된 것을 포함하고 있을 뿐 아니라, 다른 지역의 문화제품이 세계적으로 확산된 것도 포함한다. 미국의 텔레비전 프로그램들이 국제 텔레비전 시장에서 여전히 우세하기는 하지만, 아시아에서 일본의 가라오케나 한국 드라마의 인기는 지역 문화상품의 세계화 본보기로 간주될 수 있다. 최근의 한류 열풍으로 한국의 TV 드라마와 음반 등이 일본을 비롯해 중국과 대만, 홍콩, 필리핀, 태국, 베트남 등지에서 수용자들에게 좋은 반응을 일으키고 있어 글로벌 미디어만이 아시아를 비롯한 전 세계에 소비자 문화를 창출시키고 유통시켰다는 주장은 근거가 약하다. 따라서 문화는 특정한 글로벌 미디어의 창조물이 아니라 영화, 비디오, 음악과 인쇄 매체를 포함하는 모든 문화산업이 조화를 이루어 창출해 낸 것이라고 볼 수 있다. 즉 유사한 자본주의 시장경제 체제에서 전 지구적으로 문화적 통합과 해체과정이 공히 국가 간이나 국가 내에서 수시로 발생해 왔으며, 이러한 과정들은 세계화 과정에서 다양한 형식을 취하고 있다(Frith, 1996). 더 나아가 글로벌 문화가 반드시 민족문화와 자주권을 약화시키고, 그 결과 '문화의 동질화' 효과를 가져올 것이라고 생각하는 것은 옳지 않다. 특정한 텔레비전 프로그램과 초국적 광고가 아시아에 확산되고 있기는 하지만 국가별로 반응이 다르기 때문이다. 오히려 아시아 도처에서 목격되는 현상은 단일화된 글로벌 문화가 존재하기보다는 오히려 복수의 글로벌 문화가 존재한다는 것을 보여 준다.

소비자 상품과 서비스에 대해 늘어난 수요가 세계화 과정에서 동질화될 수 있는 경향을 내포하고 있지만, 이것이 아시아 지역에 있는 소비자들이 가치관이나 태도, 도덕성 면에서 동질화되고 있다는 것을 뜻하지는 않고, 민족문화 정체성의 말살을 의미하지도 않는다. 즉 아시아 여러 나라에서 세계화에 의해 커뮤니케이션 양식이나 생활방식이 크게 변화된 반면에, 이러한 변화는 대다수의 아시아 국가에 일관되게 나타나지 않는다. 더 나아가 고유 국가의 심오한 도덕적 가치와 태도, 문화적 정체성은 단순히 외국 미디어를 소비함으로써, 특히 글로벌 텔레비전 프로그램이나 초국적 광고를 소비한다고 해서 쉽게 침식되지 않는다. 그러므로 세계적으로 공통적인 소비자문화의 표상인 MTV와 맥도날드, 랩 음악과 청바지를 공유하는 것이 반드시 문화적 차이나 다양성을 감소시키지는 않으며 국가, 지역 혹은 민족문화를 대신하지도 않는다고 볼 수 있다.

아시아에서 소비자 상품과 소비자문화의 수용은 토착문화의 다양성과 사회적·경제적 발전 수준에 따라 나라마다 다르게 나타난다. 예를 들어 1990년대 초에는 한국의 많은 정책 입안자들과 미디어 학자들이 일본 잡지와 만화, WOWOW 같은 초국적 위성 텔레비전의 문화적 상품 침입에 대해 큰 우려를 나타냈지만, 한국 수용자에 대한 직접적인 일본 문화의 영향은 거의 없는 것으로 알려졌다. 또한 만화책과 컴퓨터 게임 같은 일본의 문화적 상품이 일부 청소년 부문에서 여전히 인기가 있지만, 이러한 현상은 일본 문화가 한국 청소년문화에 지배적이라는 것을 뜻하지도 않고, 한국 청소년들이 문화적 취향과 소비 유형 면에서 동질화되었다는 것을 의미하지도 않는다. 오히려 한국과 일본 그리고 아시아 국가 간의 지속적인 문화적 상품 교류는 일본과 중국, 대만, 베트남 등지에서 한국 드라마와 가요, 스타 및 게임들의 인기가 높아지면서 '한류 열풍'으로까지 확산되는 예기치 못한 현상을 낳았다. 그러므로 글로벌 미디어를 통한 문화적 상품의 교류나 방송 영상물의 교류는 지역사회의 소비주의 문화 창조에 기여한 바는 있어도 '문화 침식'이

나 '문화적 제국주의' 같은 비판을 전적으로 적용하기에는 설득력
이 부족하다.

3. 미디어와 문화산업

현대 사회는 대중문화가 산업 영역으로서 확고하게 자리 잡은
사회라고 볼 수 있다. 오늘날 대중문화는 대량 생산과 대량 배급되
는 과정을 거치면서 대중들에 의해 대량으로 소비된다. 전 세계적
으로 판매된 『해리 포터』의 판매부수와 영화 〈미션 임파서블 3〉의
관객 수는 대중문화산업이 얼마나 큰 고부가가치 산업인지를 반증
해 준다. 한류 열풍을 타고 일본에서 판매된 〈겨울연가〉나 중국과
대만, 홍콩 등지에서 판매된 〈대장금〉 같은 국내 TV 프로그램의 수
출액 역시 과거에는 상상하지 못했던 액수로서 방송사에 부가이익
을 가져다주었다. 영화의 경우 〈왕의 남자〉와 같은 흥행영화가 천
만 명 이상의 관객을 모을 수 있었던 것도 대중매체의 홍보와 소개
프로그램, 문화산업으로서 국내에 극장 체인이 형성됨으로써 가능
하였다.

문화산업은 문화를 상품으로 생산해서 유통시키고 소비하는
산업을 의미한다. 문화를 산업적으로 생산한 것이 바로 문화상품
인데, 이것은 다른 상품처럼 수요 · 공급의 법칙이 적용되는 시장을
통해 유통되고 소비되는 단계를 거친다. 즉 문화산업은 문화적인
요소와 경제적인 요소가 각각의 특수성을 유지하면서 결합된 형태
의 산업이다. 하지만 일반 제품과는 달리 문화산업은 반드시 대량
생산과 대량 소비만을 전제로 하지는 않는다. 다매체 · 다채널 시

대에 진입하면서 수용자의 인구학적 특성이나 사회계층적인 구분에 따라 고객이 원하는 소량의 고급문화상품도 개발할 수 있다. 문화상품은 완성도가 높아야 부가가치 창출 효과도 커질 수 있으므로 한번 생산되어 판매·소비되는 일반 제품과는 차이가 있다(이대희, 2001). 문화산업이 발달함에 따라 국민들의 문화적 욕구가 좀 더 광범위하게 충족되는 측면도 있다. 또한 국민 생활수준이 향상되고 대중매체의 기술이 발달함에 따라 문화적 요구는 계속해서 증대되고 있으며, 문화 소비 성향은 더욱 고급화되고 다양화될 것으로 예상된다. 이러한 국민의 문화적 취향과 기대감에 맞게 국내 문화산업이 제대로 발전하지 못한다면, 해외에서 수입된 외국 문화가 부족한 국민들의 문화적 욕구를 충족시켜 줄 것이다. 영화산업의 경우 최근에는 할리우드 영화가 국내 관객에게 크게 어필하지 못하고 오히려 한국 영화가 더 높은 수익을 올리거나 전반적으로 좋은 반응을 보이는데, 그 이유는 국내 영화의 수준이 높아졌을 뿐만 아니라 문화적 정서나 국민의 취향을 영화 작품 속에 충분히 반영하고 있기 때문이다. 즉 문화는 기본적으로 언어와 생활양식, 풍습, 가치관, 정체성, 역사, 민족성 등 다양한 가치를 담고 있기 때문에 수용자의 문화적 취향에 부응하는 문화적 산물일수록 상품으로서의 가치가 높다.

문화산업은 또한 대중매체의 발달과 그 궤를 같이하는 시대적 산물이다. 문화산업의 발전은 기존의 다른 분야 산업의 제품 부가가치를 창출하는 데도 기여한다. 예를 들어 한국 트렌디 드라마에 나오는 이동전화 단말기나 HDTV, 에어컨, 냉장고 등과 같은 고급 전자제품, 의류, 가구 등은 드라마가 수출되는 지역에서 마케팅 효과까지 창출한다고 한다. 즉 한국의 드라마를 시청한 중국이나 홍콩, 대만인들이 가전제품을 구매할 때 'made in Korea'에 대한 선

호도를 보인다는 것이다. 이는 문화의 산업화는 물론 산업의 문화
화가 전개되는 현상이라고 볼 수 있다. 최근 문화산업 분야에서 세
계 주요 국가 간의 문화상품 개방과 수출입을 둘러싸고 문화 전쟁
으로까지 확대되고 있는 실정이다. 이는 국제적인 문화산업 시장
이 과거와는 비교할 수 없을 정도로 거대한 시장으로 성장했으며,
이에 따라 각국은 고부가가치 산업의 문화상품 수출에 역점을 두고
있다.

문화산업과 관련해 미디어 교육이 역점을 두어야 할 분야 중
하나는 텔레비전과 스타 시스템의 관계를 인식시키는 것이다. 문
화산업에서 스타가 차지하는 비중이 점차 커지고 있기 때문이다.
영화와 TV 드라마, 연극, 뮤지컬 분야뿐만 아니라 음악과 스포츠
분야에서도 스타와 관련된 문화상품이 늘어나고 있다. 특히 대중
매체인 텔레비전이 문화산업과 관련된 다양한 정보를 제공하고, 스
타에 관한 소식을 지속적으로 전달함으로써 대중들의 스타에 대한
관심은 더욱 커지는 추세이다. 청소년을 대상으로 한 장래 희망 직
업에 대한 설문조사에서 연예인이 1위로 나타났다는 사실은 단순
히 스타에 대한 선망의식이 반영된 것뿐만 아니라, 현실적으로 고
액의 수입과 명예를 동시에 누리는 유망 직업으로서 스타를 바라보
는 청소년들의 변화된 의식을 반영한 것이라고 볼 수 있다. 하지만
스타의 실상이나 스타가 탄생하기까지의 과정에 대해서는 일반인
들이 잘 알지 못하는 게 현실이다. 따라서 미디어 교육은 대중매체
인 텔레비전이 스타를 어떻게 탄생시키고 상품화하는지, 즉 국내
스타 시스템을 이해시킬 필요가 있다. 특히 맹목적으로 TV 연예인
들이나 가수를 추종하는 청소년들에게 그 실상을 알려 줄 필요가
있으며, 그들이 소비하는 문화상품과 광고제품들이 어떻게 만들어
지고 있는지를 각종 문화상품을 소비하는 주체들에게 미디어 리터

러시(media literacy) 차원에서 교육해야 할 것이다.

매스 미디어의 발달과정을 살펴보면, 스타 시스템은 영화산업의 성장과정에서 발생한 독특한 문화 산물처럼 여겨진다. 스타와 스타 시스템이란 용어 자체가 20세기 초 영화산업과 함께 탄생했다는 사실도 스타와 관련된 명칭들이 영화산업의 산물임을 반증해 준다. 스타란 누구인가? 스타란 "일반적으로 문화상품의 수용자에게 높은 인기와 명성을 가진, 흥행 성공의 가능성을 높이는 매우 희소한 자원이라고 할 수 있다"(김호석, 1999 : 380). 이러한 자원을 활용하고 거래, 생산, 관리, 소비하는 전체적인 순환 메커니즘이 바로 스타 시스템이다. 영화뿐만 아니라 텔레비전 역시 스타의 명성을 이용해 문화산업의 생존과 성장을 도모하는 합리적 제도로서 인식될 수 있다. 다시 말해 대중문화 전반에 걸쳐서 스타란 영화뿐만 아니라 방송, 출판, 신문, 스포츠, 뮤지컬, 연극 등 모든 문화산업에서 발현되는 인물로서 수용자의 인기에 기반을 둔 명성을 갖고 있고, 이들의 명성이 다시 문화 산물을 생산하는 데 이용되는 것이 스타 시스템의 제도적 현상이다. 이러한 스타 시스템은 텔레비전이 등장하면서 더욱 활성화되었다. 즉 방송 매체로서 텔레비전은 스타를 적극적으로 활용함으로써 시청률 경쟁에서 우위를 선점하려고 하며, 또 방송사들은 드라마와 쇼, 코미디, 오락 프로그램뿐만 아니라 TV 뉴스와 교양 프로그램에서조차 스타를 활용하는 전략을 추구하고 있다. 특히 텔레비전은 가족 매체로서 대중매체를 주도하기 시작하면서 영화 중심의 스타 시스템을 변화시켰다. 텔레비전은 영화를 포함한 타 분야의 스타들에 관한 정보를 전달함으로써 주요 홍보 매체로 이용될 뿐 아니라, 이들을 유도하여 TV에 출연하게 만들었던 것이다. 이에 따라 국내의 경우 영화 매체 중심의 스타 시스템이 구조와 내용 면에서 텔레비전 중심으로 옮겨 가게 되었다. 이제 스타는 영화배우뿐만 아니라 텔레비전에 출연하는 배우나 탤런트, 가수, 프로그램 진행자, 스포츠 선수 등 그 대상과 영역이 크게 확장되었다.

　　미디어 교육과 관련해 인식해야 할 점은 텔레비전이 기본적으로는 오락 매체로 출발했다는 점이다. 텔레비전의 등장과 함께 대중의 여가생활은 TV 시청으로 대체되었고, 문화적으로도 매체를 통한 '오락의 일상화' 현상이 나타났다. 텔레비전이 야기한 오락의 일상성은 텔레비전을 통한 스타의 탄생을 지속적으로 발전시킬 것을 의미한다. 시청자의 주목을 많이 끌 수 있는 연기자는 단번에 대중의 인식에 각인되면서 높은 인기를 얻고, 동시에 여러 프로그램에 출연하면서 스타로서 자리를 잡게 된다. 즉 텔레비전은 뉴스와 드라마, 스포츠와 토크쇼, 코미디, 음악 쇼, 영화 등 다양한 장르와 유형의 프로그램들이 복합적으로 편성된 종합 매체로서 우선 어떤 프로그램이든 시청률이 높으면 프로그램의 유형이나 장르와 무관하게 특정 출연자는 스타로 성장할 수 있게 된다. 특히 텔레비전의 토크쇼나 연예 정보 프로그램은 정보의 측면에서 스타 시스템의 주요한 구성 요소이다. 토크쇼 프로그램의 경우 내용의 상당 부분이 스타가 출연한 문화상품을 소개하고, 이를 홍보하는 형태를 띠고 있다. 이 역시 간접 광고로 볼 수 있지만, 정보를 담고 있기 때문에 규제하기가 애매한 편이다. 예를 들어 〈생방송 한밤의 TV연예〉나 〈섹션TV 연예정보〉 프로그램에서 신작에 출연한 영화배우나 새로운 음반을 제작한 가수들, 또는 해당 방송사의 드라마 제작 현장이나 광고 CF 제작 현장을 취재하여 스타의 근황과 함께 에피소드를 영상으로 보여 주는 경우, 인터뷰의 초점은 스타이지만 그 내용은 간접적인 영화의 홍보나 상품의 광고로 볼 수 있다.

　　이러한 텔레비전 방송의 편성 메커니즘은 스타의 측면에서 보면 특정 연예인을 예비 스타로 선발해서 주요 프로그램에서 스타로 성장시키고, 기타 프로그램에서 이미지를 관리해 줄 수 있는 장점이 있다. 요컨대 텔레비전 프로그램 편성 자체가 스타를 탄생시키고 활용해 관리하는 스타 시스템의 연장인 것이다. 더 나아가 텔레비전은 영화와 음반, 연극과 뮤지컬 등 다른 문화산업에서 인기를 획득한 스타들을 출연시켜 그들의 이미지를 텔레비전 프로그램을 통해 관리해 주는 기능도 수행한다. 이런 점에서 텔레비전은 전체 문화산업에서 스타를 배출하는 등용문이자 스타 시스템의 기반으로서의 역할을 수행하고 있다고 해도 과언이 아니다. 최근에는 연예·오락 프로그램의 제작자들이 스타를 탄생시킨다기보다는 전문적인 연예 기획사들이 신인들을 발굴해서 연기 지도나 음반을 준비시킨 후에 방송 출연을 섭외하는 경우가 더 많다. 즉 연예 기획자의 목표는 예비 스타들을 발탁하여 지도한 후 스타를 탄생시켜 자사의 이익을 극대화하는 데 있다. 이에 반해 PD는 대중의 정서를 위로하고 고양시키는 것이 목표이므로, 자신이 만드는 프로그램에 도움이 될 만한 인재를 가지고 있다고 판단되는 연예 기획자나 기획사에 우호적인 대우를 해 준다. 결국 연예 프로그램 제작자와 연예 기획사는 수요와 공급의 원리에 따라 서로를 이용하는 관계이다.

그러나 경우에 따라 스타를 배출하는 관계가 공정한 과정을 거치지 못한다면, 소수의 연예기획사에 연예 권력이 독점되는 폐해를 낳을 수도 있다. 국내 방송 프로그램 제작 관행에서 스타 의존도가 큰 것이 문제이고, 그 이면에는 시청률 지상주의가 문제로 떠오른다. 즉 시청률이 잘 나오는 프로그램일수록 스타 의존도가 높은 경향이 있기 때문에 신인을 발굴하려는 노력이 부족하고, 인기가 확인된 연예인을 우선적으로 섭외하게 되는데, 이러한 현상은 궁극적으로 새로운 스타의 탄생을 막기도 하는 악순환을 초래할 수도 있다. 또한 일부 스타를 제외하고 대다수의 연예인들은 생활이 안정적이지 못하며, 연예인으로서의 생명력도 길지 못한 편이다. 스타가 되기 위해 무수히 많은 젊은 인재가 준비과정이나 진출과정에서 탈락되며, 최소한의 생활도 보장받지 못하는 경우가 비일비재하다. 이것이 청소년을 대상으로 한 미디어 교육에서 스타에 대한 환상과 현실 사이의 간격이 존재함을 알려 주어야 하는 대목이다. 따라서 TV 프로그램에 등장하는 화려한 스타의 모습만으로 그들의 실상을 파악하는 것은 잘못된 일이며, 실제 스타로 탄생하기까지 아무리 타고난 재능이 있어도 거쳐야 하는 각고의 노력과 연습 단계가 필수적임을 알려 주는 현실적인 미디어 교육이 요망된다.

제4장
미디어 교육의 현황

1. 미디어 교육의 정의와 영역

2. 디지털 시대의 수용자 특성

3. 국내외의 미디어 리터러시 교육

1. 미디어 교육의 정의와 영역

미디어가 보내는 각종 뉴스와 정보는 어느 정도로 현실(reality) 자체를 전달하고 있는가? 또한 주요 정보원으로서 각종 매체를 이용하는 수용자들은 메시지를 어떻게 받아들여야 하는가? 매체에 따라 사실 전달과 의견 및 논평이 다를 경우, 어떤 매체를 믿어야 하는가? 대중매체와 관련된 이러한 질문들은 다매체·다채널 시대를 살고 있는 우리 모두에게 미디어 교육의 절실함과 필요성을 재삼 확인시켜 준다. 문제는 미디어 교육의 정의가 다양하고 그 영역이 포괄적이어서 어디서부터 시작해야 하며, 어떤 매체를 다루고, 교육 내용의 범위와 깊이를 어느 정도로 한계 지어야 할지 고민스럽다는 점이다. 특히 국내외 미디어 교육의 현실이 다르고, 미디어 체계나 이용 실태 및 교육 여건 자체가 지역별, 학교별로 편차가 심해 사실상 교육을 담당하고 있는 현장 교사의 입장에서는 난감할 때가 많다. 교육 대상인 학생들의 경우도 매체별 선호도가 다르고 선행지식과 경험의 차이가 커서 커리큘럼을 짜기가 상당히 곤혹스럽다는 평이다. 그런데도 미디어 교육은 이제 학생들의 매체 이용 시간이나 영향 면에서 교육 현장에서 피할 수 없는 영역 중의 한 분야가 되었으며, 우선순위에 따라 미디어 교육을 순차적으로라도 접근해 나가야 할 때가 되었다. 특히 멀티미디어 시대를 살아가는 수용자들은 매체의 속성과 영향에 대한 이해 부족으로 매체가 전달하는 모든 메시지를 진실로 믿고, 현실 구성에서 무비판적으로 메시지를 수용할 뿐만 아니라, 더 나아가 미디어를 통해 수집된 정보를 확산·유포시키는 경향이 있다. 미디어 교육은 바로 이러한 매스미디어 이용자들이 안고 있는 현실적인 문제점을 깨닫게 하는 것이며, 미디어를 비판적으로 인식하고 활용할 수 있도록 돕는 데서 시작되어야 한다. 최근의 미디어 교육은 '미디어가 형성하는 현실을 비판적으로 읽어 내면서 미디어를 사용하여 표현해 가는 능력'을 길러 주는 미디어 리터러시(media literacy) 교육을 의미한다. 주요 영역으로는 미디어 자체를 탐구함으로써 올바른 매체 이용을 권장하는 매체 특성 교육, 다양한 미디어의 제작과정을 파악하고 직접 미디어 콘텐츠를 만들어 봄으로써 미디어가 만들어 내는 산물의 한계를 익히게 하는 미디어 제작 교육, 그리고 미디어를 이용하는 수용자들의 특성과 문제점 분석을 통해 올바른 미디어 사용법을 교육하는 수용자 교육 분야가 있다.

　　미디어 교육에 대한 관심은 1930년대부터 영화가 일반 대중에게 미치는 영향을 우려하면서 시작되었다. 그러나 본격적인 미디어 교육에 관한 논의는 1960년대 미국과 영국, 독일 등의 선진 국가에서 대중매체, 특히 텔레비전의 역기능에 대한 우려에서 출발하였다. 전 세계적으로 새로운 매체가 등장할 때마다 매체의 역기능에 대한 부정적 평가에서 미디어 교육의 필요성이 거론되었던 점은 주목할 만하다. 1960년대 미국을 중심으로 크게 활성화된 미디어 리터러시 교육 역시 영화, 텔레비전, 컴퓨터 등 새로운 미디어가 등장할 때마다 관심을 받아 왔다. 이처럼 미디어 교육은 미디어에 대항하는 교육으로서 미디어의 조작적인 본성을 진정한 문화적 가치와 대비시키고, 학생들이 보다 효과적으로 미디어에 대항할 수 있도록 예방 교육 차원에서 출발하였다. 이러한 예방 교육 차원의 관점은 미디어의 해롭고 강력한 영향에서 젊은이들을 보호하고 지킬 필요가 있다는 생각을 가진 교육자와 문학 비평가에게서 많은 지지를 받았다. 미디어 리터러시에 대해 보다 다양한 논의가 활발해진 것은 1980년대 이후부터이다. 1980년대 이후 리터러시의 개념은 읽기, 쓰기에서 벗어나 사회에서의 미디어 적응 및 대처능력으로까지 확대되었다. 즉 리터러시가 단순히 탈상황적인 부호를 해독하는 기술을 익히는 것이 아니라, 이것들이 이용되는 상황과 문화를 결합한 개념으로 이해되기 시작하였다(김양은, 2005). 이후 미디어 리터러시 교육은 대중문화로서의 미디어 내용물을 미학적 관점에서 선별해 내는 대중예술적(popular arts) 패러다임, 미디어 정보를 효율적으로 선별하는 능력을 키우는 학습 도구적 패러다임을 거쳐 매스 미디어가 재현하는 현실을 비판적으로 해독하는 능력에 초점을 맞추는 표상(representation) 패러다임에 이르기까지 다양한 변화를 겪어 왔다(안정임·전경란, 1999). 특히 미디어 교육의 표상 패러다임은 1980년대 전반에 걸쳐 각 나라의 미디어 교육에 변화를 가져왔고, 이에 따라 미디어 교육의 목적과 교육방법론, 평가방법, 지식습득에 대한 교사와 학생의 역할 등에 커다란 변화가 나타났다.

오늘날 대부분의 국가에서 미디어 리터러시 교육의 커리큘럼은 미디어 텍스트와 이를 둘러싼 여러 가지 구조적 요인을 분석하고 이해하는 데 초점을 둔다. 즉 미디어 교육이 앞선 영국과 미국, 캐나다 같은 나라에서는 미디어의 텍스트에 어떤 형태로든 의미가 내포되어 있고, 수용자는 다양한 방식으로 이를 수용 혹은 해석하고 있기 때문에 텍스트의 비판적인 분석과 이해가 미디어 교육의 기본이라고 보는 것이다. 영국의 대표적인 미디어 교육기관인 영국영화연구소는 미디어 교육의 기본 교육과정으로 다음의 여섯 가지 영역을 제시하고 있다. 첫째, 미디어 제작자(media agencies)에 대한 교육이다. 이는 미디어의 텍스트를 생산해 내는 생산자로서 방송사와 신문사의 특성 및 텍스트를 생산해 내는 과정에서의 제작자의 역할을 이해하고, 더 나아가 미디어의 제도와 경제, 제작자의 이데올로기 및 의도 등에 대해 수용자들을 교육시키는 것이다. 둘째, 미디어 범주(media categories)를 이해시킨다. 텔레비전, 라디오, 영화, 인터넷 등 미디어의 종류에는 어떤 것이 있고 어떠한 제작 형식을 취하는지, 또 세부적인 장르(공상과학, 연속극, 다큐멘터리 등)에는 어떤 것들이 있는지 미디어의 유형과 종류별 특성에 대해 교육한다. 셋째, 미디어 기술(media technologies) 교육도 필요하다. 매스미디어의 활용과 사회적 적용은 커뮤니케이션 기술 발전에 기인한다. 따라서 미디어가 사용하는 기술의 종류와 사용법에 대한 기초지식, 생산과정 및 결과물에 미치는 기술의 영향에 대해 탐구한다. 넷째, 미디어 언어(media language)에 대한 교육이다. 이는 미디어의 의미 생성방식과 부호와 관습에 대한 이해, 미디어 유형에 따른 서사구조의 특징들을 소개한다. 다섯째, 미디어 수용자(media audience)에 대한 교육이다. 미디어를 사용하는 수용자의 정체성과 구성, 전달방식을 소개하고, 다양한 수용자 계층이 미디어 텍스트를 어떻게 발견하고 선택 · 소비하여 반응을 보이는지 수용자에 대해 분석한다. 마지막으로, 미디어 표상(media representation)을 분석해서 상징적 의미를 인식하게 하는 교육이다. 미디어 텍스트와 실제 장소, 사람, 사건, 생각 간의 관계를 고찰하고, 정형화의 문제와 그 결과에 대한 인식의 지평을 넓히는 교육이다. 이러한 미디어 교육의 개념은 주로 텔레비전을 중심으로 형성된 것이다. 텔레비전 텍스트는 다중적 의미를 지닌 영상 이미지로 구성되어 있어 매스 커뮤니케이션 연구에서 가장 핵심적인 대상이다. 미디어 리터러시 교육 역시 텔레비전의 비판적 시청기술이나 모니터링을 통한 비판적 해독을 중심으로 이루어져 왔다. 또한 수용자에 대한 연구 역시 텔레비전 수용자는 초기의 보호주의 시각에서처럼 일방적으로 미디어의 메시지에 영향을 받는 수동적인 존재는 아니라고 하더라도 주어진 메시지를 다각적으로 해석하는 정도일 뿐, 인터넷 이용자처럼 양방향적인 정보 통제력을 지닌 존재는 아니다. 따라서 미디어 교육과정은 매체별 수용자의 특성과 매체 이용방식이 명확히 다르므로 전반적으로 텍스트 분석에 그치는 비판적 미디어 교육의 한계를 갖고 있다. 그런데도 미디어 제작자, 미디어 범주, 미디어 기술, 미디어 언어, 미디어 수용자, 미디어 표상에 대한 내용은 미디어 교육에서 가장 기본적인 커리큘럼이 될 수 있다.

2. 디지털 시대의 수용자 특성

디지털 기술에 의한 뉴미디어의 등장은 수용자의 개념을 수동적 수용자에서 정보를 능동적이고 적극적으로 이용하는 메시지 생산자로 변화시켰다. 미디어 교육 분야에서도 양방향 커뮤니케이션이 가능한 인터넷과 같은 디지털 미디어에서는 텍스트 자체의 내적 의미를 분석하고 비판하는 일이 더 이상 큰 의미가 없게 되었다. 그보다는 엄청난 정보의 창고 속에서 매체 이용자가 어떻게 정보를 수집, 활동, 변형, 생산해 내는가를 살펴보고 교육시키는 능동적인 미디어 수용자 교육이 훨씬 더 중요해졌다. 이러한 미디어 환경 변화는 결국 미디어 리터러시 교육에서도 획기적인 변화의 필요성을 제기한다. 기존의 아날로그 시대에서는 각기 개별 매체들을 통해서 이루어졌던 인간 및 매스 커뮤니케이션 환경이 디지털 기술을 기반으로 상호작용적인 네트워크 환경으로 변화함에 따라 커뮤니케이션 방식이 달라지고 있다. 사람들은 개인 컴퓨터를 이용해 텔레비전을 시청하면서 다른 사람과 전화를 하거나 이메일을 통해 정보를 교환할 수 있으며, 텔레비전 프로그램 제작에도 직접 참여할 수 있게 되었다. 또한 보고 싶은 프로그램을 원하는 시간에 VOD를 통해 자유롭게 시청할 수 있는 수용자 주권이 확립되었다. 이처럼 디지털 기술의 발전은 정보의 수용자가 주체가 되는 커뮤니케이션 형태와 미디어 환경을 조성함으로써 기존의 수동적인 수용자 개념을 능동적이고 정보 추구적인 수용자의 개념으로 변화시키고 있다. 수용자는 이제 디지털 미디어의 상호작용적이고 양방향적 기능을 이용하여 콘텐츠의 생산과 소비에 직접 참여할 수 있게 되었다. 또한 개인형 미디어(personal media)와 주문형 부가 서비스의 기능이 보편화되면서 매체 이용 행태에도 커다란 변화가 나타나고 있다. 이러한 현상은 토플러가 예측했듯이 디지털 미디어 시대의 수용자는 생산과 소비를 동시에 수행하는 프로슈머(prosumer)로서의 특성을 지니며, 개인은 단순히 정보를 수용만 하는 존재가 아니라 미디어를 이용해 정보를 생산하고 교환하며 소비하는 주체자로서의 역할을 하게 되었음을 시사한다. 이는 기존의 일방향적이며 수동적인 커뮤니케이션 형태에서 양방향적이고 동시적인 커뮤니케이션 패러다임의 전환을 의미한다. 즉 전통적인 아날로그 시대에서 디지털 시대로의 전환은 단지 미디어의 변화에 그치는 것이 아니라 우리의 일상생활을 오랫동안 지배해 온 커뮤니케이션 형태가 네트워크화된 통합 커뮤니케이션 형태로 수용자와의 상호작용성이 증대되었음을 뜻한다.

　　디지털 미디어 시대의 수용자론은 수용자를 더 이상 일방적으로 정보를 받아들이는 수동적인 입장에서가 아니라 정보의 수용자이자 생산자의 역할을 동시에 수행하는 주체자로 중요하게 간주하고 있다. 디지털 기술의 발전으로 커뮤니케이션 매체의 상호작용성이 증가함으로써 수용자는 다양한 정보 환경을 제공받는 데서 그 치는 것이 아니다. 수용자는 네트워크화된 매체를 통해 자신의 선 택과 기호, 형편에 따라 주체적으로 미디어를 이용하고 메시지를 창조하는 적극적인 매체 이용자이자 정보 제공자로서 중요한 역할 을 하게 된 것이다(이은미 외, 2003). 물론 디지털 미디어의 출현은 항상 긍정적인 현상만을 가져오지는 않는다. 전 지구촌이 하나의 네트워크로 묶이면서 세계화에 따른 다국적 기업의 영향력이 강화 되고, 기존의 정보 종속을 더욱 강화시키는 결과로 이어질 수도 있 다. 국내적으로도 산업 간 융합과정에서 막대한 자본력을 바탕으 로 한 거대 커뮤니케이션 독점 기업이 출현해 예전보다 더 통제가 가능한 지배구조도 예상된다. 그 결과 수용자들은 과거보다 더 심 각하게 편중된 정보만을 선택할 수밖에 없는, 정보 접근이 아주 위 축되는 커뮤니케이션 환경에 처할 수도 있다. 디지털 시대의 수용 자 위상과 관련해 변화된 주요 특성을 살펴보면, 상호작용성의 증 대와 탈대중화, 비동시성, 개인의 통제력 증대, 디지털 격차와 가상 공동체 형성을 들 수 있다. 여기서는 각각의 특성을 간략히 소개함 으로써 미디어 교육에서 수용자 교육을 어떻게 접근해 나가야 할지 방향을 제시하는 데 도움을 주고자 한다.

1) 상호작용성

상호작용성(interactivity)은 미디어의 메시지 전달자와 수용자 와의 매개된 경험을 교류하거나 메시지 내용 및 형태에 대한 수용 자의 반응 등을 포함하는 일련의 교환적 과정이다. 기존의 커뮤니 케이션 형태에서 상호작용성은 송신자와 수신자의 역할 교환이 가능하지 않았으며, 두 역할을 동시에 상호 교환한다는 것은 거의 불가능한 일이었다. 그러나 디지털 시대의 상호작용성은 송신자와 수용자의 커뮤니케이션이 단순히 전달을 위한 연결이 아니라, 보다 동등한 관계로 양방향적인 교류에 의해 진행될 수 있음을 의미한다. 수용자 측면에서 디지털 기술에 의한 가장 커다란 변화는 수용자의 역할이 고정되어 있지 않고 수용자들끼리 상호 연결될 수 있다는 점이다. 상호 연결성은 네트워크를 통해 사람들이 다른 사람들과 유기적으로 연결될 수 있게 하는 것이다. 그 결과 네트워크 상으로 연결된 개인들은 타인과 관계를 만들거나 가상 공동체와 같은 사회적 관계를 재구성할 수 있게 되었다. 또한 디지털 미디어의 상호작용성은 궁극적으로 수용자에게 미디어 콘텐츠를 이용하는 과정 전반에 걸쳐 다양한 통제권을 부여한다. 이런 측면에서 미디어 교육은 수용자가 매체를 능동적으로 선택, 이용해야 할 뿐만 아니라 콘텐츠를 변화시킬 수도 있음을 인식시켜야 한다.

2) 탈대중화

탈대중화(demassified) 현상은 매스 커뮤니케이션 과정에서 그 중심이 메시지 생산자에게서 미디어 소비자, 즉 수용자에게로 옮겨가는 것을 의미한다. 기존의 대중매체가 익명의 다수를 상대로 하는 데 비해, 디지털 시대의 뉴미디어들은 세분화되고 전문화된 특정 계층을 목표로 삼는다. 이는 디지털 환경에서의 뉴미디어는 채널 수가 늘어나 내용이 특정 수용자를 대상으로 전문화됨으로써 세분화된 수용자의 취향과 여건에 맞춘 콘텐츠를 제작해서 전달하기 때문이다. 이에 따라 수용자의 입장에서는 정보나 오락의 선택의 폭이 넓어지고, 개별 미디어로 전송방식이 다양해짐에 따라 대인 커뮤니케이션 형태로 수용자가 세분화된다. 하지만 수용자의 소외 현상과 같은 부정적인 측면도 발생할 수 있다. 즉 수용자가 어떤 하나의 프로그램이나 정보 유형 또는 특정 채널만을 이용한다거나, 혹은 그것을 배제함으로써 한 사회의 구성원이 공유해야 할 기본적인 공통적 경험이나 가치관의 결여로 사회에서 소외될 수 있다.

3) 비동시성

디지털 시대의 수용자는 일방적으로 정해진 정보를 전달받는 수동적이고 획일적인 존재가 아니라 언제, 어디서든 편리한 시간대에 원하는 것을 얻을 수 있게 되었다. 수용자는 자신의 취향이나 관심에 맞는 정보를 보고 싶은 시간에 언제든지 매체를 선택해 이용할 수 있게 되어 정보 접근이 과거보다 용이해졌다. 이는 필요한 정보의 내용과 종류를 선택할 수 있게 되었을 뿐 아니라 정보를 전달받기 원하는 시간대까지도 자신이 통제할 수 있으며, 언제든지 다시 볼 수 있는 저장 기능도 가능해졌음을 의미한다. 텔레비전의 경우도 과거처럼 누구나 일정 시간에 편성된 프로그램을 그 시간대에 맞추어 가정에서 시청하는 것이 아니라, 인터넷이 있는 장소라면 어디서든 원하는 시간대에 방송사 사이트에서 VOD 형식으로 원하는 프로그램을 볼 수 있게 되었다. 이러한 특성은 디지털 시대의 수용자의 비동시성(asynchronous)을 반영하는 것이다.

4) 개인의 통제력 강화

디지털 시대의 수용자는 과거보다 컴퓨터를 매개로 하여 메시지 내용을 잘 선별할 수 있게 되었고, 정보의 비교가 즉시적으로 가능해졌다. 아울러 수집된 정보를 저장시킬 수 있는 새로운 커뮤니케이션 시스템 능력을 갖게 되었다. 이는 정보 흐름에 대한 통제가 생산자에게서 수용자로 이전되고 있음을 뜻한다. 기존의 커뮤니케이션 형태에서 수용자는 언제, 어떤 정보를 누구에게서 얻고, 또한 누구에게 보내는가에 대한 통제권을 갖지 못했지만, 디지털 방송에서는 수용자들이 마음에 들지 않는 방송 내용과 광고를 건너뛰고 프로그램의 스토리나 내용을 결정하는 적극적인 수용자 통제형 방송체제로 전환하게 된다. 이러한 개인의 미디어 통제능력(self-control) 강화는 당장에 실현될 수는 없지만, 그동안 수동적인 소비자의 위치에 있었던 시청자들이 디지털 시대에는 방송과정에 보다 적극적으로 개입하고 참여할 수 있는 기회가 증대될 것임을 시사한다. 또한 수용자가 메시지나 프로그램의 생산자 위치에 서게 되어 정보의 생산과 선택의 폭이 확대될 것으로 예측된다(강상현 외, 2002 : 252).

5) 디지털 격차의 확대

디지털 미디어의 등장으로 수용자 측면에서는 정보 접근권이나 개인의 통제력이 강화된 반면에, 디지털 미디어를 이용하는 데 드는 비용은 정보에 접근할 수 있는 수용자와 그렇지 못한 수용자 간의 디지털 격차(digital divide)를 점점 더 벌어지게 한다. 이러한 격차는 일반적으로 연령별, 소득별, 교육 수준별로 발생하며, 이 때문에 수용자 간 정보 격차가 더욱 심해진다. 디지털 이용으로 많은 사람이 정보사회의 혜택을 입을 수 있다는 인식이 확산되었지만, 역시 개인 간의 심각한 격차 문제로 사회구조적인 문제를 일으킬 잠재성이 내재하며 국가 간, 인종 간의 정보 격차도 커다란 국제 문제로 제기될 가능성이 크다. 디지털 격차는 정보사회가 직면하고 있는 가장 중요한 문제점 중의 하나로, 미디어 교육에서도 정보 격차와 디지털 격차에 대한 기본 개념의 이해와 문제점을 인식시켜야 할 것이다. 즉 정보 접근권의 기회가 부족한 수용자는 사회에서 뒤처지게 되며, 그 결과 사회의 주변부적 삶으로 더욱 몰리게 될 뿐만 아니라, 정보 격차가 소득의 격차로 이어져 정보의 빈익빈 부익부 현상이 부각될 수 있다. 물론 디지털 정보 격차현상은 기술의 공유와 보편화로 어느 정도 극복될 가능성이 존재한다. 하지만 더욱 심각한 것은 동일한 기술을 소유하고 이용하는 수용자 간에도 이용능력의 차이 때문에 디지털 격차가 해소되기는 쉽지 않을 전망이다. 국내의 경우도 연령이나 지역(도시와 농촌) 간의 디지털 미디어 이용 실태와 정보 격차가 큰 편이므로 이에 대한 해결방안 모색과 미디어 리터러시 교육이 요망된다. 특히 디지털 시대의 청소년 수용자들은 미디어를 통해 전달된 정보를 비판적으로 해석한 후 수용하거나, 다시 미디어를 통하여 자기의 의견이나 느낌 등을 표현할 수 있도록 미디어의 사용능력을 길러야 할 것이다.

6) 가상 공동체

디지털 시대의 수용자에게 가장 큰 영향을 미친 매체로는 컴퓨터를 들 수 있다. 특히 인터넷의 등장은 공적·사적 정보들을 전달하는 멀티미디어 정보 전송과 서비스를 가능하게 하였으며, 가상 공간의 공동체를 형성하게 하였다. 가상 공간(cyber space)이란 컴퓨터와 정보통신기술이 결합되어 컴퓨터 매개 커뮤니케이션만으로 이루어진 사회적 공간을 말한다. 이러한 공간에 존재하는 수용자들은 자신의 신분이나 직업, 성별 등에 구애받지 않고 자유롭게 다양한 정보를 제공·이용한다. 또한 이들은 서로의 취향과 관심사를 공유함으로써 전 지구를 넘나드는 자유로운 정보의 흐름으로 전 지구적 가상 공동체(cyber community)를 형성시켰다. 즉 디지털 기술의 발달에 의한 새로운 커뮤니케이션 형태는 인터넷 공간을 이용해 무수히 많은 정보를 생산·전달하는 이용자들의 가상 공동체를 탄생시키게 된 것이다. 실제로 전 지구촌의 사람들은 네트워크로 연결되어 있으며, 서로의 지식을 공유하고, 글로벌 위성방송이나 인터넷을 통해 지구 반대편의 간접적인 경험을 실시간으로 느끼면서 가상 공동체를 실감할 수 있다. 가상 공동체에서 수용자들은 열린 의사소통을 통해 새로운 글로벌 문화를 창조하는 데 기여할 뿐만 아니라 시·공간적으로도 국가와 인종을 초월하여 의사소통을 할 수 있다. 그러나 가상 공동체에 의해 창조되는 가상문화는 국경 없는 양방향적 네트워크에 의해 권력이나 자본에 끊임없이 매개되는 획일적인 글로벌 상업문화를 형성시킬 수 있다는 우려도 낳고 있다.

디지털 시대로 접어들면서 미디어 교육은 이상과 같은 변화된 수용자의 특성과 역할에 대해 양면성이 존재한다는 사실을 제시해야 한다. 즉 미디어 교육에서는 수용자의 역할이 적극적인 정보 추구자이자 정보 이용자로 바뀌게 되었지만, 뉴미디어를 제대로 이용할 능력이 없다면 오히려 전통적인 개념의 수용자보다 더욱 수동적인 수용자로 전락해 버릴 위험한 환경에 처할 수도 있음을 고지할 필요가 있다. 또한 기존의 미디어를 중심으로 한 리터러시 교육은 디지털 미디어의 특성에 맞게 변화되어야 한다. 신문과 방송 같은 전통적인 미디어의 비중이 여전히 크지만, 인터넷은 이들 매체를 빠르게 대체하고 있을 뿐 아니라 기존 미디어의 이용 행태를 변화시키고 있다. 특히 양방향과 참여라는 디지털 미디어의 특징은 교육에서도 중대한 함의를 지닌다. 먼저 기존의 정보 전달자로서의 교사와 정보 수용자로서의 학생 간의 일방적인 커뮤니케이션 흐름이 양방향적인 커뮤니케이션 흐름으로 변화되고 있다. 인터넷은 시시콜콜한 일상생활에서 최첨단 물리학에 이르기까지 모든 정보가 새롭게 갱신되고 축적되는, 살아 있는 데이터베이스이기 때문에 이미 알려져 있는 지식을 습득하게 하는 기존의 교육방식의 효율성을 축소시키고 있다.

한편, 디지털 미디어는 다중적인 지능(multiple intelligence)을 요구하는 최초의 미디어로 정의된다. 텍스트가 중심이 되는 미디어에서는 읽고 쓰는 능력이 가장 핵심이기 때문에 리터러시 교육은 당연히 읽고 쓰기에 중점을 두었다. 그러나 디지털 미디어에서는 정보의 검색과 요약능력, 쓰기능력, 시각적이고 청각적인 감각, 상호작용을 위한 사회적 교류능력에 이르기까지 통합적인 지적 능력이 요망된다. 따라서 디지털 미디어 리터러시 교육에서는 수용자가 문자 언어보다는 디지털 시대의 언어적 특징인 영상 언어를 이해하고, 디지털 정보 매체가 영상적 이미지 정보를 여타 문자 정보나 음성 정보와 유기적으로 처리할 수 있는 멀티미디어 특성을 이해하는 능력을 함양해야 할 것이다. 실제로 이러한 능력은 기성세대에게는 어려운 과제일지 몰라도 대부분의 청소년들이 가지고 있는 일상적인 능력에 지나지 않는다. 디지털 미디어의 또 다른 특징은 정보의 통합 기능과 콘텐츠를 저장·이용하고 통제하는 방식에서 매우 유연하다는 점이다. 이는 기존의 미디어가 문자나 음성, 영상 중 어느 한 형태의 정보만을 전달한 것에 비하면 엄청난 변화로서, 수용자들은 각각의 정보 형태를 이해하고 활용하는 통합적인 리터러시 능력을 갖추고 있어야 함을 의미한다. 디지털 시대의 리터러시 교육은 디지털화된 정보의 신뢰성을 평가하고 판단하며 자신이 필요로 하는 정보를 검색·조합하여 새로운 지식으로 창출함과 동시에 실제 문제 해결에 활용할 수 있는 정보 해독능력을 총칭하는 것이라고 할 수 있다.

3. 국내외의 미디어 리터러시 교육

미디어 교육의 발상지는 영국으로 1930년대부터 교육 현장에서 매체 관련 교육이 실시되었다. 이후 미디어 교육은 1960년대 들어 미국과 캐나다, 독일 같은 유럽 및 북미 국가에서 미디어 리터러시 교육이 활성화되면서 전 세계적으로 확산되었다. 미디어 교육과 미디어 리터러시의 차이점을 살펴보면, 미디어 리터러시라는 개념은 주로 북미에서 사용되고 있으며, 영국에서는 미디어 교육이라고 불린다. 영국의 미디어 교육은 '미디어를 비판적으로 이해하는 학습'에 초점을 두고 있다. 여기서 비판적이라는 단어는 부정적으로 비판하는 태도나 입장을 의미하는 것이 아니라 '적절한 기준과 근거에 기초해 이론적으로 편향되지 않은 사고(critical thinking a functional approach)', 즉 건설적이고 전향적인 사고와 창의적인 사고 개발을 의미한다. 반면에 미디어 리터러시는 정보사회에서 미디어를 사용하고 이해하는 데 필요한 기본적인 읽고 쓰기 능력과 같은 것이다(스가야 아키코, 2001).

영국의 미디어 교육은 1930년대 영국의 문학 비평가인 리비스(F.R. Leavis)와 톰슨(Dennis Thompson)의 저술 『문화와 환경―비판적으로 깨어나기 위한 훈련』에서 "매스 미디어를 비판적으로 해석하는 일은 아이들을 저속한 대중문화의 영향에서 보호하는 데 효과적이다."라는 이야기에서 비롯되었다. 당시 영국은 인쇄기술의 발달로 황색 저널리즘이나 대중소설이 유행해 매스 미디어가 전통적인 문화를 쇠퇴시키고 저속한 대중문화를 확산시키는 것에 대한 비판이 대두되고 있었다. 이에 대해 영국의 문화 쇠퇴를 우려하는 정부, 학자, 교육자들은 보호주의 차원에서 '예방 조치'로 대중신문, 잡지, 광고들을 비판적으로 볼 수 있는 능력을 갖추게 하는 수업을 도입하게 되었다.

1960년대 이후 영국의 미디어 교육은 문화로서 미디어에 접근하기 시작했다. 이때 영화 등 미디어와 친숙하게 자라난 세대가 교사의 주류를 차지하자, 영화를 적극적으로 수업에 도입하고 문화로서 매체를 이용하기 시작했다. 그러나 이때에는 다큐멘터리는 좋고 할리우드 영화는 저속하다는 등 미디어 장르에 따라 서열이 매겨졌다. 1960~1970년대 영국의 문화 연구를 일부 살펴보면, 문화는 이제 특권 계급만이 만드는 것이 아니라 사람들의 생활 주변을 둘러싸고 있는 모든 것이자, 다양한 표현방식을 갖는 것으로 해석되었다. 즉 미디어가 내보내는 메시지는 정치, 경제, 이데올로기 등의 다양한 요인으로 구성된 혼합물이어서 사람들은 미디어에 의해 일방적으로 영향을 받을 만큼 단순하지 않으며, 자신들의 경험과 가치관, 사회적 문맥에 따라 미디어를 다양하게 해석할 수 있는 존재임을 당시의 문화 연구 학자들은 강조하였다. 문화 연구 관점에서 대중문화란 미디어와 인간의 상호작용에 의해 만들어진 매우 중층적이고 복잡한 것인 만큼, 미디어를 해독하는 과정에서 미디어 교육의 필요성은 더욱 강조될 수밖에 없다.

한편, 국제기구에 의한 미디어 교육 활동을 살펴보면, 1962년 최초로 '영화와 TV 교육에 관한 국제회의'가 열려 영화와 TV에 대하여 비판적인 능력을 갖추는 '영상 교육의 활성화'가 촉구되었다. 이후 서독에서 1982년 19개국이 참가한 '미디어 교육에 관한 구른베르트 선언'이 채택되었다. 이 선언에 따르면 시민이 사회에 적극적으로 참가하기 위한 뿌리로서 커뮤니케이션과 미디어가 경시되어서는 안 되며, 정치·교육기관은 시민이 커뮤니케이션에 관하여 비판적으로 이해할 수 있도록 그 중요성을 인식하고, 이를 촉진시킬 의무가 있다는 것이다. 이어서 1989년 유럽회의에서는 "새로운 테크놀로지와 미디어 교육은 정치에 눈을 뜬 민주적 시민을 길러내기 위해 유용한 것이며, 이를 통해 학생은 매스 미디어의 구조, 메커니즘, 표현방식을 이해할 것이다."라는 선언문이 채택되었다. 1990년에는 영국영화협회(BFI : British Film Institute) 주체로 국제회의가 열려 45개국이 참가했으며, 범세계적으로 미디어 교육을 확산시키는 계기가 되었다. 이에 따라 유네스코는 정기적으로 국제회의를 개최하면서 미디어 교육의 국제화를 지지하고 있다. 2000년 5월 캐나다 토론토에서 열린 '서미트 2000' 회의에서는 21세기 미디어 리터러시의 전개에 관해 심도 있는 논의가 이루어졌다. 미디어 리터러시와 관련된 주요 의제로는 인쇄 매체에서 영상 매체로 커뮤니케이션의 전이와 미디어의 상업화, 미디어의 독점화에 따른 언론의 다양성 결여 등이 문제로 제기되었다(스가야 아키코, 2001). 한편 캐나다의 온타리오 주에서는 1970년대 후반부터 교사들의 적극적인 미디어 교육 활동에 의해 1989년에 미디어 리터러시가 정규 커리큘럼에 도입되었고, 호주는 거의 모든 주에서 미디어 리터러시 교육을 실시하고 있다. 그 외에 핀란드, 노르웨이, 스웨덴, 오스트리아, 프랑스, 독일, 브라질과 칠레, 이스라엘, 러시아, 남아프리카공화국, 필리핀, 홍콩에서도 미디어 리터러시 교육을 실시한다. 국가별 미디어 교육에 대한 정의와 실행방식은 각국의 정치와 경제적 발전 단계나 교육제도, 언론제도, 문화에 따라 큰 차이점을 보인다.

    1980년대 후반부터 미디어 기술의 급격한 발전으로 통신과 방송의 융합 현상이 나타났으며, 이는 전 세계적인 미디어의 재편성을 급속도로 진전시키고, 인간의 삶의 양식에 획기적인 변화를 가져왔다. 특히 사회적인 커뮤니케이션 형태에서 다양한 뉴미디어의 등장은 일반 미디어 수용자를 미디어 생산자로 변화시켰다. 이들에 의한 다양한 형태의 정보 생산은 다원주의 사회로의 이행을 촉진하고 있지만, 근거가 부족한 정보의 대량 유통으로 사회적 혼란을 야기할 수도 있고, 신뢰성 없는 정보의 대량 유통 때문에 개인적, 사회적 피해를 유발할 수도 있다. 이러한 맥락에서 정보의 생산자이자 수용자로서 대중에 대한 미디어 리터러시 교육은 점차 그 중요성이 더해지고 있다. 더욱이 디지털 기술의 발전 속도가 너무 빨라서 수용자들이 매체 환경에 적응하기가 어렵고 세대 간, 계층 간의 미디어 리터러시 격차가 심해지고 있어서 정보 격차를 초래한다. 더 나아가 디지털 기술은 디지털 디바이드 현상까지 낳아 계층 간의 격차와 함께 심각한 사회 문제로 발전될 가능성을 내포하고 있다. 이러한 맥락에서 디지털 기술과 매체산업이 우리보다 발달한 주요 선진 국가들의 교육 현장을 중심으로 어떻게 미디어 교육이 이루어지고 있는지 파악하는 것이 중요하다. 특히 미디어 교육은 미디어와 인간과의 관계를 바라보는 다양한 시각을 바탕으로 미디어 테크놀로지와 정보에 대한 비판적 사고를 갖게 하는 데 중점을 두어야 할 것이다. 여기서는 영국과 미국, 독일, 캐나다와 호주를 중심으로 미디어 교육의 사례를 간략히 살펴보고자 한다. 이들 나라에서는 이미 오래전부터 미디어 교육이 제도권의 학교교육 현장에서 활발히 실시되고 있다.

1) 영국의 미디어 교육 사례

영국의 미디어 교육은 대중매체에 의해 생산된 메시지를 학생들 스스로 비판적으로 분석하고 개념적으로 이해할 수 있는 능력을 길러 주기 위한 미디어 읽기 교육에 중점을 두고 있다. 영국에서 미디어 교육은 시기별로 미디어 리터러시 교육의 기본 철학과 방법을 달리하면서 꾸준히 발전되어 왔다. 1960년대 이전은 미디어 리터러시에 대한 문학 비평적 접근의 시기로서, 당시 유행하기 시작한 광고, 잡지, 영화, 대중소설 등과 같은 대중문화와 상업주의의 유혹에서 어린이와 청소년을 보호하고, 이들이 무분별한 대중문화를 비판적으로 수용할 수 있는 안목을 키우기 위해 비평적 훈련의 중요성을 강조하였다. 이후 1960년대부터는 보다 진보적인 교육과정이 도입되어 청소년의 성장에 도움이 되는 문학 읽기를 지향하고, 미디어와 관련된 창작 교육을 도입하여 학교에 영화 제작반과 같은 특별활동반이 운영되기 시작하였다. 1970년대와 1980년대는 자본주의 모순에 대한 비판 이론이 활성화된 시기로서, 미디어 읽기가 본격적으로 시작되었다. 이 시기는 미디어 교육이 제도권 학교교육 안에 정착된 시기로서, 학생들과의 상호작용을 강조하는 비판적 텍스트 분석 중심의 미디어 읽기 방법론이 새롭게 제안되었다. 당시 미디어 교육의 목표는 아이들을 미디어의 악영향에서 지켜 내야 한다는 전통적인 보호주의적 관점에서 탈피해 아이들에게 친숙한 미디어 문화를 학교교육에 도입해 아이들의 관점에서 미디어 문화를 이해시키는 '학교의 민주화'에 있었다(정회경, 2005 : 9~10). 즉 1980년대 영국에서는 매스 미디어가 '아이들 문화'의 중심적인 존재가 되면서 미디어 교육도 활발해지기 시작했는데, 학자들은 아이들이 이미 습득하고 있는 미디어 지식을 출발점으로 미디어를 이해시켜야 한다는 주장을 펼쳤다. 또한 학교의 민주화 과정을 통해 미디어 교육은 TV의 영향을 의심하기보다는 TV가 보여 주는 사회를 이해하는 데에 중점을 두어야 한다는 확실한 방향 전환을 하게 되었다. 1985년에 마스터먼(Len Masterman)은 『미디어 교습』(Teaching the Media)에서 미디어 교육의 필요성을 실천적이면서도 이론적인 틀로 제시하였다. 그에 따르면, 미디어는 현실을 기호화하여 재구성하는 것으로서 미디어가 내보내는 정보나 오락은 누군가가 목적(이익, 계몽 등)을 가지고 만든 것임을 깨우쳐야 한다. 따라서 누가, 어떤 목적으로, 어떤 정보원을 기초로 미디어 내용을 만들었는지를 주의 깊게 살펴보면 어떠한 가치관이 숨어 있는가를 알게 된다는 것이다. 이러한 미디어의 특성과 의도를 이해시키는 것이 미디어 교육의 핵심이다. 이를 위해 미디어 교육은 교사들의 태도에 달려 있다고 해도 과언이 아니다. 즉 교사가 미디어에 부정적이면 학생들은 임기응변으로 교사의 취향에 맞추어 말하든가 별로 배우려고 하지 않지만, 교사가 미디어에 대해 긍정적이거나 제대로 그 특성을 인식하고 미디어 교육의 필요성을 절실히 느끼고 있다면 학생들 역시 미디어 교육의 학습효과를 제대로 누릴 수 있다. 예를 들어 영상 제작 체험을 통한 영상 이해와 같이 학생들이 익숙한 문화를

다루고 학생들에게 실제로 해 보게 하는 미디어 교육은 중요하지
만, 대중문화를 즐기지 않는 교사에게는 미디어 수업 자체가 힘든
것이다.

영국의 학교 미디어 교육의 형태는 '독립 교과 형태의 미디어
교육'과 '통합교과 형태의 미디어 교육'으로 구분된다. 독립 교과
로서의 미디어 교육과정은 그 내용과 평가에 관한 교사들의 자율성
이 상대적으로 많이 보장되었던 1970년대와 1980년대에 발전하였
다. 이때의 미디어 교과는 대학 입학 준비과정에서 선택과목으로
지정되어 '미디어 연구', '영화 연구', '커뮤니케이션 연구' 과목
등이 교과과정 내에 자리 잡았다. 이에 반해 통합교과 형태의 미디
어 교육은 모든 학생이 미디어 교육을 기본적으로 배워야 한다는
이념 아래 1990년대 초 영국 국정교육과정의 출현을 계기로 통합
교과 형태의 미디어 교육을 실시해 왔다. 영국의 미디어 교육은 실
제 학습 활동에 적용하는 교과과정을 개발하고 교수·학습 전략을
발전시킴으로써 구체적으로 개념 중심의 미디어 교육과 제작을 통
한 미디어 이해를 중심으로 학생들의 능동적이고 창의적인 미디어
사용을 강조한다. 교육 현장에서 주로 사용하는 미디어 교육의 분
석틀로는 미디어 제작자와 미디어 범주, 미디어 테크놀로지, 미디
어의 언어와 대상, 미디어의 현실 구성 등을 들 수 있다. 먼저 미디
어 제작자는 누가 텍스트를 만드는가를 배우는 것이며, 미디어 범
주는 미디어의 종류(TV, 라디오, 케이블 TV 등)와 표현 형식(다큐멘터
리, 광고 등), 장르(과학 소설, 드라마 등), 그리고 어떤 형식의 텍스트
인가를 분석하는 것이다. 셋째, 미디어 테크놀로지는 미디어 기술
의 사용과 차이에 따른 텍스트의 의미를 이해한다. 넷째, 미디어의
언어는 음성과 이미지 언어를 익히는 것이다. 다섯째, 미디어의 대
상 교육은 미디어 내용이 누구를 향한 텍스트이며, 대상은 어떻게

이해하는가를 가리킨다. 마지막으로 미디어의 현실 구성은 미디어
텍스트는 누가, 어떤 목적으로, 어떻게 묘사되어 있는가를 분석함
으로써 미디어가 현실 구성에 미치는 영향을 이해시키는 것이다.
미디어 교육의 성공은 내실 있는 커리큘럼과 훌륭한 교사, 그리고
교재에 달려 있다. 영국의 교육 현장에서 미디어 교육을 위한 상급
과정 커리큘럼을 살펴보면, 다음과 같은 내용이 포함된다.

[미디어 연구의 상급과정 사례]

▶ 뉴스 제작과 제작과정을 이해함.

▶ 다큐멘터리란 무엇인가?

▶ 광고와 마케팅

▶ 장르에 대하여

▶ 영화, TV의 픽션

▶ 라디오란 무엇인가?

▶ 영국의 신문

▶ 케이블방송과 위성방송

▶ 미디어와 개발도상국

▶ 독립 미디어란 무엇인가?

▶ 팝뮤직

▶ 미디어의 오디언스란 무엇인가?

▶ 미디어가 표현하는 현실은 무엇인가?

한편 영국에서는 산업적 측면에서도 미디어 교육의 중요성이
강조되고 있다. 영국영화협회는 미디어 교육을 통한 비판적 사고
능력이 궁극적으로 영화산업에 긍정적이라고 간주하였다. 1999년
「동영상의 중요성」이란 보고서에서 영국영화협회는 동영상의 영

향력은 영화, 방송, 비디오, 인터넷을 통하여 확대되고 있는 추세임을 밝힌 바 있다. 이 보고서에 따르면 동영상이 사회의 커뮤니케이션 중심이 되면서 시민이 민주주의에 참여하기 위해서는 동영상을 이해하는 것이 점차 중요해졌고, 동영상을 이해하는 것은 영상 작품을 보다 깊이 이해하는 안목을 기르고, 나아가 영상산업을 활성화시키는 것으로 이어지므로 장기적 전망에서 장래를 담당할 아동들을 위한 미디어 교육에 충실해야 한다는 것이다. 이 보고서는 또한 미디어를 이해한 사람은 미디어의 좋은 수용자가 될 수 있다는 점을 강조한다. 방송 프로그램의 경우 BBC 방송사의 〈학습지대(Learning Zone)〉에는 일부 미디어 관련 교육 프로그램이 방송되고 있다. 미디어 교육 관련 프로그램은 역사를 미디어 교육의 관점에서 다룬 시리즈를 통해 시대적 가치관을 탐구할 수 있게 하며, 방송 제작 요소인 카메라와 편집, 조명 등 영화의 기초 강좌나 마케팅 분석 내용도 다룰 수 있다. 방송 분야의 미디어 교육은 방송이 만들어져 가는 과정을 배우는 것이 중요한데, 예를 들어 뉴스 자체의 분석도 중요하지만 뉴스의 제작과정을 이해하는 것이 더 필요하다. 또한 방송 제작자 입장에서 미디어 교육 프로그램은 무엇보다도 재미있어야 시청자의 관심을 끌 수 있다. 하지만 미디어 교육에서 '미디어를 사용'해서 가르치는 것과 '미디어에 대해서' 가르치는 것을 혼동해서는 안 된다.

영국의 경우 미디어 교육은 국어 수업을 통해 주로 이루어지고 있다. 분석적인 국어 커리큘럼은 TV 광고를 통한 인종, 성별, 계층에 대한 고정관념이 어떻게 창출되는지를 분석하는 등 미디어의 현실과 자신들의 현실을 비교하면서 미디어가 만들어 내는 세계를 인식하는 작업을 실시하고, 느낌을 통한 인식 교육에 중점을 둔다. 과거에는 읽고 쓰기, 문학작품을 해석하는 일이 주요 국어 교육의 내용이었다면, 변화된 국어 수업에서는 일상적으로 접하고 있는 TV, 영화, 라디오, 광고 등 매스 미디어에 관해 가르치고 있다. 분석적인 국어 교과 관련 커리큘럼을 살펴보면, 초등교육(5~11세)에서는 활자뿐 아니라 TV 프로그램 등 영상의 해독을 요구하고, 중등교육(11~16세)의 읽기 부문은 학습하는 텍스트(활자, 영상 등에 의한 미디어 작품)의 대상을 '영문학 유산', '타 문화, 전통에 의한 텍스트', '활자 매체, 정보 테크놀로지에 의한 텍스트', '미디어와 동화상'의 네 가지로 분류하고 있다. 즉 국어 교과목에서 미디어와 연관해 신문, 잡지, 광고, TV, 영화, 비디오가 학습의 대상이 되었고, CD-ROM이나 인터넷도 텍스트에 포함시킨다.

　　영국의 미디어 교육 현장에는 우리나라의 교과서와 같은 텍스트가 존재하지 않고 영국영화연구소나 영어 미디어 센터, 미디어 분야의 전문 출판사에서 발행된 교재가 있다. 이 외에도 교사용 가이드북, OCR 같은 시험 주관 기관에서 발행하는 수험서 성격의 교재, 실러버스(syllabus), 해설서(specifications) 등의 교과과정안을 참조해 각 학교마다 자율적이고 실험적인 교과과정을 운영하고 있다(정현선, 2003). 예를 들어 2000년에 영국영화연구소가 발간한 『교실에서의 동영상 : 중등학교 교사를 위한 영화 및 텔레비전 사용 가이드』(*Moving Images in the Classroom : A Secondary Teachers' Guide to Using Film and Television*)는 영상 언어라는 학습 요소를 활용해 다양한 교과 활동 속에서 미디어 리터러시를 실현하는 획기적인 교재로서 영화와 비디오, 텔레비전 등 영상 미디어에 대한 비판적 이해를 도모한다. 또한 이 책은 디지털 기술의 확산이라는 시대적 변화 속에서 학생들이 영상을 만들고 조작하는 능력을 향상시키는 데 중점을 두고 있다. 이 책의 목적은 영상 이미지를 사용하는 매체에 대한 비판적이고 창의적인 사용능력을 여러 교과에서 다루는 지식 영역과 관련해 발전시키고자 교수·학습 전략에 대한 가이드라인을 제시하는 것이다. 교과과정에 관한 한 사례로 영국의 '미디어와 동영상' 교육의 학습 목표를 살펴보면 활자, 이미지, 소리가 통합되어 만들어지는 텍스트의 의미와 형식이나 레이아웃(서체나 글자 크기, 활자에 첨가된 일러스트, 영상의 순서나 카메라의 앵글, 사운드트랙) 등의 선택효과, 미디어의 성격이나 목적이 내용과 갖는 연관성,

〔표 4-1〕 교과목 관련 영상 이미지에 대한 비판적 이해와 활용

▶ 영어(모국어) : 영상 이미지에 기반을 둔 장르, 서사구조, 인물 기능에 대한 지식이 독자와 작가로서의 학생들의 자신감을 기르는 데 도움을 줄 수 있다. .

▶ 과학 : 인쇄 매체나 다이어그램보다 영상 이미지를 통해 어떤 과정이나 시스템을 탐색할 수 있는 경우가 점점 늘어나고 있고, 학생들의 과학에 대한 지식을 영화와 텔레비전 등을 통해 증가시킬 수 있다.

▶ 역사 : 영화와 텔레비전은 20세기 역사의 일차적 증거자료로서 매우 중요하다. 또한 과거의 사건들을 픽션인 동시에 기록으로 보는 것은 역사 기술(記述)에서 매우 영향력 있는 사례들로 간주되어야 한다.

▶ 지리 : 비디오는 지리 학습에서 매우 광범위하게 쓰이고 있는데, 학생들은 지리에 대한 비디오 자료들이 사람들과 공간에 대한 증거로서 어떤 가치를 갖는가에 대해 평가할 수 있다.

▶ 미술 : 영화, 비디오와 같은 시간 예술 형식의 중요성을 인식하고, 다양한 애니메이션을 보고 만들어 보는 경험을 갖는다.

▶ 음악 : 음악이 어떻게 시각 이미지의 의미를 더 깊게 하거나 전복시키기 위해 사용될 수 있는가에 대해 탐색하고, 음악이 시각 이미지와 결합하여 장르를 만들고 분위기를 만드는 방식을 알아 나간다.

▶ 외국어 : 영상 이미지를 통해 다른 나라의 문화를 접할 수 있는 핵심적인 경험을 한다.

▶ 시민 교육 : 특정 사회 그룹이나 정치적 사고에 대한 우리들의 생각을 형성하는 데 영상 이미지가 갖는 힘에 대해 인식한다.

출처 : 정현선, 「영국의 미디어 교육 현황」, 한국언론학회 정기학술대회 세계의 미디어 교육 현황 보고서, 2003 ; 정희경, 「한국언론학회 미디어 교육 컨퍼런스」, 2005, p. 14에서 재정리.

신문의 1면과 뉴스 프로그램의 첫 아이템, 그리고 시청자와 독자의 미디어 선택과 반응 등을 이해하는 것이다. 이러한 미디어와 동영상 교육의 학습 목표들은 표현 형식이 텍스트 내용에 어떻게 영향을 주는가를 학생들이 조사하고 분석해서 생각하게 만드는 데 중점을 두고 있다. 영국의 국정교육과정에서 제시한 영상 이미지에 대한 비판적 이해와 활용은 각 교과 내에서 〔표 4-1〕과 같은 목표를 실현할 수가 있다. 학생들은 미디어 교육을 통해 이러한 영상 이미지 요소를 분석하고 전체적인 의미를 구성해 낼 수 있도록 기본적인 교수법을 배우는 것이다.

2) 미국의 미디어 교육 사례

미디어가 전달하는 정보는 사회 전반과 개인의 일상생활의 단면에까지 깊숙이 들어와 우리의 사고방식에서부터 문화 형성에 이르기까지 큰 영향을 미친다. 미디어 리터러시 교육은 미디어가 제공하는 정보를 단순히 수용할 것이 아니라 의도를 가지고 구성되었다는 것을 적극적으로 해석할 수 있는 힘을 기르게 하는 교육인 것이다. 미디어가 보내는 정보는 현실 그 자체가 아니라 발신하는 사람의 관점에서 선택된 하나의 견해에 지나지 않는다. 사실(fact)을 골라내기 위해서는 언제나 주관이 필요하고, 무엇을 전한다는 것은 반대로 무엇인가를 전하지 않는다는 것이기도 하다. 미디어가 전하는 정보는 취사선택의 연속과정을 통해 자의적으로 재구성된 것이고, 특별한 의도가 없더라도 제작자의 사고와 가치판단이 들어가지 않을 수 없다. 이런 차원에서 미디어 리터러시 교육이 필요하다.

미디어 리터러시 교육은 유럽보다는 미국과 캐나다에서 주로 발전된 미디어 교육방식이다. 미디어 리터러시의 정의는 "다양한 형태의 커뮤니케이션에 접근하고, 분석하고, 평가하고, 발신하는 능력"을 의미한다(스가야 아키코, 2001). 미디어 리터러시는 궁극적으로 자신의 메시지를 발신하는 능력을 구현함으로써 기존의 미디어를 넘어서는 다양성 있는 시민사회를 실현한다는 사상을 반영하고 있다. 교육 현장에서 미디어 리터러시는 미디어가 가진 특성과 기법에 주목하면서 제작과정을 음미하여 이해를 넓히고, 미디어를 '주체적으로 이용하는 것'이 최대의 목적이라고 할 수 있다. 미디어 리터러시의 분석 주제를 살펴보면, 미디어산업의 정치와 경제구조, 광고주의 영향력(상업화, 마케팅 전략), 보도의 편향, 여성이나 소수 계층에 대한 묘사방식, 카메라 앵글 및 음성효과가 영상에 미치는 영향, 폭력성, 선정성 등이 있다. 미디어 리터러시 분석의 대상으로는 TV, 영화, 비디오, 광고, 신문, 잡지, 라디오, 사진, 인터넷 등을 들 수 있다.

미국에서 미디어 리터러시가 학교교육에 적극적으로 도입된 배경에는 미디어가 아이들의 생활에서 커다란 비중을 차지하고 있기 때문이다. 1999년에 미국 카이저 가족재단은 2~18세 사이의 아동 및 청소년 3천 명을 대상으로 미디어 이용 실태를 조사한 결과, 미국의 아동 및 청소년들은 하루 평균 5시간 29분을 미디어와 함께 보내고 있었다. 조사 대상자들이 TV를 보는 시간은 2시간 24분, CD나 테이프에 할애하는 시간이 48분, 잡지·책에 44분, 라디오에 39분 순으로 나타났다. 또한 자기 방에 TV를 갖고 있는 아동은 53%이며, 인터넷에 접속하는 아동은 7%로 나타났다. 카이저 가족재단은 2005년에 2,032명의 8~18세의 M세대(media generation)를 대상으로 미디어 이용 실태를 재조사했는데, 그 결과 미국 청소년

들은 하루 평균 6시간 21분을 미디어에 할애하고 있었다. 청소년들
은 한 번에 한 개 이상의 미디어를 사용하고 있었으며 TV에 3시간
51분(비디오, DVD 포함), 라디오와 CD, MP3에 1시간 44분, 컴퓨터
에 1시간 2분, 책과 잡지, 신문 등은 43분 순으로 나타났다. 이러한
현상을 갖고 『워싱턴 포스트』지는 현대의 아동들을 '플러그드 인
세대(plugged-In generation)'라고 명명한 바 있으며, 최근의 『타임
스』지는 또 다른 'M세대(multitasking generation)' 라고 표현하였다.
『타임스』지에 따르면, M세대는 역사 숙제를 하면서 이메일과 즉석
대화(instant messenger)를 할 뿐만 아니라 음악 다운로딩을 동시에
수행한다는 것이다(Times, March 27, 2006). 이제 아이들은 한 가지
매체에 만족하지 못하고 디지털 미디어에 둘러싸여 여러 가지 일을
동시에 수행하고 있다. 요컨대 숙제를 하면서 온라인 게임을 하고,
TV를 보면서 동시에 인스턴트 메신저를 하는 것이 오늘날 미국 아
이들의 전형적인 '풀타임 직업'이 되었다고 볼 수 있다. 시간적으
로도 청소년들이 노출된 미디어의 내용만을 모두 계산했을 때 하루
평균 8시간 이상을 차지하였다.

　　현재 미국의 중·고등학교에서는 미디어 리터러시를 국어의
일부로 가르치는 사례가 대부분이지만, 선택과목으로 독립시켜 가
르치는 경우도 있다. 미국에서는 1994년에 뉴멕시코 주가 전국에
서 처음으로 미디어 리터러시를 고등학교 커리큘럼에 정식으로 도
입하였다. 국어(Language Art) 커리큘럼으로 TV 프로그램 등의 영
상 미디어를 학습 내용에 포함시키고 있는 주는 미국 50개 주 중에
서 46개 주에 이른다. 미디어 리터러시는 시청각 교육이나 컴퓨터
리터러시와는 다르다. 사회와 역사 과목, 시민 교육에서는 30개 주
가 미디어 리터러시를 도입하였다. 캘리포니아 주의 경우, 미디어
교육은 중 3부터 고 3의 사회과에서 '미디어가 정치과정에 어떻게

관련되어 있는가?', '정치가는 미디어를 어떻게 이용하여 여론을 만드는가?' 등을 교육하고 있다. 그 밖에 보건, 영양, 소비자 교육에 미디어 리터러시를 포함한 주도 30여 개나 된다. 예를 들어 담배나 주류 광고의 문제, 잡지에 등장하는 모델의 체형이 표준이 아님을 주지시켜서 청소년의 건강을 지키는 목적으로 미디어 리터러시를 가르치는 것이다. 미국의 중·고등학교는 학생들이 일상생활 속에서 접하는 TV 프로그램이나 잡지의 광고 내용 등 미디어 사례들을 바탕으로 실용적인 미디어 리터러시 교육을 실시하고 있다.

미국 교육부에서 실시한 미디어 교육 프로젝트 가운데 하나인 서부교육개발연구소(FWL : Far West Laboratory for Educational Research and Development)는 미디어 교육의 궁극적인 목적이 수용자들에게 미디어에 대해 보다 의식적이고 비판적인 시청기술을 갖게 하는 데 있다고 강조한다. 따라서 이 연구소는 비판적 시청기술을 다음과 같이 정의 내리고 있다(안정임·전경란, 1999).

▶ 자신의 텔레비전 시청행위를 평가하고 통제할 수 있는 능력
▶ 텔레비전 프로그램의 현실성에 의문을 제기할 수 있는 능력
▶ 텔레비전에서 제시된 주장에 대해 반대 주장을 할 수 있는 능력
▶ 텔레비전이 자신의 생활에 미치는 영향력을 인식할 수 있는 능력

이상의 비판적인 시청기술은 시청자들이 텔레비전에서 보고 들은 내용을 분석해 무엇이 좋고 나쁘며, 그것이 자신의 생활과 어떤 관계를 갖는지 평가하는 능력을 의미한다. 또한 이렇게 평가한 내용을 말이나 글, 텔레비전 프로그램의 선택행위 등으로 표현할 수 있는 능력을 의미한다. 서부교육개발연구소의 미디어 프로그램은 중학생과 고등학생을 대상으로 미국 연방교육부의 지원을 받아

마련된 프로젝트로서 10대들에게 적합한 비판적 시청기술을 개발하고, 교사 및 학부모를 위한 시험적인 커리큘럼 자료의 개발과 워크숍 실시, 관련 자료의 발간 및 배포를 하고 있다. 관련 자료에는 미디어 산업의 전반적인 이해나 교재 문제, 미디어 제작에 관한 내용도 포함되어 있다. 이 프로젝트의 커리큘럼은 학습에서 경험적인 활동 중심의 교육방법을 강조한다. 미디어 리터러시 교육은 학생들에게 텔레비전과 관련된 비판적 사고기술 향상과 함께 읽기, 쓰기, 말하기, 듣기 등의 기술을 훈련시키는 것을 목적으로 한다. 즉 시청자의 한 사람으로서 학생들이 텔레비전을 가장 잘 이용하기 위해 스스로 결정하고 판단하는 능력을 개발할 수 있게 하는 것이 미디어 리터러시 교육의 기본 전제이다. 이를 위해 교재 및 관련 자료들이 많이 개발되었으며, 특히 '텔레비전 교육을 위한 교사용 가이드'나 '비판적 시청을 위한 가이드'는 교사와 학생들 모두에게 미디어 교육을 위한 자료로 활용되고 있다. 학생들은 스스로 조사해 온 것을 수업 중에 토론하고, 아울러 사회에서 텔레비전의 역할과 영향에 관한 다양한 관점이 나타난 자료를 읽어 수업 내용을 보완한다. 학생들은 이러한 자료를 통해 미국 텔레비전의 보급과 사회에 대한 영향, 텔레비전 산업구조, 프로그램 편성과 제작, 상업광고와 정치적 공익광고의 특성, 수정헌법과 형평성의 원칙, 텔레비전 뉴스, 스테레오타입과 효과 등 미디어 사회 환경 전반에 걸쳐 텔레비전에 관한 내용을 프로젝트 형식으로 학습하는 것이다(안정임 · 전경란, 1999).

스가야 아키코(2001)는 미국의 미디어 리터러시 교육 실태를 파악하기 위해 여러 학교를 탐방하였다. 그는 그중 방송국 기자 출신의 미디어 교사가 교육하는 현장 미디어 교육을 참관하고, 그 사례들을 다음과 같이 정리하고 있다. 미디어 리터러시 현장 교육은,

첫째 방송국의 역할을 담당한 학생들이 '방송국이 시청률을 광고주에게 판매함'으로써 이루어지는 비즈니스라는 것을 학습할 수 있게 한다. 즉, 학생들이 방송사 입장이 되어 시청률 판매 게임을 해 봄으로써 방송사가 비즈니스임을 깨닫게 하는 것이다. 둘째, TV 토크 프로그램 분석을 통해 초대손님 선정부터 인터뷰 질문 내용까지 제한된 시간 내에 프로그램 제작과정을 경험하게 함으로써 인터뷰 프로그램은 치밀하게 다듬어진 질문과 구성에 따라 진행됨을 보여 준다. 셋째, 영화의 예고편을 분석하는 과제를 주어 30초에 나타난 영상의 컷 수와 장면, 편집 순서에 대한 이유를 토론하게 한다. 넷째, 뮤직비디오를 사용한 수업을 들 수 있는데, MTV를 통해 자신이 좋아하는 뮤직비디오를 선정해 카메라 앵글을 비롯한 테크닉의 특징을 분석한 후 학생들이 실제로 뮤직비디오를 만들어 보게 하는 것이다. 즉, 기존의 음악에 자신이 만든 영상을 붙여 봄으로써 뮤직비디오가 미치는 영향을 인식하게 한다. 수업시간에 뮤직비디오를 사용하는 이유는 미디어 문화 속에 살고 있는 학생들에게 대중음악이 미치는 사고방식, 패션, 성에 대한 태도 등 자신들의 가치관에 뮤직비디오가 영향을 미침을 깨닫게 하기 위함이다. 다섯째, 'TV 뉴스의 거리 인터뷰'에 대한 분석을 통해서 뉴스 인터뷰의 제작과정과 인터뷰가 미치는 영향 등에 대해 체험하게 한다. 예를 들어 자신의 학교에 관련된 나쁜 소식, 즉 "○○○ 학교는 폭력 학생이 많습니다."라는 내용이 소개되었다면, 그것을 보는 사람은 어떻게 생각할까 하는 과제를 주어 TV에서는 개인의 의견을 인터뷰한 것이지만 매스컴이 특정 의견을 내보냄으로써 개인의 의견이 사실을 편향되게 할 수도 있음을 알게 한다. 즉 거리 인터뷰에 대한 학생들의 의견을 유도함으로써 인터뷰를 한 사람이나 기자가 말하는 이야기는 개인의 의견에 지나지 않는데도 사실처럼 시청자에게 전해지며,

제작자가 의견을 선정하는 게이트키핑의 의미를 경험하게 하는 것
이다. 그 이유는 뉴스를 만드는 사람의 취사선택과정을 살펴봄으
로써 '사실'이란 무엇인가를 생각하고, 그것을 다큐멘터리 안에 담
아 봄으로써 방송 프로그램이 거짓말은 아니지만 완전한 사실도 아
님을 알게 한다. 이처럼 미국의 미디어 리터러시 교육은 학생들의
미디어 내용 분석과 제작 경험을 통해 미디어의 속성과 내용이 미
치는 효과까지 간접적으로 체험할 수 있게 해 준다.

3) 독일의 미디어 교육 사례

　독일에서는 교육학을 모태로 하여 미디어 교육학이 고유한 학
문 영역으로 발전해 왔다. 독일의 미디어 교육학은 '미디어 능력'
을 개발하는 것에 중점을 두며, 인간의 교육적 능력과 계몽 사상의
철학을 바탕으로 하고 있다. 독일의 미디어 교육학 연구에서는 인
간이 중심에 서며, 기술적 요인보다는 인간의 능력과 자연의 기본
질서를 존중하는 계몽주의 철학을 바탕으로 한다. 미디어 교육학
의 내용도 미디어의 내용과 기능, 사용 형태, 그리고 개인적으로나
사회적으로 미디어를 통해 발생하는 작용 등을 담고 있다. 독일의
대학에서 교육학부 내의 '미디어 교육학' 전공은 세 분야로 나뉘어
학생들에게 미디어 교육의 전문 교사가 되기 위한 국가시험을 치르
게 하고 있다. 미디어 교육 전문 교사에 관한 교육법이 포함하고 있
는 주요 세 분야는 '일반 미디어 능력'과 '미디어 교수법 능력' 그
리고 '미디어 교육 및 정보기술 기초 교육에 대한 능력'이다. 독일
에서 미디어 교육이란 미디어 능력을 향상시키는 것이다. 이는 기
본적으로 사회·윤리적 책임의 관점에서 미디어의 과정을 분석적

으로 고찰하며, 행동에 적용할 수 있는 능력을 가리킨다. 미디어 능력은 미디어 시스템 간의 관련성 및 미디어 장비 사용에 대한 기술적 지식을 습득하고, 상호작용적인 미디어의 활용과 혁신적이고 창조적인 미디어 제작을 위한 능력을 배양하는 것이다(문혜성, 2004 : 27). 즉 독일의 미디어 교육에서 강조하는 미디어 능력 개발은 곧 사회적이고 문화적인 적응능력을 높이는 것으로 해석할 수 있다. 이는 사회화 과정에서 개인의 생활 대처능력을 미디어 경험을 통해 육성하는 것이기도 하다.

독일에서는 1960년대 말에서 1970년대 초에 학교 내의 미디어를 이용한 프로젝트 수업이 전개되었다. 또한 학교 외부의 교육 분야에서 청소년 연구와 여가시간 연구, 청소년 운동, 문화 연구 등이 활발해지면서 미디어의 사용을 사회적 행동으로 간주하고, 미디어 능력의 실현을 행동 지향적 관점에서 전개하기 시작했다(문혜성, 2004 : 86). 독일의 경우도 우리나라처럼 중·고등학교에서 미디어 교육을 하나의 독립된 영역으로 교육하는 것은 어려운 상황이었다. 중·고등학교는 초등학교와는 달리 대부분의 교사가 자신의 전문 분야를 가지고 특정 분야를 교육하기 때문에 교사들이 재교육을 받지 않고는 미디어 분야를 접목해서 교육하기가 쉽지 않았다. 그러나 그러한 한계 속에서도 독일에서는 과목 간의 경계를 넘어 동일한 주제와 관련해 통합 교육을 실시하거나 프로젝트 수업방식으로 미디어 교육을 실시하고 있다. 독일은 이미 1990년대 중반 이후 미디어 교육학계와 일선 학교 행정체계 속에서 미디어 교육 교과과정의 개발을 위한 모델들과 실험 등이 실시되었고, 2000년에 학교교육제도 개혁을 위한 교육부 정책이 제시되면서 교사와 학생, 학교와 학부모들의 미디어 능력 촉진을 위한 프로젝트들이 대거 추진되었다. 예를 들어 '학년별 미디어 교육의 주요 과제'를 선정하거나

다양한 교과과정의 모델들이 제시되면서 실제 각 주의 교육부 지원
하에 미디어 교육 교과과정에 관한 실험 프로젝트들이 활성화되었
다(강진숙, 2005). 이러한 미디어 교육 관련 프로젝트들이 진행되어
오면서 독일의 초·중등학교 미디어 교육과정은 이미 '정보와 커뮤
니케이션 기술 교육'이라는 정규과정으로 포함될 수 있었다.

한편, 독일은 교사들이 전공의 특수성을 고려한 미디어 교육
과 교육과정 통합을 통한 미디어 교육방법을 활용하기 위해 무엇보
다도 교수자로서 교사들의 미디어 능력을 중시한다. 미디어 프로
그램을 자신의 전공과목에 맞추어 분석하고 선택하며, 교수-학습
형태에 맞게 미디어와 관련된 주제를 적절한 방법으로 적용하는 능
력과 미디어 교육을 위해 교육기관의 인적·물적 제한 상황을 파악
하는 능력, 미디어와 정보기술에 대한 적절한 기술 제작능력 등이
필요하다. 즉 미디어 교육을 위해서는 교사들에게 신문이나 비디
오, 영상 교육 프로그램을 제작하고 확산시킬 수 있는 능력과 어린
이나 청소년, 성인들을 위해 미디어가 갖는 의미와 효과에 대한 감
지능력 등이 필요하다(문혜성, 2004 : 145에서 재인용). 독일에서는
〔표 4-2〕와 같은 네 가지 분야의 미디어 교육을 위한 교육방법이
제시되고 있다. 이상의 네 분야는 독립적으로 한 분야씩 교육할 수

〔표 4-2〕 독일 미디어 교육의 네 분야

1) 이론적 학습 및 인간과 미디어에 대한 감각 개발 교육
 ▶ 문제 제기 및 문제의식에 대한 감각의 활성화
 ▶ 미디어 활용과 경험에 대한 토론
2) 미디어 프로그램과 기관에 대한 비평 및 분석 교육
3) 미디어의 선택적 사용 및 현실 구성 인식 교육
4) 능동적인 미디어 작업을 통한 제작 교육

출처 : 문혜성, 『미디어 교육학』, 2004, pp. 148~149에서 재정리.

도 있고, 순서적으로 미디어 교육과정을 만들어 모든 과정을 교육
시킬 수도 있다. 독일의 미디어 교육은 이론과 실기가 필수적으로
병행되어야 하는 교육으로서 이론 학습과 실기 교육이 같이 이루어
져야 하는 데 중점을 둔다. 이러한 미디어 교육을 통해서 인간의 미
디어 능력을 개발하고, 미학적 감각을 개발하는 것이 바로 미디어
교육의 목표인 것이다.

미디어 교육 교과과정 개발 모델의 사례들은 많지만 툴로치에
키(Tulodziecki, 1997)가 1995년에 처음으로 제안한 모델이 대표적이
다. 그가 제시한 미디어 교육의 기본적인 과제로는 (1) 미디어 영향
에 대한 인식과 체화 작업, (2) 미디어 내용의 이해와 평가, (3) 대안
적 행위를 기반으로 하는 미디어 프로그램의 선택과 이용, (4) 미디
어의 자체 제작과 보급, 그리고 (5) 미디어 영향력에 대한 분석과
비평을 들 수 있다. 툴로치에키는 미디어 교육의 핵심 과제를 두 학
년 단위로 구분하고, 10~20시간의 수업을 통해 실시할 수 있는 프
로젝트의 모델을 제시한다. 이 프로젝트는 행위 중심이며, 각각의
학년에 맞는 미디어 교육의 과제를 제시하고 있는 것이 특징이다
(〔표 4-3〕 참조). 특히 9~10학년의 경우는 저학년층보다 미디어 교
육방법상의 난이도가 높고 심층적인 과제들이 제시되고 있다. 예
를 들어 미디어 영향과 관련해 '일상에서 발생하는 미디어의 영향
인식'에 관한 설문조사를 실시한다거나 자신의 영화를 제작하는
비디오 프로젝트, 그리고 컴퓨터 활용에 대한 분석과 비평을 위해
텔레뱅킹과 텔레쇼핑을 체험한 후 분석하는 과제들을 제시하고 있
다(강진숙, 2005 : 52~53).

한편 독일에서 청소년들을 위한 미디어 교육은 11~15세에 속
하는 10대 초·중반의 청소년들과 16~20세 사이의 후기 청소년기
로 구분해 차별화된 교육을 시도하고 있다. 10대 초·중반의 청소

〔표 4-3〕 학년별 미디어 교육의 핵심 과제와 방법(1~12학년)

학년	미디어 영향의 인식과 체화	미디어 내용의 이해와 평가	미디어 프로그램의 선택과 이용	미디어의 자체 제작과 보급	미디어 및 영향력에 대한 분석과 비평
1~2	미디어에 의한 정서의 체화 : 공포효과 프로젝트	다양한 묘사 형식의 구분 : 동화 프로젝트	오락을 위한 미디어 이용 : 여가시간 구성	자신의 사진 기록을 통한 표현 : 교제/통신 프로젝트	
3~4	미디어에 의해 영향 받은 상상의 체화 : 경찰 프로젝트	다양한 의도와 범주의 구별 : 도시 프로젝트	정보와 학습을 위한 미디어 이용 : 노래하는 새		그림 역사에 대한 분석과 비평 : 만화
5~6		다양한 표현 기술의 구분 : 광고 프로젝트		컴퓨터를 이용해 자신의 신문 제작 : 학생신문	
7~8	미디어에 의해 영향 받은 행동 성향 : 갈등에 대한 태도	다양한 표현 기술의 구분 : 미디어적인 변형		자신의 영화 제작 : 비디오 프로젝트	음악 프로그램에 대한 분석과 비평 : 비디오 클립들
9~10	일상에서 발생하는 미디어의 영향에 대한 인식 : 설문조사		문제 해결과 결정안을 위한 이용 : 컴퓨터 시뮬레이션		컴퓨터 활용에 대한 분석과 비평 : 텔레뱅킹, 텔레쇼핑 등
11~12			새로운 소통 형식의 이용 : 회의 프로젝트	자기 컴퓨터 프로그램의 개발 : 미래 발달 프로젝트	정치 관련 정보에 대한 분석/비평 : 뉴스와 뉴스 해설 프로그램

출처 : Tulodziechi, 1995, p. 38 ; 강진숙, 2005, p. 53에서 재인용.

년들에게 미디어와 관련된 일상생활은 그 이전의 연령대 아이들보다 더 큰 의미를 갖는다. 그 이유는 사춘기에 속한 연령기이므로 논리적 사고가 포괄적으로 발달하고, 사회적 태도와 윤리적 판단에 대한 수용능력이 더욱 증가하고 섬세해지기 때문이다. 이 시기에는 또한 감정에 이끌리기 쉬우므로 미디어 능력을 발달시키기 위해서는 다양한 교육 행동 영역에서 어떠한 과제가 주어지는지를

파악하고, 학교에서의 미디어 프로젝트 교육을 실시하는 것이 중요
하다. 학교는 11~15세의 청소년이 가장 많은 시간을 보내는 곳이
며, 미디어 능력을 촉진시킬 수 있는 중심적 위치를 차지한다. 학교
와 같은 공교육기관에서 미디어 교육을 학년에 따라, 그리고 학과
목 특성에 따라 적용시켜 통합적으로 실시해 나갈 때는 학교 밖에
서 이미 청소년들이 획득한 다양한 미디어 경험을 연결시키는 것
이 필요하다. 즉 학교 현장에서 이루어지는 실질적인 미디어 교육
은 청소년들이 기존에 가지고 있는 미디어 능력을 재인식시키고,
더욱 발전시키도록 해야 한다. 이에 비해 16~20세 청소년들을 위
한 미디어 교육방안은 학생들의 욕구와 지식 그리고 흥미를 진지
하게 고려하는 것이 중요하며, 미래의 직업을 위한 능력 개발 차원
에서도 미디어 교육의 필요성을 인식시켜야 한다. 이 시기의 청소
년들 생활에서는 무엇보다 멀티미디어가 중요한 역할을 차지하는
데, 특히 컴퓨터를 통한 커뮤니케이션은 단순한 기술적 도구가 아
니라 장래의 직업과 직업 교육을 위해서도 필요한 정보 생산능력
과 연관된다. 즉 16~20세 사이의 청소년 후기에 필요한 미디어 교
육은 직업을 위한 사회적 능력과 커뮤니케이션 능력, 창의적인 능
력과 매체를 다루는 기술적 능력 등이 일과 관련되어 요구되므로
멀티미디어를 이용한 자율적 활동 영역을 만들어 주는 것이 바람
직하다.

한편 초기 청소년들을 위한 미디어 프로젝트 교육은 어린이와
청소년들이 자신의 상상력을 키우는 동시에 즐거움도 충족시킬 수
있으므로 자신의 경험을 미디어 세계로 이끌어 올 수가 있다. 또한
미디어 프로젝트 작업을 통해 청소년들이 미디어를 소비상품으로
만 여기는 것이 아니라 능동적인 제작 작업을 통해 미디어에 대한
가치를 새롭게 부여할 수 있다. 미디어 프로젝트 교육은 청소년들

이 기존의 미디어나 뉴미디어를 다루는 기술을 배우면서 자신의 경험을 주제로 한 미디어 프로그램을 창의적으로 직접 만들어 보는 교육이다. 이를 통해 행동 지향의 미디어 교육을 할 수 있는데, 청소년들은 자신이 책임져야 하는 행동과 결정을 통해 주관적이고 비평적이면서 도전적일 수 있는 잠재성을 개발할 수 있고, 커뮤니케이션 능력과 미디어 능력을 함께 양성할 수 있게 된다. 프로젝트 교육의 장점은 교육적 자유 공간 안에서 청소년들이 자율적으로 주제를 설정하고, 토론과 이론의 학습·분석을 통해 제작과정을 경험함으로써 문제점을 연구·처리할 수 있게 한다. 예를 들어 청소년들이 방송 프로그램을 기획해 보거나 정치적 주제에 대해 토론 프로그램의 사회자 역할을 해 봄으로써 상황을 연구하거나 소화해 낼 수 있다. 또한 이러한 경험을 비디오테이프에 담아서 함께 시청하고 논의할 수도 있다.

미디어 프로젝트 교육의 주제와 가능성은 무한하다. 예를 들어 광고와 영화, 힙합 음악이나 랩 뮤직 같은 유행문화를 구상해 보는 등 다양한 주제 선정을 통해 청소년들이 자율적으로 자신의 창의성을 끌어내고 미디어 능력을 향상시킬 수 있다. 그러나 미디어 프로젝트 교육에서는 학습자의 자율성이 중요하므로 적극적인 참여를 유도해야 할 것이다. 비록 그들이 만든 작품의 수준이 낮을지라도 직접적인 취재 작업과 제작과정을 통해 전문가들이 만든 미디어 상품을 더욱 명확히 비평할 수 있고, 이에 대한 환상을 깰 수 있는 능력을 배우는 데 큰 의의가 있다. 독일의 이러한 '행동 지향 및 인지 지향 미디어 교육'은 실질적으로 상당한 교육적 효과를 얻고 있지만, 우리나라의 교육과정 현실에서는 아직까지 잘 이루어지지 않고 있다. 그 이유는 무엇보다 이러한 미디어 프로젝트 교육을 지도할 미디어 능력을 갖춘 교사들이 부족하기 때문이다.

4) 캐나다의 미디어 교육 사례

캐나다에서는 1960년대 말부터 영상 교육의 활성화라는 목표 하에 미디어 교육에 대한 전국적인 관심이 일었으며, 중·고등학교 교육과정에서 영화에 대한 미디어 교육이 활발하게 실시되었다. 그러나 1970년대 초반의 예산 삭감 및 기초 과목 활성화 정책에 의해 미디어 교육에 대한 정책적 지원과 관심이 축소되었다가 1980년대와 1990년대 들어 다시 초·중·고등학교 과정에서 미디어 교육에 대한 필요성이 환기되어 현재까지 활발히 전개되고 있다. 캐나다는 12개의 지역이 각각의 교육체계를 갖고 있으므로 미디어 교육에 대한 주정부별 입장의 차이가 있어 주에 따라 미디어 교육을 필수 교육과정으로 하는 곳과 그렇지 않은 곳으로 구분된다. 그러나 미디어 교육에 대한 공중의 관심이 높아지면서 점점 더 많은 교사들이 미디어 교육을 다른 과목과 통합적으로 실시하거나 주 협회 및 미디어 교육 단체가 구성되어 적극적으로 펴 나가고 있다. 이 단체들은 캐나다 교육부와의 협조를 통해 미디어 교육 수업을 위한 지원방법을 모색하며, 교과과정 가이드라인 및 관련 자료를 개발하여 교사 연수를 실시한다.

캐나다의 미디어 교육은 모든 미디어가 학생들의 생활에 이미 자리 잡고 있으므로 대중음악과 텔레비전, 영화와 잡지, 라디오와 컴퓨터, 게임 등 메시지를 전달하는 모든 미디어에 대한 교육을 통해 학생들의 비판적 수용능력을 길러 주고 있다. 즉 캐나다의 미디어 교육은 학생들에게 미디어가 영향을 미칠 수 있는 다양한 이슈에 대해 독자적으로 사고할 수 있는 능력 개발에 중점을 둔다. 또한 미디어 내용이 정보 제공과 함께 오락 기능과 설득을 목적으로 하는 경우도 있으므로 다양한 의도가 내재된 메시지라는 것을 깨닫게 하고, 미디어 전반에 대한 학생들의 이해를 높이는 데 목적을 둔다. 캐나다 미디어 교육의 전반적인 내용은 다음과 같다(안정임·전경란, 1999 : 122~124).

[캐나다의 주요 미디어 교육 내용]

▶ 다양한 미디어 내용에 대한 목적과 가치, 표현, 부호, 관습, 특징, 생산에 대해 이해함.

▶ 수용자의 해석과 미디어와 수용자와의 상호 영향에 대한 이해

▶ 미디어와 사회에 대한 지배 영역 이해

캐나다의 초·중·고등학교 교과과정은 대체로 10개의 과목으로 구성되며 '영어', '경제 및 기술 과목', '정보기술', '직업 및 인생 설계', '시각 예술', '외국어', '수학', '과학', '체육', '사회' 과목 등이 있다(www.est.gov.bc.ca). 미디어 교육은 특정 과목에서 집중적으로 다루기보다는 다양한 주제와 연결시켜 모든 교육과정에서 부분적으로 실시한다. 예를 들어 영어 과목에서는 방송 프로그램 및 광고를 비평하고 관점을 검토하며, '직업 및 인생 설계' 과목에서는 건강한 삶이나 신체적인 차원에서 미디어가 미치는 영향에 대해 토의한다. 사회 과목에서는 미디어에 묘사된 국가 및 세계 문제를 비교하고 토론하기도 한다. 과목별로 다루어지는 미디어 교육 내용은 다양하지만, 크게 둘로 나누어 미디어 자체에 대한 교육과 미디어와 관련된 이슈 중심의 교육으로 구분된다. 먼저 미디어 자체에 대한 교육은 광고, 뉴스, 텔레비전, 만화, 인터넷, 영화, 사진, 신문, 잡지, 비디오 게임, 대중음악과 같이 미디어 자체를 학습하는 것을 의미한다. 다른 하나는 윤리와 가치, 가족과 사회 관계, 성 묘사, 프라이버시, 스테레오타입, 폭력, 범죄 같은 미디어

에 담긴 내용이나 관련된 이슈를 중심으로 미디어 교육이 이루어지고 있다.

캐나다의 중·고등학교 교육과정에서 다루어지는 미디어 교육은 언어 수업에 통합되거나 '미디어', '커뮤니케이션' 등의 선택과목으로 실시된다. 청소년들을 대상으로 한 미디어 교육은 초등학교 과정에서 다룬 미디어 전반에 대한 내용을 보다 심층적으로 탐구한다. 즉 미디어 관련 주요 이슈에 대해 학생들이 윤리적인 문제나 매체에 나타난 성 묘사 및 신체적 이미지, 스테레오타입과 프라이버시, 광고에 대한 논의, 캐나다의 정체성, 범죄에 대한 인식과 폭력성 등을 다룬다. 예를 들어 인쇄 매체에 대해서는 신문 기사의 헤드라인과 사진의 의미를 이해하고 이를 비판적으로 해석하는 능력을 키우는 데 중점을 둔다든지, 가족신문이나 학교신문을 만들어 보게 함으로써 신문의 제작과정을 이해시키기도 한다. 광고의 경우는 지나친 다이어트 현상과 관련해 TV 광고에 나타난 여성 모델들의 신체적 이미지를 비판적으로 수용할 수 있게 가르친다거나, 광고 제작의 다양한 기법이 결국 수용자에게 어필하기 위해 만들어진 것임을 이해시키는 것 등을 교육하고 있다. TV 방송 뉴스와 관련해서는 뉴스를 분석하는 방법이나 뉴스에 담긴 다양한 시각이 존재함을 알리고, 뉴스가 만들어지는 과정 등을 교육한다. 또한 뉴스 기사를 작성하게 함으로써 뉴스가 편집되는 것임을 인식시키고, 방송 매체와 시청률이 갖는 의미, 미디어에 나타난 소수 계층과 성적 묘사 등을 다루기도 한다. 아울러 미디어가 조성하는 대중문화 환경, 영화산업과 음반산업에 대한 정보 제공을 교육 내용에도 담고 있다.

캐나다에서 미디어 교육을 정규 교육과정의 필수과목으로 명시하고 있는 온타리오 주의 경우는 교육부에서 미디어 교육과정을 정규 '영어' 교육과정에 포함시키고 있다. 1995년에 온타리오 주 교육부는 영어 과목에 미디어 교육이 필수적인 부분이 되도록 명시한 바 있는데, 이는 어린이와 청소년들을 분별력 있는 미디어 소비자로 교육시키고자 하는 목적을 담고 있다. 즉 교사들이 미디어 교육을 실시할 때 미디어의 부정적인 측면만을 강조하지 않게 하고, 학생들에게 엘리트적인 관점을 부여하지 않도록 유도한다. 학생들이 비판적인 자주성을 키우기 위해 교사도 공동 학습자로서의 '중재자' 혹은 '촉매' 역할을 수행한다. 캐나다의 경우는 미디어 교육 관련 교재들이 잘 만들어져 있다. 교사들은 미디어 교육을 실시할 때 『미디어 교육자료 가이드』(Media Literacy Resource Guide) 책을 바탕으로 각자의 수준에 따라 모든 학생들에게 미디어 해독능력을 가르칠 수 있다는 확신을 갖고 있다. 이 책은 학년별로 미디어 내용이 지정된 것이 아니라, 교사들의 수준에 따라 모든 학생에게 미디어 해독능력의 주요 개념을 가르칠 수 있도록 아이디어와 활동을 제시해 주고 있다. 또한 이 책은 텔레비전과 영화, 라디오와 록 음악 비디오를 포함한 대중음악, 사진과 인쇄 등 광범위한 미디어 내용을 담고 있어서 미디어의 창의적인 측면과 수용과정, 해석과 효과 등의 요인을 간결하게 분석해서 제공한다. 교사를 위한 이러한 책은 내용이 충실해서 많은 영어 사용 국가에서 활용되며, 보조자료로는 텔레비전의 역사, 경제학, 사회적인 영향과 텔레비전의 현실 구성, 프로그램 유형, 미디어 광고의 의미 등에 관한 자료가 있다. 온타리오 주 교육부에서 발간한 이러한 『미디어 교육자료 가이드』는 교사들이 다양한 미디어의 특성과 미디어 관련 주요 이슈들을 수업에 활용할 수 있도록 아이디어를 제공해 준다는 점에서 우리나라 미디어 교육에 시사하는 바가 크다. 구성방식 역시 실습 활동과 학급 토론, 미디어 분석에 학생들이 자신의 미디어 경험을 적용할 수 있게 되어 있다. 또한 각 항목마다 다양한 유도 질문과 독서자료, 기타 관련 자료 등이 포함되어 있는 것이 특징이다. 캐나다에서 미디어 교육이 정규 교과과정으로 제도화된 곳은 온타리오 주 뿐이지만, 각 주별로 독자적인 미디어 교육 활동을 전개하고 있으며, 온타리오 주처럼 제도적으로 의무화하려는 노력이 확산되고 있다. 또한 캐나다는 교사들의 미디어 교육에 대한 인식 수준이 높고, 미디어 교육 단체들의 활동 역시 활발한 편이다(안정임 · 전경란, 1999 : 137).

5) 호주의 미디어 교육 사례

호주는 교사와 학부모뿐만 아니라 교육 당국도 미디어 교육에 대한 이해가 깊은 나라이다. 미디어 교육 교과과정과 교재는 물론 실행 정도나 사후 평가 면에서도 미디어 교육 프로그램이 가장 잘 발달한 나라 중의 하나이다. 제도적 차원에서 호주의 미디어 교육은 '국어'와 '예술' 과목 등을 중심으로 정규 교육과정에 포함되어 있다. 각 주별로 차이가 있기는 하지만, 교육부 차원에서 미디어 교육 프로그램을 개발하고 보완해 나가고 있다. 호주의 미디어 교육은 장기간에 걸쳐 실험 · 연구과정을 통해 정착되었다. 또한 미디어 교육을 위한 다양한 학생 대상 워크숍과 교사들을 위한 세미나 및 워크숍, 교과과정 연구가 정기적으로 개최되고 있다는 점도 호주 미디어 교육의 특징이다. 교사 대상 연수 프로그램은 무엇보다 교사들이 미디어 교육과 관련해서 다양한 정보를 얻을 수 있고, 교사들을 위한 재교육의 장을 제공하기도 한다. 아울러 호주는 공영방송 ABC와 학계가 협력하여 미디어 교육 교수법을 개발하고, 그에 따라 필요한 시청각 자료들을 꾸준히 제작해 급격히 변화하는 매체 환경을 미디어 교육에 반영하고 있다.

미디어 교육이 발달한 호주는 어린이나 청소년을 대상으로 한 프로그램 기준이 상세하고, 수준 높은 매스 미디어 내용을 접할 수 있게 하는 정책이 잘 마련되어 있다. 이미 1980년대부터 미디어에 대한 교육을 정규 교육과정을 통해 실시해 온 호주는 미디어 교육 체제 및 운영이 잘 정비되어 있고, 주별 특성에 따라 차이가 있기는 하지만 거의 모든 지역에서 초등학교에서부터 대학교에 이르기까지 미디어 교육을 실시하고 있다. 호주 교육부가 주관하는 미디어 교육은 미디어 교육 개론과 미디어 언어 이해, 내러티브와 장르 이해, 호주의 사회적 상황 이해, 미디어 이슈 탐구 등에 초점을 두고 있다. 호주는 또한 교육기관뿐만 아니라 방송 관련 기관과 사회 단체 등이 학계와 더불어 미디어 교육 교수법과 교재 개발, 교사 연수, 관련 조사 연구 등을 수행하고 있다.

1989년 호주 연방정부 교육부와 각 주정부 교육부 간의 협의에 따라 호주 교육위원회는 미디어 교육을 정규 교육과정에 포함시켰다. 호주의 미디어 교육 관련 커리큘럼을 살펴보면, 정규 과목인 '예술', '국어', '체육', '제2외국어', '수학', '과학', '사회/환경', '기술' 등 8개 과목 중에서 '예술'과 '국어', '사회/환경', '기술' 과목에서 분야와 주제에 따라 미디어 교육이 실시되고, 이 가운데 '예술'은 다시 무용과 드라마, 그래픽 커뮤니케이션, 미디어, 음악, 시각 예술의 6개 분야로 나뉘어 이 과목들에서 창작과 표현, 비평과 미적 안목을 함양하기 위한 미디어 교육 활동을 실시한다. 미디어 교육의 대표적인 과목은 언어를 다루는 '국어' 과목으로서 텍스트와 맥락 이해, 언어구조와 어법 등에서 미디어를 이용하고 있고, 학생들은 미디어를 통해 표현하는 방식을 실습 형태로 배운다. '사회/환경' 과목은 역사와 지리, 문화와 사회 등 소분야로 이루어지고, 커뮤니케이션과 참여 등의 학습 활동을 해야 한다. 따라서 '사회/환경' 분야에서의 미디어 교육은 대중문화와 사회, 미디어와의 관계 탐구를 중심으로 이루어진다. '기술' 과목에서는 미디어의 기술적인 면을 중심으로 방송 송출 및 운영 시스템, 카메라 기법, 오디오 기법 등을 교육한다.

호주의 미디어 교육에서 주목할 만한 부분은 정규 과목인 '예술' 과목에서 무용과 드라마, 음악과 시각 예술, 그리고 미디어와 관련된 교육을 실시한다는 점이다. 드라마 부분은 학생들이 연극 활동에 참여해 실제적 혹은 상상적 상황을 표현하게 함으로써 상징적으로 표현된 생각과 감정을 이해할 수 있게 한다. 연극 공연의 전 과정을 통해 학생들은 연기자나 연출자, 기타 스태프로 참여하는 경험을 해 볼 수 있다. 시각 예술 과목에서는 학생들 자신이 아이디어를 내어 시각적으로 표현하고 발전시키는 방법을 훈련한다. 학생들은 다양한 예술 재료 및 인쇄물과 영상물 등의 미디어를 이용해 이미지를 만들고, 자신이 원하는 것을 표현한다. 아울러 과거와 현재의 예술작품을 평가하고 분석하는 방법을 배운다. 특히 미디어 분야는 TV와 라디오, 영화와 신문, 잡지, 사진 같은 기존의 미디어 생산물을 통해 미디어의 형태와 기법, 가치나 담론 등을 배우게 하고, 문화적인 맥락에서 미디어 텍스트를 분석함으로써 미디어 내용과 메시지에 대한 비판적인 안목을 키우게 한다(안정임·전경란, 1999 : 97~100). 이러한 미디어 분야의 교육 내용은 우선 다양한 종류의 미디어에 대한 지식과 미디어 발전 역사에 대해 배울 수 있는 기회를 제공한다. 더불어 미디어의 기능과 산업의 역할, 미디어에 이용된 기술과 상업적/비상업적 미디어의 특성, 이야기를 전개하는 내러티브 구조, 미디어의 언어, 미디어의 미적 가치를 인식하고 해석하는 능력을 개발시켜 준다. '국어' 과목에서의 미디어 교육은 학생들이 청취자이자 독자로서, 시청자로서 다양한 미디어 텍스트를 볼 수 있는 관점을 갖게 하며, 무엇보다 '보기(viewing) 교육'에 중점을 둔다. 호주의 '보기 교육'은 1994년부터 국어 과목의 필수 교육 부분이 되었는데, 이는 시각적 형태의 미디어 메시지가 점차 증가하고 있어서 영상물 해독이 중요한 과제로 부상했음을 의미한다. 즉 기존의 '말하기, 듣기, 읽기, 쓰기' 교육 차원을 넘어 '보기' 교육은 이들을 통합하는 경향이 있으므로 청소년들이 시각적 텍스트를 비판적으로 수용할 수 있는 방법을 가르치는 것이다. 국어 과목에서의 시각적 텍스트는 문학과 매스 미디어, 팸플릿과 카드, 도로 표지판 같은 일상적인 텍스트가 있으며, 인쇄물과 영상물로 크게 구분될 수 있다.

호주의 미디어 교육은 이미 1980년대부터 교육부와 유관 단체, 종교 단체 등에서 적극적으로 연구하여 실시되고 있다. 퀸즐랜드 주에서는 고등학교 교과과정에 영화와 텔레비전에 대한 선택과목을 마련했으며, 사우스오스트레일리아 주에서는 초등학교와 중학교에서 미디어 교육을 실시하고 고등학생들에게는 미디어 교육을 선택과목으로 제공하고 있다. 선택과목의 교육 내용은 '폭력과 미디어', '폭력과 시청률', '미디어에 나타난 폭력의 효과' 등 폭력을 주제로 설정하여 학생들이 TV 폭력 장면을 시청하고 분석하며 토론하는 과정을 거쳐 TV의 폭력이 개인과 사회에 미치는 영향을 생각해 보도록 유도한다. 다른 주에서도 국어와 예술 과목을 중심으로 미디어 교육을 다른 과목과 통합적으로 실시하거나 국어 과목의 일부로 실시한다. 시드니가 속해 있는 뉴사우스웨일스 주도 미디어 과목을 국어 과목의 일부로 실시하고 있으며, 고등학교 대상의 미디어 교육은 선택과목으로 제공한다. 이처럼 호주의 미디어 교육은 별도의 과목으로 운영되기보다는 국어 과목이나 사회 과목, 역사 과목 등 기존의 커리큘럼에 미디어 관련 내용을 통합적으로 포함시킨다는 점을 주목할 필요가 있다.

6) 한국의 미디어 교육 사례

우리나라의 미디어 교육은 1970년대 중반부터 시민 단체와 종교 단체들이 시작해 제도권 내의 학교 현장과 언론 단체에까지 확산되었다. 1980년대에 한국여성단체협의회와 서울 YMCA에서 텔레비전 바로 보기 모니터 교육 활동을 시작으로 몇몇 시민 단체들이 TV와 신문 등 언론 매체를 제대로 보자는 수용자 중심의 미디어 운동을 시작하였다. 1990년대에 들어서는 서울 YMCA에서 '교사 대상 미디어 교육 연수'를 실시하였고, 참교육학부모회에서는 'TV 시청 일기 쓰기 강좌 및 프로그램'을 개설하였다. 이 외에도 한국여성민우회, 민주언론운동협의회에서는 어린이 방송 교실과 어린이 방송 캠프 등 제작 교육을 실시하였고, 1990년대 중반에 서강대학교 커뮤니케이션 센터에서 '중등학교 미디어 교육 교사 연수'를 실시함으로써 영국을 중심으로 한 해외 미디어 리터러시 교육을 국내에 본격적으로 소개하였다. 1997년에는 '제1회 미디어 교육 전국 대회'가 개최되었고, EBS를 비롯한 KBS와 MBC 등 공영방송사에서 미디어 교육이 일부 진행되기도 하였으며, 한국언론재단, 방송위원회, 방송문화진흥회, 정보통신윤리위원회, 청소년위원회, 방송영상산업진흥원 등 공공 기관에서도 미디어 교육을 실시하거나 지원하고 있다. 2000년 방송법 개정 이후에는 방송발전기금 용도에 미디어 교육 지원이 명기되면서 방송위원회와 정부 예산 지원을 통

〔표 4-4〕 공공 기관의 미디어 교육 추진 사례 : 한국언론재단

구분	시간	신문 제작 교육	미디어 활용 교육	영상 제작 교육
월 (1. 5/ 1. 12/ 1. 26)	09:00~ 12:00	학교신문, 기획안 어떻게 만들 것인가	미디어 교육이란	영상 제작의 기초
	13:00~ 16:00	신문반 교육 지도 사례	미디어 활용 교육	다큐멘터리 기획
화 (1. 6/ 1. 13/ 1. 27)	09:00~ 12:00	기사 찾기, 취재방법론	중등 미디어 교육 사례 1	큐시트 작성
	13:00~ 16:00	신문 사진	중등 미디어 교육 사례 2	카메라 기초 촬영
수 (1. 7/ 1. 14/ 1. 28)	09:00~ 12:00	기사의 종류, 기사의 구성	미디어 교육과 ICT 활용 교육	다큐멘터리 촬영 1
	13:00~ 16:00	신문의 이해	즐거운 미디어 교실	다큐멘터리 촬영 2
목 (1. 8/ 1. 15/ 1. 29)	09:00~ 12:00	제목 뽑기, 레이아웃	국어 교육과 미디어 교육	다큐멘터리 촬영 3
	13:00~ 16:00	신문 편집 실습	사이버 미디어 교육	프리미어 편집 1
금 (1. 9/ 1. 16/ 1. 30)	09:00~ 12:00	인터뷰 기사	고등 미디어 교육 사례 1	프리미어 편집 2
	13:00~ 16:00	바른말, 고운말	고등 미디어 교육 사례 1	프리미어 편집 3 (미디어 강사)

출처 : 이동우, 「미디어 교육 추진 사례」, 한국언론재단, 2004, p. 78.

해 미디어 교육의 교재 및 커리큘럼 개발과 직접 교육 등이 이루어
지고 있다. 한국방송영상산업진흥원과 언론재단, 영화진흥위원회
가 설립해 운영하는 영상미디어센터의 미디액트는 이러한 작업들
을 수행하는 곳이다(노영란, 2005).

국내 미디어 교육의 발전과정을 살펴보면, 시민 단체들이 그
필요성을 사회적으로 인식시키고 공감대를 확산시키는 데 크게 기
여했음을 알 수 있다. 또한 미디어 수용자 단체들은 미디어 교육의
제도화를 위해 노력했다는 점에서 높이 평가될 수 있다. 하지만 각
단체별로 가르치는 주제와 범위, 내용과 형식, 그리고 대상에 차이

가 있어서 실제 학교 현장에서 청소년을 대상으로 미디어 교육을 실시해야 하는 교사들에게는 어느 단체의 커리큘럼을 채택할지 혼란스러울 수 있다. 또한 시민 단체의 미디어 교육은 사회 변혁을 위한 정치 · 사회 운동과 언론 개혁을 위한 신문과 방송의 모니터 감시 활동에 중점을 둠으로써 교육 현장에서 필요한 청소년 대상의 미디어 교육과는 다소 거리감이 있었다. 특히 단체별로 역점을 두는 미디어 교육 내용에 차이가 있는데, 이는 미디어 교육의 범위와 대상이 워낙 포괄적이기 때문이기도 하다. 먼저 시민 단체의 미디어 교육은 미디어 교육을 위한 현장 교사의 연수에서부터 미디어 교육을 실시할 수 있는 기반 조성, 그리고 청소년문화 운동 영역에 이르기까지 다양한 분야의 미디어 교육을 운영해 왔다. 특히 경실련과 참교육학부모회는 학교 현장에서의 미디어 교육을 위한 기반 조성에 크게 기여한 바 있다. 하지만 일부 시민 단체의 경우는 학교 현장에서의 경험들이 부족해 교사들이 학생들에게 어떻게 전달할 것인지에 대한 내용들에 대해서는 체계적이지 못하다는 지적도 있다(강정훈, 2005). 이에 비해 언론 단체의 미디어 교육은 미디어에 대한 지식을 현장에서 직접 종사한 사람들이 전달하기 때문에 다른 단체들에 비해서는 교육 내용이 풍부하다고 볼 수 있지만, 언론 단체 역시 교육적 관점에서 어떻게 가르칠 수 있을지에 대한 교육방법 측면에서는 미흡한 점이 많은 편이다.

국내 미디어 교육의 문제점으로는 여러 가지가 있겠으나 무엇보다 교재의 부족과 교과과정의 비체계성, 미디어 교육 교사의 양성 문제, 시설 및 기자재 장비 부족, 그리고 미디어 교육을 실시하고 있는 학교 및 사회 단체 등 여러 집단 간의 협력 부재를 들 수 있다. 또한 미디어를 단순히 이해시키는 교육에서 영상 제작 교육으로 그 중심이 이동하고 있으며, 많은 단체에서 양성하는 미디어 교육 교사의 질과 단기간의 교육과정을 통해 제공해 주는 미디어 교육 관련 전문 자격증도 문제로 제기될 수 있다(노영란, 2005). 이러한 자격증 남발은 실질적인 사회적 합의나 체계적인 내용의 검증 없이 전문 자격증을 제공함으로써 학습자들에게 효과적인 미디어 교육을 실시할 수 있는지에 대한 의문을 불러일으킨다.

한편, 현장 교사 중심의 미디어 교육은 대중문화를 교육의 현장에 들여와 청소년들이 대중문화에 대해 분별할 수 있게 하고, 미디어를 올바르게 적극적으로 활용하는 데 초점을 둔다. 대표적인 교사들의 미디어 교육 모임인 '깨끗한 미디어를 위한 교사운동(약칭 깨미동)'은 중·고등학교의 현장 교사들을 중심으로 미디어 교육을 통해 건강한 청소년문화를 만드는 대안을 찾자는 데서 출발하였다. 깨미동의 경우, 학교 현장에서 미디어 교육을 실시하는 것을 가장 큰 목표로 삼고 있다. 교사들은 특기·적성 교육시간을 이용하거나 담임인 경우 아침이나 오후의 여분시간을 활용하는 경우, 혹은 교과시간을 이용해 미디어 교육을 하는 방법 등을 활용하고 있다. 다음으로, 이러한 현장 교사들의 적극적인 미디어 교육 운동은 미디어 교육의 기반 조성을 위해 교재 개발과 교사 연수, 자료 공유, 정책 제언 차원에서 이루어지고 있다. 정책 제언 차원에서 이들은 청소년보호위원회, 정보통신윤리위원회, 한국정보문화진흥원 및 각종 미디어 관련 단체에서 오피니언 리더 그룹으로 활동하고 있으며, 정부의 미디어 관련 교육 연수와 교원 단체 연수, 학부모 교육과 학생 교육에 미디어 교육을 결합하여 교육시키고 있다. 또한 이들은 방송 활동을 포함한 언론 활동에도 참여하면서 공교육 현장인 학교 교과과정에도 미디어 교육이 포함될 것을 제안하고 있다(강정훈, 2005).

성인을 대상으로 미디어 교육을 실시하는 시민 단체와 언론 단체와는 달리 학교 현장에서 청소년들을 대상으로 직접 미디어 교육을 담당하는 교사들은 청소년들의 속성에 대해 주의해야 할 필요가 있다. 즉, 미디어 교육을 담당하는 현장 교사들은 교육 수용자인 청소년들을 고려해서 이들이 수동적인 주체가 아니라 능동적으로 생각하고 판단하며 미디어를 분별할 수 있는 교육을 통해 미디어에 비판적이고 합리적인 사고방식을 갖도록 돕는 데 역점을 두어야 한다. 또한 청소년들은 시각적인 자극에 익숙하므로 가급적 동영상과 사진자료를 많이 활용해서 청소년 스스로 판단하고 생각해 볼 수 있는 기회를 제공하는 것이 중요하다. 따라서 청소년들이 좋아하는 대중가요와 텔레비전, 인터넷과 만화, 신문, 영화뿐만 아니라 보드 게임 등 다양한 주제 및 문화 전체를 포괄하는 내용의 미디어 교육이 바람직할 것이다. 물론 학교의 미디어 교육을 실현해 나가는 데에는 여러 가지 어려움이 따른다. 무엇보다 대학 입시 위주의 교육 환경 속에서 미디어 교육 확산의 어려움이 존재한다. 아울러 교사들의 미디어 교육에 대한 전문성 확보나 교과과정과 적합한 교재의 개발도 절실하며, 학교교육 지원 네트워크의 활성화와 교사 연구 등도 요구된다. 특히 사회적으로 교사를 대상으로 미디어 교육을 실시하는 기관은 늘어나고 있지만, 막상 교사들이 현장으로 돌아가면 학교 현장에서 미디어 교육이 중요하게 여겨지지 않는 원인을 분석하고 대안을 모색해야 할 것이다. 무엇보다 학교 현장에서 미디어 교육을 실시할 시간과 필요성에 대한 제도권 학교들의 인식 부족이 가장 큰 걸림돌이다. 특별활동시간의 미디어 수업은 전일제가 아니라 대부분의 학내 행사로 이루어지므로 연속성이 떨어지며, 준비된 교사가 없는 학교는 단순히 영화 감상에 머물게 될 개연성이 높다. 특히 입시 교육의 현실에서 미디어 교육은 꼭 필요하다고 여겨지지 않기 때문에 교사와 학부모, 학생들에게 외면당하기 쉽다. 더 큰 문제는 학교 현장에서 학생들과의 교감을 통해 다매체·다채널 시대의 다양한 매체에 대한 올바른 미디어 교육을 시킬 전문 교사가 부족하다는 점이다. 여러 단체에서 미디어 교육 전문 교사자격증을 추진하고 있지만, 실제 학교교육 현장에서는 교사들에게 학생들을 대상으로 교육할 미디어 교육 교재나 교과과정에 대한 구체적인 방향 제시가 더 필요하다. 학교교육 내에서 효과적인 미디어 교육이 이루어지기 위해서는 미디어 교육의 기본 개념에 따라 체계적인 교과과정이 마련되어야 하고, 이를 교육시킬 수 있는 전문적인 교사 인력의 양성이 필요하며, 교과과정을 뒷받침하는 우수한 교재가 지속적으로 개발되어야 한다(정회경, 2005). 학생들의 창의성을 살리고 미디어를 올바르게 사용하기 위해 '미디어를 비판적으로 이해하는 학습'에 초점을 둔다면, 미디어 교육을 통해 건설적이고 전향적인 사고와 창의적인 사고 개발을 도모할 수 있을 것이다.

이상에서 살펴본 것처럼 세계 주요 선진국들은 이미 미디어 교육에 대한 체계적인 교육과정을 마련하였고, 제도권 교육 현장에서 정규 과목이나 기존 과목과의 통합교육 등을 실시하고 있다. 이들 국가들이 미디어 리터러시 교육에 중점을 두는 이유는 미디어를 올바로 이해하고, 학습자들에게 개인과 사회에 미디어 교육이 어떤 의미를 갖는지 인식시켜 줌으로써 사회에서 미디어에 대한 안목을 길러 주기 위함이다. 우리나라의 경우도 1980년대부터 일찍이 미디어 교육이 사회운동 차원에서 이루어져 왔으나 보호주의적인 성격이 강했고, 미디어 감시를 위한 모니터 교육이 주류를 이루었다. 하지만 점차 미디어 교육에 대한 체계성, 전문성, 지속성이 요구되면서 매스 미디어에 대한 기본적인 이해와 내용 및 형식상의 문제점 등이 제기되었고, 최근에는 학교 및 제도권 교육기관에서 미디어 교육을 일부 실시하고 있다. 국내의 미디어 교육은 멀티미디어 시대에 사는 청소년들에게 어릴 때부터 경험한 다양한 대중매체의 특성을 인지시키고, 미디어 생활을 분석할 수 있는 능력을 길러 주기 위해 공교육 내에서 미디어 교육을 현실세계와 연결시켜 추진해 나가야 한다. 또한 학교 내에서 독일의 '미디어 프로젝트 교육'과 같은 통합적 교육과정을 신설해 미디어의 기술적 특성과 제작과정 등을 알리고, 미디어가 청소년들에게 미치는 사회·교육적 영향을 교육시키는 데 중점을 두어야 할 것이다. 아울러 미디어 교육은 학습자들에게 미디어에 참여할 수 있는 기회를 제공함으로써 미디어를 생활에 통합시키고, 이를 통해 자신을 표현할 수 있는 미디어 능력을 육성하는 것이 요체라고 할 수 있다.

제2부
미디어 특성 교육

제5장 신문과 미디어 교육

제6장 텔레비전과 미디어 교육

제7장 광고와 미디어 교육

제8장 영화와 미디어 교육

제9장 인터넷과 미디어 교육

제 5 장

신문과 미디어 교육

1. 신문의 정의와 역사

2. 신문의 특성

3. 신문의 기능과 미디어 교육

1. 신문의 정의와 역사

신문(newspaper)은 대중매체의 일종으로 특정 또는 불특정한 사람들에게 시사에 관한 뉴스를 비롯한 정보, 지식, 오락, 광고 등을 전달하는 정기간행물이다. 일반적으로 신문은 신문사라고 불리는 전문 기업이 매일 또는 주간 단위로 뉴스 보도를 위주로 하여 발행하는 일반 정규지를 가리킨다. 신문은 불특정한 다수의 독자를 상대로 시사 뉴스와 의견 등을 전달하는 일반지(一般紙) 외에도 기사의 내용과 그 신문이 대상으로 삼는 독자 또는 발행 형태에 따라서 여러 종류로 구분된다. 내용별로는 종합지 외에 경제, 스포츠, 오락, 서평 등을 전문으로 다루는 신문을 일반 보도 신문과 구별하여 '전문지(專門紙)'라고 부른다. 또한 특정한 성(性), 연령, 직업의 사람을 대상으로 발행하는 여성 신문, 어린이 신문, 학생 신문, 업계지(業界紙) 등을 '특수지(特殊紙)'라고 하고, 특정 정당이나 종교단체, 노동조합 등에서 영리를 목적으로 하지 않고 발행하는 신문을 '기관지(機關紙)'라고 한다. 그 밖에 발행 형태에 따라 일간지, 격일간지, 주간지, 순간지(旬刊紙), 월간지 등으로 나누고, 신문의 보급범위에 따라 전국지(全國紙), 로컬 페이퍼, 지방지, 그리고 한 지역의 주민을 대상으로 발행되는 지역지 등으로 분류한다 (www.naver.com).

신문의 역사를 살펴보면, 근대적인 신문이 출현한 것은 서구에서 활판인쇄술이 발명된 이후이다. 인쇄술의 발달로 빠른 시간 내에 활자를 통해 다량의 인쇄를 할 수 있었으며, 교통·통신의 발달로 우편제도가 형성되어 신문의 배달이 체계화되었다. 기술적인 기반을 바탕으로 매일매일 제작이 가능해진 신문은 대량 생산과 배급체제의 효율화에 힘입어 유럽을 중심으로 발전하게 되었다. 세계 최초의 신문은 17세기 말 독일의 『라이프치거 차이퉁』(*Leipziger Zeitung*)으로 알려졌다. 19세기에 접어들면서 근대적인 신문들은 더욱 발전하였는데, 내용과 형식 면에서 오늘날의 신문과 크게 다를 바 없었다. 유럽과 미국에서 발전한 신문은 특히 19세기 자유민주주의 이념의 정착으로 정치적 견해를 달리하는 정파지로서의 성격이 강했다. 당시에는 신문을 통한 자유로운 의사 표명이 가능해져서 이때의 모든 신문은 사주의 정치적 입장을 얼마든지 강조할 수 있었다. 그 후 광고 시장의 성장으로 신문사는 더 이상 정치적 후견자에 의지할 필요가 없어졌다. 이에 따라 신문은 더 많은 독자를 확보함으로써 광고 수익을 더 높이려는 대중지로서 발전하게 된다. 이러한 시도로 미국에서는 이른바 일전신문(penny paper)이라고 불리는 염가의 신문이 탄생했는데, 1833년 데이(Benjamin H. Day)가 『뉴욕 선』(*New York Sun*)을 창간하여 성공한 것이 그 예이다. 하지만 당시의 신문들은 대중성을 빙자하여 독자의 흥미를 끌기 위한 선정적 내용을 마구 다루었다. 따라서 19세기 말에는 이른바 황색신문(yellow journalism)이 크게 유행했으며, 이에 따라 언론의 권위가 추락되고, 사회적 비난을 받게 되었다. 이처럼 독자들의 비판과 사회적 지탄은 정론지와 대중지의 차별화를 가져왔는데, 『뉴욕 타임스』(*The New York Times*)와 『워싱턴 포스트』(*The Washington Post*), 『크리스천 사이언스 모니터』(*Christian Science Monitor*) 등 오늘날까지 역사가 깊고 건전하며 독립적인 권위지들이 점차 대중의 호응을 많이 받게 됨으로써 자연히 황색신문은 사라지고 좀 더 책임 있는 정론지로 정착하게 되었다.

우리나라의 경우, 최초의 근대적 신문은 개화와 함께 서양의 영향을 받아 만들어진 1883년의 『한성순보』이다. 『한성순보』는 관보의 성격을 띠고 있었으며, 크기와 양식도 오늘날의 신문이라고 하기에는 차이가 많았다. 그 이후 1896년 4월 7일 민간인에 의해 최초의 한글 신문인 『독립신문』이 탄생해 주 3회 간행되었으며, 한글과 영문으로 편제되어 독립을 지향하는 민중의 대변지 역할을 하였다. 그러나 1910년 한일병합이 이루어짐으로써 우리의 민족지는 모두 강제로 폐간당하게 된다. 일제 강점기 초기에 일본은 신문의 발간을 엄격히 제한하다가 문화 식민 정치기에 한민족에 대한 회유책으로서 세 개 일간지 발행을 허용한다. 그것이 바로 1920년에 창간된 『조선일보』, 『동아일보』, 『시대신문』인데, 이 중에서 『시대신문』은 곧 폐간되고 나머지 두 개의 신문은 오늘날까지 한국 신문역사에서 중요한 역할을 담당하고 있다. 해방 이후 좌익과 우익의 정치적 갈등기에 신문은 좌우익으로 갈려 투쟁하는 정론지적 성격을 띠게 되었다. 대한민국 정부 수립 후 좌익 신문은 사라지게 되었고, 그에 따라 오늘날과 같은 형태의 중앙 일간지 중심의 신문 구도가 형성되었다.

한국의 신문 역사는 민주화 역사와 함께하였다. 4·19혁명으로 신문의 자유가 신장되었고, 5·16 군사정변으로 신문 통제의 정치적 필요성이 제기되어 정치적 변혁이 발생할 때마다 신문의 정비가 이루어졌다. 1972년 박정희 정권의 10월 유신, 1980년의 언론통폐합 등이 그 대표적인 예이다. 제5공화국하에서 신문사의 수가 언론기본법에 의해 제한되었고, 그에 따라 일부 신문들은 초과 이익을 보장받게 됨으로써 상당히 성장하였다. 제6공화국 때에는 자율경쟁이라는 이름하에 언론사의 창간을 새로이 허용함으로써 일간지가 전국적으로 증대되었는데, 이에 따라 『한겨레신문』이라는 국민주 형식의 신문도 탄생하게 되었다(오택섭 외, 2003 : 94~98).
1990년대 중반 이후 개인 컴퓨터의 보급 확산과 인터넷 이용자의
증대로 온라인 신문이 등장하기 시작하였다. 온라인 신문은 짧은
역사를 가졌지만 인터넷 인구 증가에 힘입어 젊은 수용자들 사이에
서 여론 형성을 담당하는 새로운 언론 매체의 하나로 기능하게 되
었다. 1995년에 『중앙일보』를 비롯하여 국내 주요 일간지들이 온
라인 신문을 만들었을 뿐만 아니라, 〈오마이뉴스〉 같은 독립 온라
인 신문들이 등장해 대안 언론으로서의 역할을 하기 시작하였다.

　　신문 가운데 국내외 여론을 리드하고 지식인과 정치·경제 지
도자들에게 영향을 미치는 신문을 엘리트 신문이라고 한다. 이것
은 세계 모든 나라의 대학과 도서관에 비치되어 지성인들이 읽을
만한 가치가 있는 신문을 말한다. 즉 엘리트 신문은 자기 나라에서
뿐만 아니라 다른 나라에서도 존경을 받으며 영향력을 행사하는 신
문이라고 할 수 있다. 이러한 엘리트 신문은 세계 어느 나라에서 발
행되든지 간에 내용에 깊이가 있고, 전문 지식과 정보의 전달에 치
중하며, 막강한 영향력을 행사한다. 그러므로 엘리트 신문은 일반
대중보다는 정부 관리, 학자, 언론인, 종교가, 법률가 등과 같은 사
회 지도층에 영향을 미치며, 국경을 초월한 인류의 관심사와 정치,
경제, 사회, 과학, 문화 등의 전반적이고 포괄적인 문제를 심층적이
고 진지하게 다루기 때문에 세계 모든 나라에서 읽혀지는 것이 특
징이다. 또한 엘리트 신문은 단순한 사건보다는 아이디어나 이슈
에 치중하며, 솔직하고 비판정신이 강하다. 엘리트 신문은 단순한
보도보다는 해설에 치중하는 경향이 있는데, 부수나 크기 면에서
경제적인 안정과 직접적인 관계가 없다. 이는 어떤 신문이 부수가
많고, 규모가 크며, 경제적으로 안정이 되어 있다고 해서 반드시 엘
리트 신문은 아니라는 것을 의미한다. 일반적으로 세계적인 엘리

트 신문은 대중지보다 부수도 적고, 규모도 작으며, 경제적으로도 그다지 큰 이윤을 남기지 않지만 막강한 영향력을 미친다. 대중매체인 라디오나 텔레비전은 여론을 추종하지만, 엘리트 신문은 여론을 리드한다. 일례로 미 국무부 관리들은 하루 일과 중 제일 먼저 『뉴욕 타임스』를 읽지 않으면 숨 가쁘게 움직이는 국제적인 동향을 제대로 파악할 수 없다고 한다. 또한 『워싱턴 포스트』 같은 엘리트 신문은 워터게이트 사건을 통해 대통령을 권좌에서 몰아낼 정도로 막강한 영향력을 가지고 있다(이상철, 1997 : 287~289).

대중 언론 매체 가운데 가장 오랜 역사를 지닌 신문은 처음부터 계몽적인 속성을 갖고 있었으며, 정파지로서의 특성이 강하였다. 오늘날에도 신문은 언론의 기능을 수행하는 주도적인 매체로서 사회의 주요 의제 설정 기능과 정보 제공 차원에서 사회의 변화를 이끄는 데 기여하고 있다. 또한 신문은 뉴스 관련 정보 제공 측면에서 다른 매체보다 양적으로나 내용의 깊이 차원에서 경쟁적 우위를 갖고 있다. TV나 다른 매체들보다 하루 평균 두세 배 가까이 많은 양의 기사를 싣는 신문은 다량의 뉴스 보도를 할 수 있어서 심층 보도가 가능하다. 예를 들어 신문은 특정 뉴스 기사의 배경이나 원인, 일어난 사건의 경위와 상황뿐만 아니라 전망이나 해결책 등 다양한 견해를 깊이 있게 보도할 수 있는 강점을 지닌다. 또한 간편하게 휴대하고 다니면서 읽을 수 있는 신문은 큼직한 제목이나 리드 기사들을 대충 훑어보면서 전체 내용을 파악하기 쉽고, 언제 어디서나 반복해서 다시 볼 수 있는 재독 가능성이 있다. 아울러 라디오나 텔레비전처럼 편성시간에 맞추어 뉴스를 보고 듣는 것이 아니라 자신의 주관적인 선택에 따라 마음껏 원하는 순서대로 기사와 정보들을 바로 접할 수 있는 특성을 지닌다. 더불어 스크랩 등으로 도서관 같은 역할을 할 수도 있는 높은 자료의 활용도가 신문 매체

만이 지닐 수 있는 특성이다. 미디어 교육은 이러한 신문의 특성을 학습자에게 이해시킬 필요가 있다. 즉, 사회 전반의 뉴스나 주요 의제를 익히는 데 신문의 간편함, 정보의 양과 깊이 측면에서 신문의 효율성을 강조해야 한다. 만일 학생들이 지하철에서 이동전화기로 게임을 하는 대신 신문을 읽고 다닌다면 우리 사회의 중요한 이슈가 무엇인지, 또 어떤 문제점들이 있는지 사설을 통해 사회의 현안과 제반 영역에 대한 이해를 높일 수 있을 것이다.

2. 신문의 특성

정보 매체로서 신문의 가장 중요한 특징은 새로운 사실들로 형성된 현실(reality)을 매일 전달한다는 점이다. 언론 매체로서 신문은 새로운 뉴스를 신속하게 보도하는 것이 중요한데, 신문의 현실성은 현실에 존재하거나 실현되는 것을 말하며, 허구적 상징물이 아닌 진실성, 객관성을 가진 것을 가리킨다. 신문의 현실성은 벌어지는 사회의 모든 현상에 대한 객관적인 사실들과 정보를 기자들이 취재해 재가공해서 전달하기 때문에 철저하게 검증 가능한 사실에 근거해야 한다. 현실성이란 일반적으로 최근에 일어난 일을 가리키지만, 단순히 그것만은 아니다. 현실성이란 사건 자체가 내포하고 있는 것이라기보다는 독자의 의식과 관계된다. 따라서 보도가 사건 발생 수년 후에 발표되는 것이라고 하더라도 결코 현실성이 없다고 말할 수는 없다. 미래에 관한 예측 기사도 현실성이 있다. 또 사건에 관한 의견은 사건의 보도가 아닐지라도 현실성을 갖는다. 그러나 신문이 보도하는 국제 뉴스의 경우, 국가별 뉴스 매체가 각각 다른 관점에서 보도하는 경향이 있다. 즉 뉴스는 특정 매체가 갖고 있는 속성, 국가의 이익과 국민의 정서 등 다양한 요소에 의해 만들어지며, 결코 하나의 '진실'이 존재하는 것은 아니다. 이라크 전쟁의 경우, 이라크 신문과 미국 신문이 보도하는 뉴스의 우선순위나 가치, 시각은 서로 상반될 수밖에 없는 한계를 갖고 있다. 이는 신문사라는 조직 역시 특정 사회의 정치·경제 체제 속에 존립하는 사회의 하부 체계이자 그 사회를 유지하는 데 필요한 커뮤니케이션 매체로서 본연의 기능과 임무가 있기 때문이다. 더 나아가 신문의 논조가 국가별로 혹은 신문사별로 다른 것은 신문 기사의 선별과정이나 제작과정이 다르기 때문이다. '뉴스는 가치중립적이고 객관적인 보도'라는 원칙이 있지만, 반드시 그렇게 전달되는 것은 아니다. 신문 역시 현실 그 자체를 완전하게 전하는 것은 불가능하다. 이러한 측면에서 미디어 교육은 미디어가 사회에서 중심적인 정보 제공 역할을 하고 있지만, 그 한계가 분명히 존재하고 있음을 수용자에게 알릴 필요가 있다. 즉 미디어 교육의 주요 목적 중 하나는 우리가 살고 있는 세상은 미디어를 통해서는 모두 다 전달할 수 없을 정도의 모순에 싸여 있고, 미디어를 통한 사실 확인 역시 기준이 다양하여 전체를 모두 다 전달할 수 없는 한계를 갖고 있음을 인식시키는 것이다. 특히 미디어가 전하는 것 외에 다른 견해가 존재한다는 점을 수용자들이 이해하고, 사회의 다양한 의견 및 세계관이 반영된 신문과 그렇지 못한 신문 사이의 차이점을 구별할 수 있도록 매체별 특성과 한계를 교육시켜야 한다.

　　신문은 또한 신문을 구독하는 공중 모두에게 동일한 내용을 정기적으로 전달하는 특성이 있다. 신문은 누구에게나 보급됨으로써 그것에 의하여 여론을 형성할 수 있는 기반이 조성된다. 또한 신문은 매일같이 발행됨으로써 같은 인쇄 매체인 잡지, 팸플릿, 서적 등과도 명확하게 구별될 수 있다. 인쇄 매체인 주간 잡지가 내용적으로는 신문에 가깝고 신문과 같은 기능을 한다고 하더라도 신문은 정기적인 발행 간격이 가장 짧다는 점에서 잡지와 다르다. 라디오와 텔레비전도 매일같이 우리에게 필요한 많은 정보를 정규적으로 제공하고 있지만, 정치나 경제 관련 뉴스를 포함해 사회 각계각층의 현상 및 사건을 가장 심층적으로 제공하는 언론 매체로는 신문을 능가하지 못한다. 즉, 신문은 다른 매체에 비해 보다 많은 내용을 게재하고 심층적으로 다룰 수 있기 때문에 독자들이 어떤 사건에 대해 심도 있게 이해할 수 있도록 알리는 데 더 큰 정보 기능을 수행한다. 예를 들어 똑같은 사실을 보도할 때에도 TV는 전파를 이용하기에 속보성이나 현장감은 뛰어난 데 비해 시간적 제한이 있어서 내용을 깊이 있게 다루지 못한다. 반면, 신문은 현상에 대한 깊은 이해나 지식을 갖는 데는 훨씬 유용하다. 신문은 TV보다 현장 취재를 심도 있고 정확하게 하며, 독자들이 다양한 시각을 갖도록 여러 면을 할애해서 내용을 다루기도 한다. 여기에 기자나 신문사의 논조까지 개입되기 때문에 사건들이 여러 번의 게이트키핑(gatekeeping) 과정을 거쳐 잘 다듬어진 기사의 형태를 띠게 된다. 그러므로 신문은 일반 독자에게 어떤 특정한 의제를 제시해 주거나, 새로운 논제거리에 대하여 모두가 관심을 가지고 의견을 개진할 수 있는 사회적 공론장이 될 수 있다.

한편 정보 매체로서 신문은 가장 간편하고 편리한 매체이다. 즉 누구든지 신문을 쉽게 구해서 언제, 어디에라도 가지고 다니면서 읽을 수 있는 간편함이 있다. 이러한 신문의 간편성 때문에 아무리 뉴미디어 기술이 발달해도 대중에게 영향력을 발휘하고 정보를 제공하는 신문 본연의 역할은 근본적으로 위축되지 않을 것이라는 견해가 많다. 신문은 또한 기록성과 반복성, 보관성 측면에서 다른 매체와는 차별화된다. 신문은 지난 사건에 대해 문자로 기록을 남기기 때문에 반복해서 읽을 수 있고, 보관이 용이하므로 지난 현상에 대해서도 다시 읽을 수가 있다. 신문의 구성 내용을 살펴보면 1면에는 그날의 주요 뉴스가 나오고, 각 면은 정치면, 국제면, 경제면, 문화면, 체육면, 사회면, 오피니언면 등으로 나누어진다. 국내 신문들은 보통 28~32면으로 발간되며, 뉴스는 기사의 성격과 중요성에 따라 배열되고 있다. 신문 기사에는 사실을 바탕으로 기자의 개인적 의견이나 주관이 들어가 있지 않은 스트레이트성 기사와 뉴스 피처(news feature), 광고가 많다. 뉴스 피처란 시사적 사건에 관한 글로서 논설, 칼럼, 인사 탐방, 시사 만화, 연극이나 텔레비전 평을 말한다. 객관적 보도 뉴스와는 달리 뉴스 피처는 그 속에 기사 작성자의 개인적 의견이나 사상, 감정이 포함되는데, 가장 대표적인 것은 논설과 칼럼이다. 논설은 쓰는 사람의 주관적 견해와 의견 그리고 주장을 밝히는 글인데, 일반적으로 뉴스 기사 중 가장 논평의 가치가 있는 것을 논제로 선택한다. 논설도 앞부분에서 뉴스의 사실적 기술과 해설적인 설명을 하기 위해 설득적인 문장으로 작성된다. 논설은 또한 논리적이고 구체적인 객관적 자료와 논증이 있어야 한다. 이에 비해 칼럼은 정해진 고정란 또는 기고란을 통해 외부의 고정 집필자 또는 신문사 안의 논설위원이나 칼럼 담당 기자가 쓰는 글이다. 예를 들어 『조선일보』의 「아침논단」, 『한겨레』의 「한겨레 시평」 등이 대표적인 칼럼이다. 어렵고 논리적인 논설에 비해 칼럼은 문장의 길이가 짧아 읽기 쉽고 편하다. 또한 칼럼은 일반적인 휴머니즘을 바탕으로 한 글들이 대부분이기 때문에 독자들에게 인기가 있다. 이러한 뉴스 피처들은 객관적인 사실을 그대로 전달하는 것이 아니기 때문에 다른 스트레이트성 기사와는 구별해서 읽어야 한다.

신문의 문장은 소설이나 논문과는 달리 읽는 사람이 빠르고 쉽게 사건을 이해할 수 있도록 간결하고 정확하며 속도감 있게 작성된다. 신문 문장은 속보성과 더불어 정확성, 간결성, 평형성을 갖추고, 주관이나 의견을 가능한 한 배제한 채 제3자적 입장에서 사건을 있는 그대로 기술하는 사실 보도가 강조된다. 뉴스 보도의 경우 문장 순서로 본다면 대체로 결론이 먼저 오고, 다음에 본론이 나온다. 일반적인 신문 보도 문장은 표제(headline), 전문(lead), 본문(body)의 3단계 구문으로 이루어지는데, 표제는 기사의 내용을 압축한 문장이며 독자가 알기 쉽게 요약한 것이다. 전문이란 본문을 반드시 끄집어내어 독자가 그 기사를 읽게 만드는 것이다. 본문은 대체로 육하원칙에 따라서 누가(who), 언제(when), 어디서(where), 무엇을(what), 왜(why), 어떻게(how) 했나에 따라 작성된다. 이것이 신문 기사의 일반적인 구성이다. 신문 제작은 마감시간 안에 이루어지며, 하루에도 몇 번씩의 마감시간이 있는데, 그때마다 내용에 약간씩 차이가 난다.

한편, 신문이 취급하는 뉴스란 바로 우리 주위에서 일어나는 사건이나 현상을 뉴스 가치나 보도 원칙에 맞도록 재구성한 이야기라고 할 수 있다. 따라서 뉴스는 사실을 바탕으로 하고 있으나 선별된 사실들이며, 반드시 진실과 일치하는 것은 아니다. 또한 우리 주위에서 일어나고 있는 모든 사실이나 사건들이 뉴스가 되는 것도 아니다. 실제의 사실이나 사건들은 뉴스가 되는 하나의 자원에 불과하다. 즉, 뉴스는 사실이나 사건에 바탕을 두고 기자가 작성한 이야기이기도 하다. 이렇게 사실이나 사건 중에서 뉴스가 될 만한 가치가 있는 정도를 뉴스 가치(news value)라고 한다. 뉴스 가치는 쉽게 말해서 일반 수용자들에게 알릴 만한 뉴스를 선별하는 기준이다. 뉴스 가치는 담당 기자 개개인의 취향에서부터 언론사의 방침,

국가의 언론정책에 이르기까지 다양한 요인들에 의해 형성된 것이라고 할 수 있다. 언론사의 철학이나 이념적 성향이 보도 방향에 큰 영향을 미칠 수도 있고, 담당 기자에 따라 기사의 방향이 크게 달라질 수도 있다. 우리나라 일간지들의 대부분이 정론지의 성향이 강해 정치적인 기사에 비중을 두는 반면, 문화 신문이나 스포츠 신문은 문화계 소식이나 스포츠 기사에 비중을 둔다. 신문사의 뉴스 가치는 매우 오랜 시간에 걸쳐 형성된 기준이므로 기자들이 취재할 대상을 찾고 기사를 선택하여 작성할 때부터 영향을 미치는 편이다. 지금까지 신문사에서 일반적으로 사용하는 뉴스 가치에 대해 살펴보면, 크게 시의성과 영향성, 근접성과 저명성, 신기성과 갈등성, 그리고 인간적 흥미성 등을 들 수 있다. 여기서는 각각의 특성에 대해 구체적으로 살펴보기로 한다.

① 시의성과 영향성

시의성이란 발생 후 오랜 시일이 지난 사건보다는 가장 최근에 발생한 사건의 뉴스 가치가 높다는 것을 의미한다. 예를 들면 2006년의 신문 기사로는 1992년의 바르셀로나 올림픽보다 2006년 월드컵 경기의 뉴스 가치가 더 높다고 할 수 있다. 그러나 오래전에 발생한 사건이지만 매년 돌아오는 8·15 광복절이나 6·25 한국전쟁, 5·18 광주 민주화 같은 역사적 사건 뉴스들은 아이템의 역사성 때문에 그 시의성이 높다고 할 수 있다. 영향성이란 그 사건에 의해 어떤 방식으로든지 영향을 받게 될 사람들의 규모를 의미한다. 예를 들면 중동 지역의 무역 협상 뉴스보다 한미 FTA 협상 뉴스가 우리나라 국민들에게 미칠 영향력이 훨씬 더 크므로 뉴스 가치가 더 높다. 또한 지방에 있는 조그마한 도시의 정전 뉴스보다는 지하철 파업이 훨씬 더 영향력이 크므로 뉴스 가치가 높은 것이다.

이때 영향성이란 반드시 수용자의 규모만을 의미하는 것은 아니다. 수용자의 규모는 작더라도 정책 결정자들이나 엘리트 계층이 독자인 경우에는 중요한 정책 관련 기사의 뉴스 가치가 더 높을 수 있다.

② 근접성과 저명성

근접성은 뉴스 기사가 독자의 입장에서 지리적으로나 심리적인 거리감이 적을수록 뉴스로서의 가치가 높음을 의미한다. 따라서 국제적인 천재지변 소식보다는 국내의 홍수 또는 화재 소식이 뉴스 수용자에게 더 근접한 소재이므로 뉴스로서 선택될 확률이 높다. 저명성은 똑같은 사건이라도 유명 인사와 관련된 사건이 그렇지 않은 사건보다 뉴스 가치가 더 높다. 즉 평범한 가정주부가 약물 복용 혐의로 구속된 것보다는 유명 연예인이 동일한 혐의로 구속된 것이 뉴스 가치가 더 높다고 할 수 있다.

③ 신기성과 갈등성

"개가 사람을 물면 뉴스가 안 되고, 사람이 개를 물면 뉴스가 된다."라는 말이 있다. 이는 뉴스를 규정하는 문구로 종종 이용되는데, 이상한 사건은 평범한 사건보다 뉴스 가치가 높기 때문에 보도 아이템으로 채택될 확률이 높음을 뜻한다. 이처럼 신기성은 뉴스 가치를 논하는 데 가장 많이 통용되는 기준으로서, 신문 보도가 극히 비정상적인 사실이나 사건을 항상 많이 다루고 있음을 가리킨다. 갈등성 역시 사회 하부 체계나 구성원 간의 조화보다는 갈등 지향적인 사건이 뉴스 가치가 높다는 것이다. 즉, 계속 평화적인 상태를 유지하고 있는 지역보다는 전쟁이나 갈등 상태가 지속되는 지역이 뉴스 가치가 높다. 이라크 전쟁이나 독도 영유권을 둘러싼 한·

일 정부 간의 외교 마찰은 그러한 갈등 지향적 뉴스 가치의 대표적인 예라고 할 수 있다. 그러나 갈등 지향의 뉴스 가치는 언론의 보도를 흥미 위주로 만드는 원인이 되기도 한다.

④ 인간적 흥미성

뉴스 주제에는 정치, 경제나 법률, 사회 문제와 같은 경성 뉴스와 생활, 건강, 문화, 날씨와 같은 소프트한 주제의 연성 뉴스들이 있다. 인간적 흥미성(human interest)은 특히 연성 뉴스의 주요 소재로 다루어진다. 즉 문화계 소식이나 동·식물에 대한 뉴스, 건강과 유행, 상품과 관련된 소식, 인정, 미담과 같은 감성에 호소하는 뉴스를 결정하는 뉴스 가치가 인간적 흥미성이다.

3. 신문의 기능과 미디어 교육

신문과 관련된 미디어 교육에서는 무엇보다 청소년들이 신문의 특성을 이해하고, 스트레이트 기사와 논설, 피처, 광고의 차이점을 이해하는 것이 중요하다. 특히 신문의 경우 뉴스 가치에 따라 사회에서 발생하는 다양한 사건과 사고 중에 어떤 것은 채택되지만, 어떤 것은 채택되지 않기 때문에 이러한 게이트키핑 과정을 거쳐 신문이 제공하는 뉴스들은 사회의 주요 의제로 설정됨을 인식시켜야 한다. 특히 신문 1면에 나는 기사들은 신문사마다 어떤 주제를 중요하게 생각하고 있는지가 나타나며, 표제를 분석해 보면 그 신문사의 이념적 성향이나 정치적 관점을 읽어 볼 수 있다. 따라서 방송에 비해 정파지적 성격이 강한 매체인 신문을 이해하려면 두 개 이상 신문의 논설을 비교해 봄으로써 동일한 사회적 주제에 대해 논설자의 관점 차이나 신문사의 입장 차이를 깨달을 수 있다. 신문 광고 역시 미디어 교육에서 빼놓을 수 없는 중요한 영역이다. 최근 들어 신문 지면상에서 광고가 차지하는 비율은 상당히 높은 편이다. 중앙 일간지 신문을 살펴보면, 지면의 하단만이 아니라 기사 사이, 제호나 시사 만화 아래 공간에 위치한 광고를 볼 수 있다. 신문사는 독자의 시선이 많이 집중되는 공간을 광고주에게 팔고, 광고주는 이곳에 자기 회사나 상품의 광고를 실음으로써 신문사 운영에 기여하고 있는 셈이다. 특히 광고는 독자에게 상품 및 행사에 관한 정보를 제공해 주는 역할 외에 신문 운영에 중요한 역할을 담당한다. 40면 내외의 신문이 싼값으로 독자에게 공급되는 것은 지면 대부분을 차지하는 광고가 있기에 가능하다(오택섭 외, 2003 : 106~112). 하지만 일부 중앙지와 경제지, 스포츠 신문, 지방지의 경우 뉴스 기사와 광고가 교묘하게 혼재되어 있어 독자들이 기사와 광고를 구분하지 못하고 광고를 기사인 줄 알고 읽는 경향이 있다. 예를 들어 주택 분양 관련 기사의 하단에 아파트 광고나 특정 건설업체의 광고가 나갈 경우는 자연스럽게 기사와 연결될 수 있고, 봄철 유행하는 의상이나 소품에 관한 문화면의 기사 다음에 유명 백화점의 봄철 정기 세일에 관한 광고가 나갈 경우 그 효과가 배가될 수도 있다. 일부 지방 신문이나 경제지의 경우는 특히 본문의 기사에 인용된 취재원 혹은 취재원과 관련된 특정 기업이 바로 광고를 내는 경우가 있어서, 광고와 기사의 특성을 잘 구분하지 못하는 독자에게는 신문의 상업성이 그대로 영향을 미칠 수 있다.

신문은 정부를 비롯해 사회의 주요 조직과 환경을 감시하고, 국내외 정치, 경제, 사회, 문화와 관련된 다양한 이슈들과 영향력 있는 인물들의 동정을 알림으로써 환경 감시 기능과 정보 제공 기능

을 수행한다. 대중 언론 매체이자 사회의 공적 기구인 신문은 온 국
민의 이익과 관심사를 대변할 수 있어야 한다. 신문의 기능을 살펴
보면, 크게 환경 감시 기능과 정보 제공 기능, 사회 통합과 여론 조
성 기능, 문화 전수 기능과 오락 기능, 그리고 광고 기능 등이 있다.

　　환경 감시 기능은 사회 제반 분야의 뉴스 취재를 통해 주변에
서 일어나는 사건이나 상황을 공정하고 객관적으로 보도함으로써
정치, 경제, 사회, 문화적 환경을 조정하며 감시하는 기능을 한다.
즉 신문은 사회 각 분야의 활동을 국민에게 알림으로써 사회질서를
유지하고, 부당함을 고발하며, 정치적 부정부패나 경제적 이익의
불균형 및 자원 장비들을 감시하고, 새로운 질서를 형성하는 데 기
여한다. 이에 비해 정보 제공 기능은 우리의 의식주와 관련된 정보
에서부터 정치, 경제, 전쟁, 홍수, 화재, 질병 등에 관한 다양한 소
식을 독자에게 전달하는 기능이다.

　　신문의 사회 통합 기능과 여론 조성 기능은 국론이 분열되었
거나 사회적 혼란이 야기되었을 때 사회 하부 체계 간의 매개체 역
할을 하면서 국민들 사이에 형성된 여론을 사회 전체에 전파하고,
이를 사회적으로 통합시키는 기능을 말한다. 신문의 여론 조성 기
능은 정부가 국민들의 요구를 반영하는 효율적인 정책을 수립할 수
있도록 여론 수렴을 통해 사회가 나아갈 방향을 제시해 주는 기능
이다. 그러나 이러한 기능은 특정 사회의 정치적 성숙도나 정부와
언론의 관계에 따라 그 파급효과가 달라질 수 있다. 신문은 국민에
게 정부의 정치 활동과 정책에 대한 정보를 공정하고 객관적이며
정확하게 제공함으로써 여론을 형성하여 정부가 국민들의 의견을
파악할 수 있게 하는 긍정적인 역할도 하지만, 언론이 정권과 밀착
하여 정부의 정책을 일방적으로 홍보하거나 정권 유지 차원에서 국
민의 여론을 특정 방향으로 몰고 가는 선전 · 선동의 도구로 악용될

수도 있다. 사회 통합 기능은 사회 중재 기능이라고도 하는데, 사회 각 분야의 문제점과 갈등 요인을 미리 발견하여 사회적 이슈가 되게 함으로써 이에 대한 해결책을 여론을 통해 마련하게 하는 중재 기능을 의미한다. 또한 신문은 각 계층 간의 불화나 불만 요소들을 완화시킬 수 있도록 보도의 방향을 설정함으로써 사회적 갈등을 해소하는 데 기여하기도 한다.

대중매체로서 신문은 새로운 문화를 소개하고, 전통문화를 포함한 사회적 유산을 한 세대에서 다음 세대로 전달하는 역할을 한다. 신문은 대중문화의 건전한 발전을 위해 사회 구성원과 하부 조직을 연결시켜 주고, 다양한 피처 기사나 칼럼을 통해 문화, 전통, 가치, 규범 등 사회적 문화유산을 지속시키는 문화적 기능을 수행한다. 오락 기능 역시 대중문화 및 문화산업과 연관되어 정보를 제공하는 기능인데 소설, 연예, 레저, 스포츠 등의 기사들로 독자에게 여흥거리나 즐거움을 제공하는 기능을 뜻한다. 마지막으로 신문의 광고 기능은 독자에게 새로운 상품을 소개하면서 구매에 필요한 정보를 제공해 주고, 기업에는 상품을 널리 알릴 수 있는 공간을 제공한다. 신문의 이러한 기능은 기업에는 판로를 열어 주고, 소비자에게는 좋은 상품을 구입할 수 있는 정보를 제공함으로써 산업 발전에 기여하는 역할도 한다. 이러한 신문의 일반적인 기능은 초창기 미디어 교육에서 언론이 제 기능을 다하고 있는지 감시하는 모니터 활동의 근거가 되었으며, 보호주의적 관점에서 언론의 역기능에 대한 판단 기준이 되기도 하였다.

한편 신문을 활용한 청소년 대상의 미디어 교육은 NIE(newspaper in education) 도입 및 확산 사례가 대표적이다. NIE는 '신문 활용 교육'으로, '신문을 교재 또는 보조 교재로 활용해 지적 성장을 도모하고 학습효과를 높이기 위한 교육'을 의미한다. NIE의 목적은 신문에 실린 정보를 활용해 교육효과를 높임으로써 궁극적으로는 건강한 사고능력과 교양을 갖춘 민주 시민을 양성하는 데 있다. 이를 위해 교사들은 학생들이 신문의 기능과 역할 및 제작과정을 개론적 수준에서 이해하여 바르고 정확한 정보를 취사선택하는 방법을 스스로 터득할 수 있도록 신문 리터러시 학습에 중점을 둔다. 1930년대 미국의 대표적 일간지인 『뉴욕 타임스』가 신문을 교실에 배포하면서 시작된 '신문 활용 교육(NIE)'은 이후 청소년의 문자기피 현상이 심화되고 학교 수업에 신문 활용의 중요성이 부각되자 1958년 미국신문발행인협회(ANPA)가 NIE의 전신인 NIC(newspaper in the classroom)를 주도하면서 본격적으로 확산되었다. 1976년 NIC는 NIE로 변경되었다. NIE는 학교뿐 아니라 병원, 감옥, 기업체 등 다른 기관의 학습 활동에서도 폭넓게 신문을 활용하던 캐나다일간신문발행인협회의 제안을 미국신문발행인협회가 그대로 받아들여 지금까지 통용되고 있는 것이다. 미국에서는 2004년에 모두 950여 개 신문사가 NIE를 실시함에 따라 현재까지 약 10만여 개 이상의 학교가 NIE를 실천하고 있다. 또 세계신문협회(WAN)의 조사에 따르면, 2002년 말 이후 세계적으로 52개국이 NIE를 도입했다. 한국에서는 1994년 5월 한국신문편집인협회가 교육부 장관 앞으로 서한을 보내 학교교육에 NIE를 도입할 것을 건의하면서 본격적으로 논의되기 시작했으며, 같은 해에 한국언론연구원이 고등학교 교사를 대상으로 NIE 연수를 하면서 주목을 받았다(www.naver.com). 1995년에 『중앙일보』가 신문사로는 최초로 NIE를 도입했고, 교육면에 '신문 활용 교육' 코너를 마련했으며, 1997년에는 '신문 활용 교육' 지면을 발행하였다.

　　NIE가 국내 교육 현장에 도입된 것은 2002년 개편된 중·고등학교 교과에 신문과 연계된 학습 내용이 대폭 반영되면서부터이다. 학습자 중심의 수준별 학습을 중시하는 제7차 교육과정에 정보화 시대에 맞는 교수-학습방법으로 'NIE 수업 실시'가 명시되면서 개편된 교과서에 신문 기사가 실리거나, 수행평가에 '신문 활용 교육'을 도입하는 학교들이 늘어나면서 창의적인 재량 학습과 특기ㆍ적성 수업이 급증한 것이다. 특히 2005년 대학 입시에서 논술의 중요성이 부각되면서 신문사들은 논술학원 사업에 적극적으로 진출하여 논술 사업과 '신문 활용 교육'을 연계시키려는 경향이 두드러졌다(이승훈, 2005). 2004년에는 10여 개의 신문사가 직ㆍ간접적으로 '신문 활용 교육'을 실천하거나 추진했지만, 국내 '신문 활용 교육' 기반은 언론사 몇 곳이 프로그램 공급을 거의 맡아 하는 실정이며, 아직까지는 그리 탄탄하지 못한 편이다.

국내 신문사 가운데 『중앙일보』가 NIE 활동에서 가장 독보적이라고 할 수 있다. 『중앙일보』의 NIE 사업을 살펴보면, 1997년 10월에 NIE 지면을 발행한 이후 현재까지 NIE 전문 팀을 가동해 주 1회 발행하고 있다. 또한 1995년부터 서울과 경기 지역의 초ㆍ중등학교 교사를 대상으로 NIE 연수를 시작했으며, 1996년부터는 학부모를 대상으로 연인원 7천 명에게 혜택이 가도록 연수 기회를 확대하였고, 2004년부터는 표준화된 NIE 커리큘럼을 개발해 전국의 교사와 학부모 연수 사업을 실시하였다. 아울러 『중앙일보』는 NIE 관련 교재 개발과 학술 활동을 전개해 나가면서 유아용, 초등학생용, 교사용 교재를 발간하였다. 또한 『중앙일보』는 국내 최초로 고등학교용 검인정 NIE 교과서 『신문 읽기 세상 읽기』(대한교과서)를 편찬하였다. 이 밖에도 NIE 관련 효과 측정 연구나 교사, 학부모를 대상으로 한 전국 'NIE 대축제'를 개최하고, NIE 홈페이지를 운영하면서 신문사와 학교를 연결시켜 주는 코디네이터 양성에도 힘쓰고 있다.

2005년 들어 대입 논술의 중요성이 부각되면서 국내 주요 신문

사들은 NIE와 논술학원을 결합시킨 사업 모델들을 운영하기 시작
했다. 『조선일보』를 비롯하여 『동아일보』, 『중앙일보』, 『매일경제』,
『한겨레신문』, 『한국경제신문』 등이 논술 관련 학원 사업을 운영하
고 있지만, 개별 언론사 단위로 추진하고 있는 교육 사업 및 NIE 사
업에는 자사 중심의 정치적 편향성이 교육 내용에 그대로 강조됨으
로써 미디어 교육의 본질적인 취지와는 맞지 않을 위험성도 있다.
즉 신문사마다 자사 및 자사의 기사에 대한 비판적 시선을 어느 정
도까지 수용할 수 있으며, 미디어의 내용을 바로 보고 비판함으로써
민주사회의 구성원으로서 건설적인 사고력을 키우고자 하는 미디
어 교육의 본래 취지를 어느 정도나 담고 있는지 의문의 여지가 있
다. 더 나아가 사교육 문제가 심각해지고 있는 교육 현실에서 언론
사들이 사교육을 확산시키는 교육 불평등을 더욱 조장하는 것은 아
닌지, 또한 수익 사업으로 확대되고 있는 언론사들의 '신문 활용 교
육' 실태를 공교육과 어떻게 연계시켜야 하는지에 대한 문제점들이
제기되고 있다(이승훈, 2005). NIE가 본래의 취지와 목적을 달성하려
면 신문사와 학교 등 교육 주체 사이의 교육적 협력관계가 꼭 필요
하다. 특히 신문에는 매일 다양한 분야의 새로운 정보가 실리므로
교육 현장에서 이를 잘 활용하면 유익하고 실용적인 학습이 가능하
다는 것이 교육 전문가들의 일반적인 견해이다(www.naver.com).
NIE는 이러한 신문의 특성을 교육에 반영해 지적 성장을 꾀하고 학
습효과를 높이는 미디어 교육방법으로서 초·중·고등학교에서 관
련 교과목뿐만 아니라 특별활동에서도 광범위하게 활용되고 있다.
    '신문 활용 교육'의 교육방법을 정리해 보면, 크게 신문의 구
성 요소인 기사를 활용하는 방법과 사진을 활용하는 방법, 시사 만
화를 활용하는 방법, 광고를 활용하는 방법, 그리고 신문의 형식 자
체를 활용하는 방법 등이 있다. 초·중·고등학생들의 지적 수준이

나 학습 목표에 따라 NIE 교육 내용이나 방법은 달라야 하지만, 여기서 가장 주된 방법은 정보가 가장 많이 들어 있는 기사를 활용하는 것이라고 할 수 있다. 고등학생을 대상으로 '신문 활용 교육'을 실시한 한 사례 연구에서는 사회·문화 교과목 수업시간 중 1시간씩을 NIE에 할애함으로써 세계의 의미 있는 장소와 사건들 속에서 세계 역사를 이해하고, 통합교과적인 접근을 통해서 다학제 간(inter-disciplinary) 소양을 지니게 하였다. 또한 세계 속에서 현재 일어나고 있는 역사를 이해시킴으로써 우리의 좌표를 가늠하게 하는 학습 목표를 설정하였다. 이러한 목표를 바탕으로 신문 기사를 활용한 수업의 예로는 '역사 속에서 배우기'를 주제로 특정 신문에 실렸던 주요 기사들을 찾아 관련 내용에 대해 조사하고 발표하는 학습 활동을 하는 것이다. 이와 같은 교과목 관련 '신문 활용 교육' 활동을 통해 검증된 교육효과로는 여러 가지가 있겠으나 종합적인 사고 및 학습능력 향상과 독해 및 쓰기능력 향상, 창의력과 논리성, 비판력 증진, 문제 해결 및 의사 결정능력 배양, 그리고 민주 시민 의식의 고취 등을 들 수 있다.

신문 읽기와 관련된 또 다른 미디어 교육 사례는 고등학교 국어 교과목 수업시간에서 찾아볼 수 있다. 「정보의 조직과 활용」이라는 단원 속에 신문 읽기 학습 활동으로서 신문 기사의 사실과 의견을 구분한다거나 비판적인 태도로 기사를 분석하는 방법, 그리고 신문 기사를 검토해서 가치 있다고 판단되는 정보를 찾아 비교해 볼 수 있다. 또한 신문의 제목과 요약문, 본문의 역할을 알고 사진과 기사문의 역할을 이해하는 데 초점을 둠으로써 신문에 나타난 국어 사용 양상과 내용을 정확하고도 비판적으로 이해할 수 있는 능력을 기를 수 있다. 미디어 교육과 국어 교육은 언어를 바탕으로 읽고 쓰기를 통해 비판적 사고력과 창의력을 배양한다는 차원에서 유사한 부분이 많다. 바로 이러한 점 때문에 미디어 교육을 국어 교과목에 수용하는 나라들이 많은 것이다. 다매체 시대의 모든 매체는 기본적으로 자국의 언어를 통해 사상과 문화를 표현하고 있기 때문이다(최희윤, 2005). 그러나 우리나라의 경우 국정 국어 교과서에 수용된 미디어 교육 부분은 미디어 교육 틀을 바탕으로 수용된 것이 아니라, 국어 교과의 학습 목표를 실현하기 위한 도구로 미디어 텍스트가 이용되거나 학생들의 경험 확장 차원에서 미디어 텍스트를 해독하는 차원으로 수용되는 한계를 갖고 있다.

제6장
텔레비전과 미디어 교육

1. 텔레비전의 정의와 발전과정

2. 텔레비전의 특성

3. 텔레비전 프로그램의 종류

4. 텔레비전의 영향과 미디어 교육

1. 텔레비전의 정의와 발전과정

현대 사회에서 텔레비전은 대중매체로서 아직까지 확고한 위치를 차지하고 있다. 인터넷과 DMB를 비롯한 다양한 뉴미디어가 정보 매체로 등장했지만 우리 사회에서 텔레비전의 영향은 여전히 막강하다. 최근 들어 청소년을 비롯한 일부 젊은 층들은 텔레비전을 정보 매체로 이용하지 않는 경향도 있기는 하지만, 국민 대다수를 대상으로 했을 때 텔레비전은 가장 많이 이용되는 정보 매체이자 신뢰도 면에서도 신문과 인터넷을 능가하고 있다. 한국언론재단이 실시한 매체 이용 실태조사에 따르면, 실제로 이용시간 측면에서 우리나라 국민들은 하루 평균 2시간 이상을 TV 시청에 할애하고 있는 것으로 나타났다. 인터넷 이용시간이 늘어나면서 TV 시청시간이 조금씩 줄고 있기는 하지만, 여전히 TV는 국민 매체로서 전국 어디에서나 남녀노소를 불문하고 가장 많이 이용되는 매체이다. 하지만 많은 사람은 텔레비전이란 용어를 늘 사용하면서도 그 어원과 탄생 배경, 목적에 대해서는 잘 알지 못한다. 그 이유는 이미 출생과 함께 텔레비전을 경험하게 된 세대가 많기 때문이며, 그 이전 세대도 가전제품으로 이미 텔레비전을 수용하고 있어서 그 어원에 대해서는 별 관심이 없기 때문이다.

텔레비전(television)이란 무엇인가? 그 어원을 살펴보면, '멀다'를 의미하는 그리스어 'tele'와 '보다(vision)' 혹은 '구경하다(sight)'를 의미하는 라틴어 'visio'가 합성된 용어이다. 보통 TV로 축약되어 사용되기도 하는 텔레비전은 문자 그대로 일정 거리에 있는 사물이나 사건, 현상을 보는 것을 의미한다. 텔레비전의 이러한 정의는 그 기능을 함축하고 있기 때문에 텔레비전을 '세계의 창'으로 명명하는 학자들이 많다. 요컨대 '세계의 창'으로서 TV는 사람들에게 지구 반대편의 나라에서 일어나는 다양한 일들을 생생한 화면을 통해 볼 수 있게 하며, 이것이 TV의 힘이기도 하다. 사전적 정의에서 텔레비전은 사물의 광학적인 상(像)을 전파에 실어 보내어 수신 장치, 즉 TV 수상기에 재현시키는 전기통신방식을 의미한다. 좀 더 쉽게 풀이한다면 텔레비전은 움직이는 화면과 소리를 전송하고 수용하며 재생산하는 것이다. 또한 이러한 모든 과정과 이를 받아 볼 수 있게 하는 수상기 자체를 텔레비전이라고 하기도 한다. 이러한 텔레비전은 소리(sounds)뿐만 아니라 그림(pictures)을 전자적으로 전송해서 재현한다는 점에서 라디오와 구별된다. 광의의 차원에서 텔레비전은 거리가 멀리 떨어져 있는 지점 간의 고정적인 이미지나 동적인 물체의 이미지를 전송하는 모든 텔레커뮤니케이션 시스템을 의미하며, 더 나아가 텔레비전 편성과 송출의 모든 국면을 지칭하기도 한다.

텔레비전의 탄생은 전기와 전신술, 사진술, 영화, 라디오 등 여러 복합적인 과학기술과 매체의 발명에서 비롯되었다. 특히 1880년 르 플랑(Le Plean)이 주사선의 원리를 발명하고, 1884년 독일의 과학자 닙코(Paul Nipkow)가 원판에 의한 주사법을 발명함으로써 텔레비전 기술이 탄생하게 된 것이다. 텔레비전의 기술은 영국뿐만 아니라 미국과 독일 등 세계 여러 나라에서 동시에 개발되었다. 그 무렵 전자식 텔레비전을 개발하던 회사는 미국의 웨스팅하우스, RCA(Radio Corporation of America), 벨 전화회사 등과 같은 세계적인 대기업들로서 텔레비전 수상기가 최초로 개발된 것은 1928년 GE(General Electronics)와 RCA사에 의해서였다. 이처럼 텔레비전은 수상기를 생산해 내고자 하는 기업들의 상업적 목적에 의해 탄생되었으며, 수상기 판매를 위해 뉴스 정보와 오락적 내용을 담는 동화상의 시청각 매체로 출발했던 것이다. 최초의 매일 방송은 영국의 BBC가 1936년 11월 2일에 주사선 405개의 방식과 240개의 방식을 병용해 실시한 것으로 기록되었고, 미국에서 최초의 텔레비전 방송은 RCA 사장 사노프(David Sarnoff)가 1939년 4월 30일 뉴욕 세계박람회 개최 때 실시한 개회식 중계방송으로 알려졌다. 미국 연방통신연맹(FCC)이 인가한 최초의 상업 텔레비전 방송은 1941년 1월 뉴욕의 WNBT(후에 WNBC) 방송으로서 초창기 텔레비전은 흑백이었으며, 거의 생방송으로 진행되거나 필름으로 처리되었다. 본격적인 컬러텔레비전 방송은 미국이 1954년, 영국과 프랑스 그리고 독일이 1967년에 실시한 것으로 간주되며, 일본은 1964년 도쿄 올림픽 때 최초로 통신위성을 이용해 전 세계에 컬러TV 방송을 실시하였다. 전 세계적인 방송기술의 발달은 전자기술을 바탕으로 최대한 전파를 증폭시켜서 무한대의 공간과 동시성을 확보한 디지털 방송 미디어로까지 발전되었다. 또한 각종 방송장비가 디지털화되면서 텔레비전 영상은 보다 선명해지고, 음향은 품질이 높아졌다. 더 나아가 다양한 제작기술의 발전으로 방송 제작 환경에 전반적인 변화가 생겼으며, 방송과 통신의 융합으로 TV와 컴퓨터 기능이 결합된 IP-TV 등 차세대 TV의 개발로 새로운 형태의 TV가 향후 어떤 기능을 수행할지 주목된다.

우리나라에서 텔레비전 방송이 시작된 것은 1956년 미국의 텔레비전 산업이 진출해 한국 RCA 보급 회사(KORCAD)를 만든 데서 그 기원을 찾을 수 있다. 1956년 최초의 텔레비전 방송국인 HLKZ-TV가 출력 0.1kW, 채널 9, 영상 주파수 186-192MHz로 방송을 시작했으나, 경영난으로 1년 만에 문을 닫았다. 이후 1959년 부산 문

화방송국이 개국하였고, 1961년 서울에 문화방송(MBC)과 서울 텔
레비전방송국(KBS)이, 1962년에는 동양텔레비전(TBC)이 각각 개국
함으로써 본격적인 텔레비전 방송 시대가 도래하였다. 국내 산업
성장과 함께 급격한 텔레비전 기술이 발달함에 따라 1970년대 후
반에 이르러 KBS는 한국방송공사로 발족하였고, 방송 센터가 여의
도에 자리를 잡았다. 방송 프로그램 제작량의 증가와 함께 국내 방
송사들은 컬러텔레비전에 대한 준비 작업에 착수했으며, 1980년대
들어 흑백텔레비전 시대는 막을 내리고 컬러텔레비전 시대를 맞이
하게 되었다. 컬러텔레비전 수상기의 보급과 함께 3개 방송국 간의
경쟁체제는 텔레비전 산업의 발전을 가져왔지만, 반면에 시청률 경
쟁에 따른 상업방송의 문제점들을 드러내게 되었다.

　　1980년 전두환 정권의 제5공화국 출범과 함께 언론 통제를 목
적으로 제정된 '언론기본법'은 기존의 방송구조를 상업방송에 의
한 경쟁체제에서 공영체제로 변화시켰다. 이에 따라 '언론기본법'
에 의해 TBC는 강제적으로 문을 닫게 되었으며, 이 채널은 KBS
2TV로 바뀌었다. 또한 MBC 방송사의 상당 부분 주식도 KBS가 인
수함으로써 공영방송체제를 유지하게 되었다. 1991년에는 서울과
수도권을 중심으로 한 민영방송사 SBS가 등장하였고, 이어 '지역
민영방송' 시대의 개막을 알리면서 부산, 광주, 대구, 대전 지역에
민영방송이 출범하였다. 1995년에는 뉴미디어의 도입정책에 따라
케이블 TV 방송이 시작되었으며, 1997년에는 인천, 울산, 전주, 청
주 등 2차 민영방송이 개국함으로써 전국 8개 지역에 민영방송 네
트워크를 구축하였다. 한편 1995년에는 무궁화 위성 1호 발사로 위
성방송 개발에 박차를 가하게 되었고, 1998년에 KBS와 EBS가 각각
두 개의 채널로 아날로그 위성방송을 실시하였다. 그러나 다매
체·다채널 시대로 접어들면서 한국 방송은 매체 간의 균형적 발전

이 주요 이슈가 되었으며, 특히 지상파 방송의 독과점구조가 문제로 부상하였다. 그런데도 2002년 디지털 위성방송(Skylife)이 출범하였고, 케이블 TV의 채널 등록제가 도입되었으며, 2003년 지상파 디지털 방송이 본격적으로 실시됨으로써 국내 방송 환경은 급격하게 변화하였다. 또한 방송의 디지털화와 방송·통신의 융합 때문에 매체 간 경쟁이 더욱 치열해졌으며, 2005년에 위성 DMB와 지상파 DMB 방송의 실시, 그리고 2006년의 IP-TV 시범 사업 실시로 시청자들은 더욱 분산되고 파편화될 전망이다.

2. 텔레비전의 특성

텔레비전의 목적은 보거나 듣는 인간의 능력을 공간적·거리적으로 확대시키는 데 있다. 실제로 커뮤니케이션 매체로서 등장한 텔레비전은 인간의 커뮤니케이션 능력을 시간 및 공간 차원에서 넓혀 주는 결과를 인류에게 가져다주었다. 다른 매체에 비해 시청자들이 텔레비전을 아직까지 많이 이용하는 이유는 그 고유한 매체적 특성에 기인한다. 현대 커뮤니케이션 매체에 대한 문화 연구를 집중적으로 수행했던 영국의 윌리엄스(Raymond Williams)는 텔레비전의 고유한 특성 가운데 '흐름(flow)'이라는 수사법을 강조한 바 있다. 텔레비전이 하나의 흐름이라는 것은 텔레비전 시청이라는 총체적인 경험 양식 속에 광고와 프로그램, 방송사 자체 홍보물 등 서로 연관성이 없는 텍스트들이 묶여 유동적인 전달방식을 취하는 것을 의미한다. 이러한 '흐름'이라는 개념은 각 방송사의 편성 표상에 잘 나타나 있다. 즉 텔레비전 방송 프로그램은 연속적인 시간적 단위를 바탕으로 편성이 정해지고, 수용자들은 텔레비전 시청을 통해 드라마에서부터 뉴스와 스포츠, 게임쇼, 다큐멘터리 등 다양한 장르를 경험할 수 있게 된다. 일단 텔레비전을 시청하게 되면 일정 시간 계속해서 보게 되는 것도 바로 이러한 '흐름'의 특성 때문이다. 또한 TV 시청자들은 이런 '흐름'을 통해서 즐거움과 아쉬움, 실패감, 감동 등을 경험하게 된다.

텔레비전의 또 다른 특성으로는 문화 매체로서 대중문화를 양산한다는 점이다. 텔레비전이 사회와 인간에게 미치는 영향에 대해 거브너는 일련의 문화 지표(cultural indicator) 연구를 통해서 텔레비전이 오늘날 미국 사회의 중심적인 문화적 주류를 형성시키는 문화적 무기(cultural arms)라고 규정한 바 있다. 그는 텔레비전이 사람들에게 사회적 현실 상황에 대한 기본 가정을 배양시킴으로써 특정 의견이나 태도에 영향을 주어 그들이 표준화된 역할과 행위를 하게끔 '사회화'시킨다고 주장하였다. 다시 말해 텔레비전은 기술적으로 만들어지고 매개된 메시지 체계로서 이미지 배양을 통해 시청자들이 세상을 이해하며 해석할 수 있는 공통의 방법, 즉 프로그램을 만들어 낸다는 것이다. 예를 들어 시청자들은 TV 뉴스 프로그램을 통해 세상에서 일어나는 정치, 경제, 사회, 문화와 관련된 주요 사건과 정보를 익히게 되고, 토론 프로그램을 통해서 사회의 주요 이슈에 대한 다양한 의견과 입장을 취하게 된다. 또한 시청자들은 음악과 공연, 책, 영화 등 대중문화와 관련된 정보 프로그램이나 예능·오락 버라이어티쇼 프로그램을 통해 최근의 대중문화 양식을 접하고 자신의 것으로 활용할 수 있다. 즉, TV 프로그램을 통해 일반인들은 다른 사람들이 어떤 분야의 문화상품에 관심이 있는지를 알게 되고, 음식과 패션, 건강, 레저 등과 관련된 다양한 문화 정보를 파악해 이를 간접적으로 향유하는 것이다.

텔레비전은 또한 대중들이 드라마 프로그램을 통해 종종 자신의 삶을 예행연습시킨다. 뿐만 아니라 뉴스 보도와 각종 생활 정보 프로그램을 통해 텔레비전은 다양한 현실을 묘사하고 사실을 전달함으로써 사회적 관습과 행동을 선정하여 텔레비전 고유의 권위와 전달방식으로 재구성해서 현실을 반영하는 특성을 갖고 있다. 텔레비전이 갖고 있는 다양한 특성과 사회·심리적 특성을 살펴보면, TV는 시청각 매체로서 사실성과 친밀성, 강한 호소력이 있으며, 전파를 이용하는 매체로서 동시성, 보편성, 일방향성을 갖고 있다. 먼저 시청각 매체로서의 텔레비전은 시각과 청각의 동시 수용능력을 요구하는 매체이다. 이러한 특성은 다른 매체에 비해 텔레비전이 영상과 음향을 통해 재현되는 현실을 수용자들에게 믿게 하는 강한 호소력과 설득력이 있음을 시사한다. 특히 동적인 영상과 클로즈업 기법 등은 텔레비전 방송이 갖는 강한 시각적 효과에 의해 정보의 신뢰성과 구체성을 높여 준다(설진아·오종환, 2002). TV에서 본 모든 것을 그대로 믿는 시청자 집단에는 어린이와 청소년 계층뿐만 아니라 일반 성인들도 상당수 포함된다.

한편 텔레비전 영상은 실제 있는 상황을 그대로 그려 내는 특성이 있다. 물론 드라마처럼 매 샷마다 장면을 정교하게 연출하는 프로그램 장르도 있지만, 보도와 다큐멘터리 프로그램 혹은 일반 교양 프로그램의 경우는 있는 그대로의 모습과 실상을 묘사해서 전달하는 사실성(factuality)에 바탕을 두고 있다. 이러한 사실성은 방송 미디어가 지닌 고유한 특성이기는 하지만, 라디오에 비해 텔레비전은 현실감(reality)이나 현장감(actuality)을 표현하는 기능이 훨씬 더 우수한 편이다. 예를 들어 축구 경기와 같은 스포츠 중계 장면 중 절묘한 골인 장면들은 TV가 라디오보다 훨씬 더 전달력이 뛰어나다. 즉, 현장감을 살린 생중계 장면이나 대형 사고 현장에서 텔

레비전 뉴스의 생중계만큼 강한 호소력을 지닌 매체는 없을 것이
다. 텔레비전은 또한 서사적인 구조에서도 이야기 구조를 갖고 구
어체를 사용하므로 친근감을 느끼게 하는 특성이 있다. 전달방식
과 시청 상황의 분위기 조성 면에서도 TV는 다른 매체에 비해 훨씬
더 강하게 어필한다. 예를 들어 대형 사고 현장에서 생중계를 할 때
나 불우이웃돕기 캠페인 등을 벌일 때, 텔레비전의 영상 전달효과
는 타 매체에 비해 친근감과 호소력이 훨씬 더 큰 편이다.

텔레비전은 또한 신문과는 달리 동 시간대에 동일한 프로그램
을 누구나 시청할 수 있게 한다. 방송 뉴스의 경우 〈KBS 뉴스 9〉는
남녀노소를 불문하고 전국의 시청자가 뉴스의 전개과정을 동시에
파악할 수 있는 시간적 동시성이 있다. 이러한 동시성은 전파의 동
시성에서 비롯되는 것이지만, 드라마의 경우는 심리적·사회적 동
시성도 갖고 있다. '심리적 동시성'이란 시청자들이 텔레비전 화면
에 재현되는 사실들을 현재 진행형으로 파악하는 것을 의미한다.
즉, 과거의 사건을 다루는 사극일지라도 시청자들은 이 사건들을
지금 일어나고 있는 사실들로 착각한다. 이러한 맥락에서 텔레비
전 드라마의 '사회적 동시성'도 텔레비전이 갖는 고유의 특성이라
고 할 수 있다. 이는 프로그램 내용에 관한 것으로, 텔레비전 드라
마의 내용과 시청자의 시대적 공유성이 강하면 강할수록 드라마의
호소력이 높은 경향이 있다. 예를 들어 〈대장금〉이 성공한 이유 중
의 하나는 웰빙 시대를 맞이해 음식에 대한 시청자들의 관심이 높
아지고, 또 궁중 요리에 대한 참신한 소재 역시 시대적으로 어필했
기 때문이다.

텔레비전의 내용은 어느 특정인이나 특정 기업의 이익을 위해
사용될 수 없다. 전파는 공공 자산이므로 방송은 공익성을 담보해
야 하는 공개적이고 공익적인 커뮤니케이션이기 때문이다. TV의 보

편성 역시 전 국민이 접근할 수 있는 미디어로서 전파가 미치는 지역은 전국에 이르며, 이러한 광범위한 전달 영역과 최대 다수의 시청자 확보는 TV가 갖는 고유한 특성이다. 또한 텔레비전의 보편성은 국가 차원에서 국민적 합의점을 도출하거나 조성하는 데 크게 기여할 수 있다. 방송의 사회 통합 기능이 가능한 이유도 이러한 보편성에 기인한다. 하지만 이러한 보편성은 소수 의견을 경시하는 현상을 초래할 위험성도 갖고 있어 TV에서 다루지 않는 사회 분야나 소외 계층이 존재한다는 사실도 미디어 교육을 통해 알려야 한다.

인터넷과 비교해 텔레비전은 상당히 일방향적인 매체이다. 방송국인 송신자가 의도한 메시지를 수용자인 시청자가 원하든 원하지 않든 간에 정해진 방송시간에 일방향적으로 프로그램을 송출한다. 비록 디지털 방송이 실시되면서 방송사 사이트를 통해 VOD를 제공하고, 텔레비전도 양방향 커뮤니케이션이 어느 정도 기술적으로 가능해졌지만, 아직까지 텔레비전은 일방적인 매체라고 할 수 있다. 즉 방송의 메시지가 전파의 물리적 속성에 의해 수용자에게 일방적으로 전달되면, 수용자 입장에서는 즉각적인 반응이나 피드백(feedback)을 제작진에게 바로 전달할 수 없다. 물론 방송사 홈페이지나 프로그램 게시판을 통해 얼마든지 시청자가 의견을 개진할 수는 있지만, 수용자의 의견이 전체적으로 프로그램에 반영된다거나 내용이 즉각적으로 변경되는 양방향적인 커뮤니케이션은 현재의 텔레비전 시스템으로서는 기대하기 어렵다. IP-TV가 완전 상용화될 때까지는 텔레비전의 인터랙티브(interactive) 서비스에 대한 기술 개발이 더 요구된다고 할 수 있다.

3. 텔레비전 프로그램의 종류

텔레비전 프로그램이란 방송사가 의도한 목적을 위해 어떤 내용을 전파적 신호로 바꾸어 완성시킨 하나의, 또는 일련의 방송 항목을 총칭한다. 넓은 의미에서 방송 프로그램은 한 방송사 또는 특정 채널이 하루 낮이나 밤 시간 동안 방송으로 송출하기 위해 계획한 일련의 독립된 방송 항목을 집합적으로 가리킨다. 그러나 좁은 의미에서 방송 프로그램은 드라마, 뉴스, 코미디, 쇼, 다큐멘터리, 스포츠 프로그램처럼 그 자체로 완성된 방송 항목을 의미한다(설진아 · 오종환, 2002). 프로그램에는 대체로 한 방송사 또는 채널의 이념과 철학이 담겨 있거나 정책과 방향, 방침을 바탕으로 한 정보, 지식, 가치, 정서, 오락 등이 담겨 있다. 시청자들은 이러한 요소들을 경험하기 위해서 텔레비전을 시청하는 것이다. 하지만 방송사의 입장에서 프로그램이란 재원을 확보하기 위한 생산물이자 문화적 상품으로 이해될 수 있다. 즉 방송사는 재원인 광고를 확보하기 위해 프로그램을 제작하며, 광고주 입장에서는 프로그램을 고부가가치성 상품으로 간주할 수가 있다. 실제로 프로그램의 시청률과 질에 대한 평가는 광고 수입과 밀접하게 연관되어 있다고 해도 과언이 아니다.

텔레비전 프로그램 유형은 크게 영역과 장르, 포맷에 따라 세 가지 차원에서 살펴볼 수 있다(김성문, 1998). 먼저 프로그램 영역은 가장 넓은 개념으로서 보도, 교양, 오락으로 구분되며, 우리나라 방송법이 명시하고 있는 기능상의 프로그램 편성 분류 기준이기도 하다. 보도 프로그램 영역에는 종합 뉴스와 보도 기획, 뉴스쇼, 시사 매거진 프로그램 등이 있으며, 교양 영역에는 생활 정보 프로그램, 다큐멘터리, 토론, 교육, 어린이, 문화 프로그램 등의 장르가 있다.

다음으로 장르는 영역의 하위 개념으로서 프로그램 영역을 세분화한 개별 프로그램 형태를 가리킨다. TV에서 장르는 시청자들에게 프로그램에 대한 기본 정보를 주는 주요 수단이 될 수 있으며, 매체 비평가들에게는 광범위한 문화 텍스트로서 TV를 이해할 수 있는 분석 기준이 될 수 있다. 미디어 교육을 하는 데도 장르를 중심으로 프로그램의 특성과 영향을 교육하는 것이 필요하다. 프로그램의 포맷(format) 혹은 구성 형식은 가장 협의의 프로그램 분류 유형으로서 프로그램을 형성하고 있는 구성 요소 또는 형식의 개념을 의미한다. 광의의 포맷은 프로그램의 장르와 혼용되어 사용되기도 하고(예 : 드라마 형식, 다큐멘터리 형식 등), 방송 형태를 결정짓는 제작방식을 의미하기도 한다. 여기서는 텔레비전 프로그램의 기능상의 분류 기준인 보도, 교양, 오락 프로그램의 특성을 소개하고자 한다.

먼저 텔레비전 보도 프로그램은 방송사의 이미지를 결정할 정도로 중요한 역할을 한다. 보도 매체로서 텔레비전은 신문보다 시의성과 현장성이 더 강하며, 시청자들에게 생생한 현장 정보를 신속하게 전달할 수 있기 때문에 속보성 면에서 경쟁우위를 갖고 있다. 방송은 현재를 중시하는 매체로서, 방송 뉴스는 시간적인 제약이 있기 때문에 짧은 시간 내에 깊이 있는 설명보다는 사실 전달을 더 중시한다. 따라서 보도 내용의 심층성이 결여될 수밖에 없다. 텔레비전 뉴스의 한 아이템은 1분 20초 미만으로 제작되며, 리포트 뉴스가 아닌 경우에는 40여 초에 불과하다. 또한 시청각 매체로서 중요한 정보이지만 영상이 따라 주지 못하는 경우 그 기사는 중요하게 다루어지지 않는 경향도 있다. 이 외에도 텔레비전은 의인화의 특성을 지닌 매체이므로 모든 사건과 이슈를 사람 중심으로 풀어 간다. 특정 사안이 발생하면 정책이나 사건 자체보다는 관련 인물 혹은 그 문제의 핵심 인물을 등장시켜 인터뷰를 하는 것이 방송 뉴스의 특징이기도 하다. 미디어 교육은 이러한 방송 뉴스의 특징을 인식시키고, 어떤 것이 TV 뉴스로 보도되고 보도되지 않는지 게이트키핑(gatekeeping) 과정에 대해 이해시킬 필요가 있다.

교양 프로그램은 흔히 형식상으로는 다큐멘터리, 대담/토론 프로그램, 퀴즈 프로그램으로 분류되며, 주제에 따라 문화 예술 프로그램과 생활 정보 프로그램 등으로 분류된다. 현재 방송사에서 분류하는 교양 프로그램은 다큐멘터리 프로그램, 대담/토론 프로그램, 교육을 포함하는 생활 정보 프로그램, 문화 예술 프로그램, 어린이 프로그램 등으로 나눌 수 있다. 시청자에게 다양한 지식과 정보 제공을 목적으로 하는 교양 프로그램은 정서적인 부분에 호소해 감동을 자아내기도 하며, 방송의 공영성과 공익성을 가장 잘 살릴 수 있는 대표적인 프로그램 종류이다. 하지만 교양 프로그램이 제공하는 정보가 정확하지 않고 왜곡되어 있을 경우 사회적으로 파급효과가 크다. 예를 들어 의학 정보를 다루는 교양 프로그램이 제공한 건강 관련 정보가 사실이 아닐 경우, 이를 시청한 수용자들에게 실제로 큰 피해를 미칠 수도 있다. 또한 아침 생활 정보 프로그램에서 제공하는 의식주와 관련된 다양한 정보는 수용자들의 일상생활에 직·간접적으로 큰 영향을 미치기도 한다.

교양 프로그램이 주로 성인들에게 영향을 미친다면 드라마, 쇼, 코미디 같은 오락 프로그램은 청소년들에게 더 많은 영향을 줄 수 있다. 통상적으로 오락 프로그램에는 드라마를 비롯해 버라이어티 쇼, 시트콤, 코미디, 토크쇼, 퀴즈쇼, 만화·애니메이션, 가정

오락쇼, 영화/외화, 스포츠, 특별 이벤트 등이 포함되며, 오락을 더 중시한다는 점에서 교양 프로그램과는 분명히 차별된다. 오락 프로그램은 그 종류와 프로그램 수가 각 방송사마다 가장 많다. 시청자들의 흥미를 유발하고 재미를 추구하는 프로그램들은 모두 오락 프로그램에 속한다고 볼 수 있다. 물론 오락 제공은 대중매체의 주요 기능 중 하나이며, 우리에게 단순한 즐거움을 제공할 뿐만 아니라 사회체계를 유지하기 위해 국민 생활의 명랑화나 여가문화의 창출과 같은 순기능을 제공한다. 특히 복잡한 현대 생활 속에서 대중들은 자발적으로 TV 프로그램을 통해 일상의 스트레스를 해소하고, 생활의 활력을 찾을 수 있다. 텔레비전의 드라마나 쇼 프로그램이 청소년들에게 일탈을 꿈꾸게 하며, 학업에 지장을 주기도 하지만, 동시에 입시 교육에 지친 그들에게 연예인들이 많이 출연하는 오락 프로그램들은 감정이입을 통해 긴장과 스트레스를 해소시켜 주는 순기능도 한다. 특히 어린이들에게 TV 만화는 폭력성을 조장하기도 하지만, 휴식적 기능과 정서적 안정감을 줄 수 있으며, 상상력을 키워 줄 수도 있다. 이런 측면에서 텔레비전 오락 프로그램을 무조건 부정적으로 평가하기보다는 오락 프로그램의 장점과 문제점을 동시에 숙지시키고, 올바른 시청을 유도할 수 있게 하는 미디어 교육이 필요하다.

4. 텔레비전의 영향과 미디어 교육

학자들의 추산에 따르면 일본의 어린이들이 고등학교를 졸업할 때까지 학교 교실에서 보낸 총 시간은 1만 2천 시간인 데 비해,

텔레비전 시청에는 2만 2천 시간을 소요한다고 한다. 다시 말해 일본 어린이들은 매년 평균 980시간을 학교에서 보내는 반면에, 텔레비전 앞에서 보내는 시간은 1,340시간에 달하는 것이다. 더욱 충격적인 사실은 일본 NHK 방송국이 실시한 조사 결과에 따르면, 한 살 미만의 유아들도 하루에 1시간 4분 동안 텔레비전 앞에 앉아 있다는 것이다. 이러한 TV 시청 실태는 일본에만 해당되지는 않는다. 텔레비전이 주요 대중매체인 대부분의 국가에서 출생 후 곧 시작되는 텔레비전에 대한 노출시간은 나이가 들면서 점차 증가한다. 여러 나라의 통계자료에 따르면, 4세에서 8세까지의 어린이들은 하루 평균 2시간 이상, 주 평균 14시간 이상 동안 텔레비전을 시청한다고 한다. 우리나라 어린이들의 경우도 예외는 아니다. 그렇다면 성인들의 TV 시청에 비해 유독 어린이나 청소년들의 TV 시청을 우려하는 이유는 무엇인가? 그 이유는 어린이나 청소년들이 성인들에 비해 TV 내용에 담긴 의미를 충분히 파악하지 못하기 때문이다. 청소년의 인지적·심리적 발달 단계에서 장기간 텔레비전을 시청하게 되면, 마음속에서 현실과 환상을 혼동할 위험성이 있다. 즉 텔레비전은 일종의 '흐름'으로서 뉴스가 진행되다가 갑자기 상업광고가 나오는가 하면, 연속극이나 코미디 혹은 퀴즈 프로그램이 뒤따라 나온다. 이처럼 서로 상관성이 없는 텍스트들을 청소년들이 이해하고, 황홀하고 빠른 속도의 영상들 속에서 실제와 비실제의 수준을 완전히 알게 하기 위해서는 텔레비전을 제대로 보는 능력을 갖추게 해야 한다. 정상적인 성인들에게도 드라마나 뉴스가 간접적으로 영향을 미치는데, 사회적 경험이 부족한 청소년들은 더 말할 필요도 없다. 그들은 텔레비전이 제시하는 허구적인 내용에 몰입하거나 현실의 어려움을 도피하는 수단으로서 텔레비전을 이용할 수 있기 때문이다. 물론 텔레비전 시청이 학교 성적이나 학업 성

취에 직접적으로 큰 영향을 미치지 않는 것으로 나타났지만, 텔레비전 시청과 교과서를 읽고 이해하는 능력 사이에는 어느 정도 상관성이 있음을 부인할 수 없다.

텔레비전과 관련된 미디어 교육은 비록 보호주의적 관점이기는 하지만, 무엇보다 청소년들에게 직접적으로나 간접적으로 미칠 수 있는 영향에 대해 인식시키는 데서 출발해야 한다. 사회가 복잡해지고 동영상 매체가 늘어나면서 텔레비전이 청소년에게 미치는 영향은 잠재의식과 가치관 형성, 정체성 확립 차원에서 더 크다. 물과 공기처럼 매일같이 텔레비전과 다른 매체들을 접하고 지내는 청소년들에게 텔레비전은 이미 일상생활의 피할 수 없는 환경으로 자리 잡고 있다. 따라서 학부모들과 미디어 교육자들은 TV에서 쏟아져 나오는 각종 다양한 정보와 영상 이미지들이 무차별적으로 청소년들에게 스며들고 있음을 걱정해야 할 것이다. 특히 텔레비전 프로그램들이 청소년에게 미치는 폭력성과 성(性) 문제, 그리고 물질만능주의는 미디어 교육 내용에서 배제시킬 수 없는 요소들이다. 물론 이러한 문제들의 원인이 TV 프로그램에만 있는 것은 아니다. 그러나 앞서 언급했듯이 청소년들은 성인만큼 가치판단이 뚜렷하지 못하고, 허구적 세계에 대한 동경과 현실 도피의 성향이 있기 때문에 드라마나 쇼 프로그램에 더 몰입하기 쉽고 영향 받을 확률이 높다.

텔레비전과 폭력성에 관한 많은 연구들이 오래전부터 진행되었지만, 연구 결과는 아직까지 명확하지가 않다. 연구에 따라 TV 장면의 폭력성과 어린이의 폭력적인 행위가 상관성이 있다는 결과도 있었고, 이에 반대되는 연구 결과도 있어 아직까지 학자들 사이에는 의견이 분분하다. 어떤 사람들은 텔레비전 화면에서의 폭력 장면을 통해 폭력의 참혹한 결과를 절실히 느끼게 해 준다는 카타르시스 이론을 제기하기도 한다. 그러나 드라마에서 나타나는 폭력 장면은 분노나 질투심을 나타내기 위해, 또는 돈과 성적 만족을 얻기 위한 경우나 힘을 과시하기 위해서인 경우가 많다. 또한 텔레비전에서의 폭력이 모두 사실인 것처럼 시각적으로 묘사되면서도 막상 가해자의 죄책감은 잘 나타나지 않고 있다. 따라서 아직 윤리적 판단의식이 정립되지 못한 청소년들에게 자신의 만족을 위해서는 남을 폭력적으로 대할 수도 있다는 올바르지 못한 행태를 보여주는 것이다. 더 나아가 텔레비전의 폭력적 행동을 통한 시청자들의 대리만족감은 기회가 생길 때 유사한 폭력을 사용하는 것을 용이하게 만들 수 있다. 물론 프로그램 제작자가 의도적으로 프로그램 내용을 통해 사회 폭력을 조장하고, 누구나 쉽게 폭력을 사용하도록 권장하는 것은 아니다. 그러나 이러한 텔레비전의 폭력성은 은연중에 시청자들에게 폭력문화에 대한 내성을 갖게 하며, 청소년들에게 미화된 폭력 장면들을 모방하게 하는 부정적 결과를 초래할 수도 있다. 특히 각종 뉴스를 통한 살인 사건 보도나 연쇄 성폭력범 검거에 대한 뉴스가 연속적으로 보도되면서 이에 대한 청소년들의 사회적 불신이나 불안감이 높아질 수 있다.

　TV를 통한 성(性) 문제 역시 청소년들에게 심각한 영향을 주고 있다. 청소년들은 TV가 재현하는 남녀관계를 사실적인 것으로 받아들이며, 이를 현실세계에서 모방하기도 한다. 예를 들어 연예·오락 프로그램에서 제시된 각종 게임이나 이벤트들이 학생들 사이에서도 유행이 된 경우는 여러 사례가 있을 것이다. 이러한 모방행위는 코미디 프로그램을 통한 은어나 비속어를 따라 하는 것에 비해 훨씬 더 큰 문제점을 가지고 있다. 즉 성(sex)을 상품화시키거나 외모 지상주의로 출연자들을 비하시키는 오락 프로그램들을 통해 어린이들은 자연스럽게 외모 지상주의를 신봉하게 되며, 또래집단

내에 신체적 결함을 가진 친구들을 아무런 죄의식 없이 괴롭히는
행위를 배우는 것이다. 특히 일부 연예·오락 프로그램의 경우 남
녀 간의 애정과 육체적인 매력, 성적인 교감을 암시하는 장면을 게
임의 형식을 통해 보여 주기도 하며, 출연자를 외모로 평가하거나
비하하는 언행을 무분별하게 방송함으로써 남녀 간의 관계를 왜곡
되게 묘사하고 있다. 또한 남녀의 외모만을 지나치게 강조함으로
써 복합적이고 심오한 남녀관계를 지극히 단순화시킬 우려가 있
다. 드라마에서 제시되는 남성과 여성에 대한 스테레오타입 역시
청소년들에게 남녀의 역할에 대한 인식과 직업관, 정체성 형성에
장기적으로 부정적인 영향을 미칠 수 있다.

한편 TV 드라마 프로그램과 광고를 통한 물질만능의 소비주
의도 미디어 교육을 통해 인식시켜야 할 부정적인 영향 중 하나이
다. 특히 텔레비전 광고에는 화면 조작과 상품을 과대 포장하여 제
품의 이미지를 높이려는 의도가 숨어 있다. 화려한 영상과 탁월한
제작 기법으로 청소년들의 시선을 사로잡는 광고는 아무리 그 이미
지가 화려하더라도 본질적인 내용은 제품 선전에 있다. 특히 일부
광고의 경우는 프로그램처럼 드라마 기법을 이용해 유명 연예인을
등장시켜 연속적으로 드라마 광고를 방송하기도 한다. 이러한 광
고 유형은 제품에 대한 정보보다는 연예인의 이미지를 활용해 지위
와 권위, 행복, 안락함 등의 가치를 팔고 있는 것이다. 광고의 효과
는 수용자들이 광고에 지속적으로 노출되다 보면 제품명에 대한 인
지도가 높아지고, 긍정적인 이미지가 형성되어 궁극적으로 소비 욕
구를 충족시키기 위해 불필요한 제품마저도 구매하는 태도 변화가
나타나게 된다. 청소년을 대상으로 한 인기 스타들의 이동전화기
광고는 그 대표적인 사례라고 볼 수 있다. 따라서 미디어 교육자들
은 청소년들이 광고주가 사용하는 어휘 조작법에 쉽게 현혹되는 현

상을 일깨워 주어야 한다. 예를 들어 '미녀는 석류를 좋아해' 등등
의 표현은 청소년들에게 음료수와 인기 남자 배우의 이미지를 연결
시켜 제품을 광고하고 있는 것이다. 이런 경우 TV 광고의 목적을
잘 설명하고, 광고 내용 자체가 항상 사실이 아닐 수 있다는 점을
알려야 한다. 청소년들이 TV 광고에 가장 민감하게 반응하는 이유
는 이러한 청소년들의 심리를 이용해 기업들도 구매력을 가진 10
대를 대상으로 한 제품 마케팅과 TV 광고 제작에 심혈을 기울이고
있기 때문이다. 즉, 광고의 원리는 특정 제품을 구매함으로써 발생
가능한 현상과 문제 해결책, 가치 등을 제시하는 것이다. 예를 들어
어떤 브랜드의 아파트에 살면 안락과 행복이 보장된다든지, 어떤
차를 타는 것은 전문인으로서의 성공의 상징이며, 또 어떤 음료를
마시면 원기를 회복시켜 주고 고독감을 없애 준다든가 하는 광고들
이 대표적이다.

텔레비전을 통한 미디어 교육은 매체의 특성을 제대로 알려서
수용자가 올바르게 매체를 사용하게 하는 데 있다. 텔레비전은 앞
서 살펴보았듯이 여러 면에 걸쳐서 우리 생활에 유익한 정보와 오
락을 제공하며, 동시에 사회적으로나 개인적으로 큰 영향을 미치고
있다. 텔레비전은 인간 생활을 향상시키는 대단한 잠재력을 갖추
고 있는데, 그것은 커뮤니케이션 매체로서 텔레비전이 인간의 보고
듣는 커뮤니케이션 능력을 시간과 공간 차원에서 확대시켜 왔다는
점에 있다. 따라서 텔레비전 자체에 큰 문제가 있다기보다는 수용
자들이 그 특성을 제대로 파악하지 못하고 맹신하거나 무비판적으
로 수용하는 시청 행태에 문제가 있다. 텔레비전의 긍정적인 기능
은 무엇보다 '세상의 창'으로서 우리가 속한 지구나 특정 국가의
다양한 일들을 간접적으로 경험하게 하며, 뉴스나 정보 프로그램을
통해 지식의 폭을 확대시켜 주고, 다른 사람들과의 의사 전달을 확

장시켜 주는 데 있다. 또한 텔레비전은 오락 프로그램을 통해 복잡하고 피곤한 일상생활에 활력소를 제공하며, 아름다운 자연을 보여 줌으로써 휴식과 기쁨을 제공하고, 소외된 노인들이나 환자들의 무료함을 달래 주는 친구로서의 역할을 수행하기도 한다. 미디어 교육을 담당한 현장 교사들은 이와 같은 텔레비전의 긍정적인 역할을 수용자들이 인식할 수 있게 도와주고, 동시에 텔레비전이 그들에게 미치는 부정적인 영향도 직접 사례를 찾아볼 수 있도록 비판적인 안목을 길러 줘야 한다. 이를 통해 텔레비전 프로그램들이 제공하는 정보는 현실 그 자체가 아니라 송신자의 관점에서 선택된 하나의 견해에 지나지 않으며, 사실을 골라내기 위해서는 언제나 취재 과정에서 빠진 부분도 있고 정보가 가공되거나 재구성된 부분도 있다는 점을 수용자들은 인식할 수 있을 것이다. 즉 TV가 전하는 정보는 취사선택의 연속과정을 통해 자의적으로 재구성된 것이고, 특별한 의도가 없더라도 제작자의 사고와 가치판단이 항상 내재되어 있다는 점을 TV를 통한 미디어 교육에서 인식시켜야 한다. 특히 수용자들은 TV가 전하는 것 외에 다른 견해가 존재한다는 점을 이해하고, 미디어가 사회의 다양한 의견과 세계관을 반영할 수 있도록 비판적으로 매체를 수용해야 할 것이다. TV를 통한 미디어 교육의 핵심은 무엇보다 교육 대상자들이 TV가 내보내는 정보를 단순히 수용할 것이 아니라 의도를 가지고 구성되었다는 것을 적극적으로 해석할 수 있는 힘을 기르게 하는 데 있다. 즉 TV를 통한 미디어 교육이란 TV가 형성한 현실을 비판적으로 읽어 내면서 교육 대상인 청소년들이 이를 비판적으로 이해하는 것을 목표로 해야 할 것이다.

제 7 장

광고와 미디어 교육

1. 광고의 개념과 역사

2. 광고의 종류와 기능

3. 광고의 영향과 미디어 교육

1. 광고의 개념과 역사

광고의 사전적 정의를 살펴보면, 기업이나 개인 또는 단체가 상품과 서비스, 이념과 정책 등을 세상에 알려 소기의 목적을 거두기 위해 투자하는 정보 활동을 의미한다. 광고에는 문자나 그림, 음성 등 시청각 매체가 동원되기도 한다. 광고의 정의는 다양하지만 기본적으로 광고는 광고주가 누구인지 확인할 수 있으며, 기업이나 개인 혹은 비영리 단체가 여러 대중매체를 이용하여 유료로 내는 정보 제공의 커뮤니케이션 혹은 판촉 활동이라고 할 수 있다. 광고와 흔히 혼동해서 쓰는 PR(public relations)과 선전(propaganda)은 '유료'라는 측면과 주체가 '누구'인지 확인할 수 있다는 점에서 광고와 다르다. 흔히 TV에서 방송하는 광고를 보면서 '선전한다'라고 하는데, 이는 잘못된 용어 사용이다. 비록 선전이나 홍보, PR 등이 목표하는 바가 정보나 메시지를 대중에게 널리 알림으로써 송신자가 의도하는 바를 달성하는 설득 커뮤니케이션 행위이기는 하지만, 각각의 특성은 커뮤니케이션 행위 주체나 대상, 목적에서 분명한 차이가 존재한다.

광고가 상품이나 서비스의 유통뿐 아니라 각양각색의 정신적 · 문화적 교환 활동을 돕는 일들을 포함하는 포괄적인 의미를 지닌 커뮤니케이션 활동이라면, PR은 주로 기업이나 한 개인이 자신이 전달하고 싶은 메시지에 관하여 호감을 살 수 있도록 마케팅 촉진을 목적으로 하는 지속적인 홍보 활동을 지칭한다. 또한 PR은 비단 영리를 목적으로 하는 기업뿐만 아니라 정부나 사회에서 어떠한 조직의 대중 홍보 활동과 주주 및 자본가들의 사회 활동상을 알리는 일련의 행위들을 총칭하는 말이기도 하다. 최근에는 정부도 일반 기업처럼 전문 요원을 구성해 국민에게 국가기관에 대한 신뢰와 관심을 갖도록 유도하고, 긍정적 이미지를 만들기 위해 PR 활동을 펴고 있다. 광고에 비해 홍보(publicity)는 기업의 상품이나 서비스에 대한 정보를 뉴스화하여 대중매체를 통해 기사화하는 활동을 말한다(최경숙, 2006). 홍보는 기사화하는 지면이나 시간에 대한 대가를 지불하지 않는다는 점에서 광고와는 다르다. 또한 대중매체가 뉴스 가치가 높은 기사를 취재하려고 할 때 기업이 특정 행사나 상품에 대한 정보를 제공함으로써 간접적인 광고를 할 수 있지만, 기사 자체는 홍보성 기사가 되는 것이므로 광고란이 아닌 일반 기사를 싣는 지면에서 다루어지게 된다. 광고와 홍보와는 달리 선전은 정보나 의견의 유포를 통해 사람들을 특정 방향으로 이끌고 설득하기 위한 커뮤니케이션 활동으로서 정치적 목적이 담긴 커뮤니케이션 형태이다. 선전은 특히 개인이나 특정 단체가 목적을 달성하기 위해 사실을 왜곡하거나 은폐하여 허위 정보를 유포하는 흑색선전일 경우가 종종 있다. 즉 광고가 주로 상업적인 목적에서 상품이나 서비스 유통을 강조하는 설득 커뮤니케이션이라면, 선전은 이데올로기가 담긴 정보나 의견의 확산을 목적으로 하는 다른 커뮤니케이션 양식이다.

현대적 의미의 광고가 등장한 것은 인쇄술이 발달한 17세기의 대중매체에서 처음으로 그 형태를 찾아볼 수 있다. 광고를 시대별로 명확히 구분하기는 어렵지만, 크게 고대 광고, 근대 광고, 현대 광고의 세 가지 유형으로 구분해 그 특성을 엿볼 수 있다(김광수, 1999). 먼저 고대의 광고 현상은 고대 이집트의 유적에서 발견된 "도망간 노예를 찾아 주면 사례금 지급" 이라는 파피루스로 만들어진 포스터와 같이 분실 광고에서 그 유래를 찾아볼 수 있다. 또한 기원전 3000년에 제작된 것으로 보이는 바빌론의 진흙판에는 연고 취급상과 신발 제조업자에 관한 내용이 적혀 있는데, 이는 판매자와 구매자가 원시적인 방법으로 의사소통하였음을 추측할 수 있다. 이 시기에는 진흙판이나 고지원(마을의 공고 사항을 길거리에서 외치는 사람), 선술집 간판 등이 상품과 서비스를 알리는 주요 광고 매체였다. 이후 근대 광고가 시작된 것은 1700년대 중엽부터이다. 18세기 말 인쇄술의 발달은 매스 커뮤니케이션을 탄생시켰고, 산업혁명이 사회 변혁의 원동력이 되면서 근대적 의미의 광고가 발달하기 시작하였다. 초기에 인쇄된 광고물은 포스터, 전단, 신문 등에 게재되었고, 인쇄업자는 책을 출판하면서 여분의 페이지를 이용하여 다른 신간 서적을 광고하였다. 그 후에는 아라비아에서 전래된 진기한 음료인 커피를 광고하는 데 여분의 페이지를 사용하기에 이르렀다. 대중 언론 매체인 신문이 발달하면서 광고는 더욱 발전하게 되었는데, 상인들은 상품이 새로 들어왔다는 내용의 '공고광고'를 신문에 게재하였다. 초기의 신문 광고는 공급되는 상품이 부족해서 단지 그런 상품이 있다고만 소개해도 사람들이 모여들었기 때문에 판매 제품이나 가격에 관한 내용은 거의 담지 않았다. 인쇄 시대의 광고 메시지는 단순했고, 또 정보 전달이 주된 목적이었으며, 이러한 상황은 1700년대 중반까지 이어졌다. 그러다가 산업혁명 시대인 1839년에 소개된 사진술은 광고의 신뢰도와 창의성을 제고하는 데 큰 역할을 하였다. 1800년대 중반에는 잡지 광고가 대량 소비를 자극하기 위해 주로 이용되었고, 전신과 전화, 영화 등과 같은 새로운 매체가 등장하였으며, 광고 대행사도 선보이기 시작했다. 이처럼 다양한 대중매체의 출현은 광고의 영역을 넓히는 토대가 되었으며, 매스 커뮤니케이션이 산업으로 자리 잡을 수 있게 하는 동력이 되었다.

한편 현대에 이르러서 광고는 각 국가의 경제제도 및 발전 상황에 따라 다르게 전개되었다. 선진국들이 속해 있는 제1세계 국가에서는 경쟁적인 시장 기능이 광고에 달려 있다는 점이 인식되면서 저렴한 소비재 공급이 이루어지는 데 광고가 기여하였다. 1950년대에 들어서는 TV를 통해 중산층 대상의 광고가 주류를 이루고 브랜드가 성행하게 되었다. 다음으로 옛 소련과 동구, 중국 등의 제2세계에서는 광고가 선전과 사회 통합의 도구로 이용되었다. 광고는 사회주의 유통구조에 기초할 뿐만 아니라, 유통비는 상품 가치에 포함되지 않는다는 마르크스의 주장이 광고에 대한 철학을 뒷받침하였다. 제3세계 국가에서는 주로 외국의 수입업자들이 현대 초기의 광고를 전개했는데, 의약품과 담배 같은 상품이 주류를 이루었다. 제3세계의 광고 대행사 설립에는 미국을 비롯한 선진 국가의 영향력이 컸다. 1940년대 이래로 광고업계는 세분화된 목표 시장을 발견하고 적합한 메시지를 준비하고 도달시키는 광고기술을 방법론적으로 개선하는 데 주력했으며, 커뮤니케이션 기술이 광고 캠페인을 돕는 시기라고 할 수 있다. 제2차 세계대전 이후에 많은 제3세계 국가들이 독립하면서 소비재를 위한 세계 시장은 급속도로 확장되어 갔다. 이에 따라 다국적 기업의 경쟁이 서로 치열해졌으며, 이들에게 보다 효과적인 서비스를 제공하기 위한 다국적 광고회사도 크게 발전하였다(김광수, 1999 : 29∼35).

2. 광고의 종류와 기능

광고의 종류와 형식은 다양하다. 일반적인 분류 기준에는 광고 주체, 메시지의 내용 및 형태, 사용 매체, 광고가 노출되는 지역, 광고의 목표, 목표 시장(target market) 등이 있다. 이들을 구체적으로 살펴보면 〔표 7-1〕과 같다. 미디어 교육과 관련해서는 누가 어느 매체를 이용해서 특정한 목적을 달성하고자 광고를 하는가를 인식시켜야 한다.

광고 매체 중 청소년들에게 가장 친숙한 TV 광고는 대부분이 상품광고로서 그 내용에 따라 전시광고(display advertising)와 이미지 광고(image advertising)로 구별된다. 제품의 특성에 따라 광고의 초점을 이미지 홍보에 두었을 경우 이미지 광고가 되고, 정보 제공에 초점을 두었을 경우에는 전시광고가 된다. 일반적으로 경제가 어려울수록 상품 판매를 위한 판촉 광고가 우세하고, 여유가 있을수록 이미지 광고가 많다고 한다(최경숙, 2006 : 184). 이미지 광고는 경쟁 제품의 광고들 사이에서 두드러져야 하므로 상품에 특별한 분위기나 가치를 부여하는데, 이러한 이미지는 소비자가 특정 상표에 대한 심리적 반응을 일으켜 제품에 대한 신뢰를 갖게 한다. 즉 상품 광고는 제품 자체를 알리는 목적을 갖고 일정 기간에 반복적인 영상과 음성 메시지를 전달함으로써 소비자들에게 상품에 대한 정보를 알게 하고, 제품에 대한 전적인 신뢰를 갖게 하여 궁극적으로 상품을 구매하는 데 영향을 주는 것을 목적으로 한다. 이러한 목적을 위해 광고는 여러 가지 기법을 통해 설득적 메시지를 감성적으로

〔표 7-1〕광고의 분류

분류 기준	분류	설명
광고 주체	상업적 광고	생산자, 도매상, 소매상이 광고주인 광고
	비상업적 광고	종교 집단, 정치 집단, 노조, 정부, 학교 등이 광고주인 광고
이용 매체	인쇄 광고	신문, 잡지에 게재된 광고
	방송 광고	텔레비전, 라디오로 전달되는 광고
	옥외 광고	야외(포스터, 간판)와 이동(버스, 지하철) 광고
	기타 매체의 광고	케이블 TV, 직접 우편(DM), 전화번호부 등의 광고
지역	지역 광고	해당 동네 혹은 해당 도시에만 하는 광고
	권역 광고	여러 해당 지역을 포괄하는 광고
	전국 광고	해당 국가의 상당 지역을 포괄하는 광고
	국제 광고	해당 국가의 국경선을 넘어 외국을 포함하는 광고
광고 목표	상품광고	상품이나 서비스 판매를 목표로 하는 광고
	기업 이미지 광고	비상품광고의 대표적 유형으로서 기업 자체를 광고
	의견광고	사회적으로 논란이 되는 이슈에 영향력을 행사하는 광고
	공익광고	사회적으로 대의명분이 있는 내용을 광고
	전반적 수요 광고	한 상품 범주의 수요 촉진을 목표로 하는 광고
	선택적 수요 광고	특정 브랜드의 수요 촉진을 목표로 하는 광고
목표 시장	소비자 광고	개인 소비자나 가정을 대상으로 전개되는 광고
	비즈니스 광고	사업적인 이유로 상품을 구매하는 사람을 대상으로 하는 광고
	산업광고	기업에 판매하기 위해 구매하는 사람을 대상으로 하는 광고
	유통점 광고	소비자에게 판매하기 위해 구매하는 도매상 또는 소매상 등 중간 상인을 대상으로 하는 광고
	전문직 광고	의사, 변호사와 같이 전문 직종의 면허를 취득한 사람을 대상으로 하는 광고

출처 : 김광수, 「광고학」, 한나래, 2000, pp. 19~20에서 일부 내용 변형.

표현하는 데 주력한다. 특히 기업광고는 제품을 위한 전시광고뿐만 아니라 이미지 광고에 많은 비용을 투자하는데, 이는 기업의 이미지와 사업 자체에 관한 정보를 널리 홍보하여 대중에게 특정 기업에 대해 호의적인 태도를 갖게 하는 데 목적이 있다.

　광고의 제작 기법으로는 소비자의 이성적인 판단에 호소하는 직설적인 메시지 전달방식이나 다른 제품과 차별화되는 장점을 보여 줌으로써 소비자가 확신을 갖게 하는 전략, 제품이 갖는 가치에 대해 타 상품과의 차별화를 강조하는 전략, 경쟁사 제품과 비교해 경쟁우위를 증명하는 비교 형식, 유머 형식, 문제 해결식, 일상생활의 단편을 소재로 한 삶의 단편 형식, 인기가 높은 연예인이나 사회 저명인사, 전문가 등을 등장시켜 상품을 소개하는 대변인 형식 등이 있다(최경숙, 2006). 이 밖에도 새로운 광고 형식들이 등장하고 있는데, 신문의 기사 같은 광고와 텔레비전의 프로그램 같은 광고 등이 그것들이다. 예를 들어 신문에 광고가 범람하면서 다른 광고와의 차별화를 위해 기사 같은 형식을 취함으로써 기사인지 광고인지 구별되지 않는 점을 이용하는 전략이다. 신문의 경우에는 광고와 사설의 합성어인 애드버토리얼(advertorial)이 대표적인 예인데, 신문 사설 같은 광고를 뜻한다. TV 광고의 경우도 인포머셜(informercial)은 새로운 형태의 광고라고 할 수 있다. 즉, 인포머셜은 정보(information)와 TV 광고(commercial)의 합성어로서 30초 이내에 짧게 이루어지는 일반 TV 광고와 달리 10분, 20분, 30분 단위로 상품을 집중적으로 광고하는 방식이다. 드라마, 토크쇼 형식이나 질의 및 응답(Q & A) 등의 형식으로 상품을 설명하고, 기능이나 사용자의 경험담 등을 소개한다. 시청률이 낮은 심야시간대나 이른 아침시간대를 이용하기 때문에 적은 비용으로 긴 시간 동안 광고효과를 거둘 수 있다. 1986년에 미국의 내셔널미디어사(社)가 처음으로 도입했으며, 우리나라의 광고업계도 1995년 케이블 TV의 도입 이후부터 이러한 광고가 방송되고 있다.

한편 설득 커뮤니케이션으로서 광고는 그 자체로 여러 가지 기능을 갖고 있다. 특히 광고는 의도한 메시지를 대중매체를 통해 소비자와 지속적으로 커뮤니케이션한다는 점에서 기업들의 마케팅을 위한 도구로 기능하고 있다. 마케팅 전략이 소비자의 욕구와 필요를 파악하여 소비자가 원하는 상품을 개발하고 가격을 결정해서 원하는 장소에 상품을 유통시키듯이, 광고는 이러한 마케팅 활동에서 상품에 대한 정보와 구매 욕구를 창출시키는 역할을 한다. 광고의 마케팅 도구로서의 기능 외에 주요 기능은 정보 제공 기능, 수요 자극 기능, 설득 기능, 교육 기능, 오락 기능 그리고 사회(공공) 복지 기능 등이 있다. 먼저 광고의 정보 제공 기능은 특정 상품에 대한 전반적인 특성과 가격, 구매 장소 및 판매 업소의 주소, 전화번호 등의 기본 정보를 예상 고객에게 제공하는 것이다. 광고가 소비자에게 이러한 정보를 제공함으로써 고객의 구매 노력을 덜게 해 준다. 수요 자극 기능은 상품에 대한 필요성이나 구매에 대한 욕구를 창출시키는 기능이다. 이러한 수요 자극 기능은 기본적으로 광고의 설득적 기능에 의존한다. 즉, 광고를 통해 구매 의사가 없던 고객의 구매 의욕을 자극하고, 망설이고 있는 고객이 구매 결정을 내리도록 제품의 신뢰감을 창출하므로 잘 설득된 광고는 중요한 역할을 수행하고 있다. 특히 오늘날과 같이 충동구매가 보편화되어 있는 상황에서 광고의 설득 기능은 더욱 중요한 요소이다. 다음으로 광고의 교육 기능은 계몽적이고 교육적인 광고를 통해 소비자 의식을 높이고, 소비자 주권을 자각시킴으로써 소비자 기능의 정당한 행사를 도울 수 있다. 잘 계획된 광고 활동은 상품에 대한 지식과 구매방법, 효율적인 사용법 등을 가르쳐 주는 소비자 교육 기능

을 수행한다. 이러한 교육과정을 통해서 고객의 생활 수준이 향상
되도록 동기를 부여할 수 있으며, 잘살려는 욕망을 충족시킬 수 있
게 되는 것이다. 또한 소비자가 구매행위를 할 때 현명한 의사 결정
을 하게 하는 것이 기업의 장기적 유지·존속을 위해 중요하다. 광
고의 사회(공공)복지 기능이란 기업이 사회의 공적 기관으로서 사
회적 책임을 완수하는 것은 물론, 사회에 일정 부분의 이익을 환원
하는 차원에서 사회복지 내지 공공복지의 향상에 기여하는 공익적
광고를 수행할 수 있다(박효식·양영종, 1997).

　　이상으로 살펴본 광고의 기능들은 경우에 따라 역기능으로 작
용하기도 한다. 상품에 대한 정보 제공 기능과 수요 자극 기능은 방
송과 신문, 인터넷을 포함한 중복된 광고에 의해 충동구매 욕구를
부추기고, 불필요한 상품을 구입하도록 설득하여 소비자들의 합리
적인 소비 활동을 저해한다. 또한 반복적이고 감성적인 광고 메시
지로 소비자들에게 특정한 상품에 대한 브랜드를 선호하게 하고
선택하게 하기 때문에 필요 이상의 제품 구매나 과소비를 조장하
기도 한다. 더 나아가 제품의 내용보다는 광고로 차별화를 도모해
제품 가격을 상승시키는 요인으로 작용하기도 한다. 더 심각한 광
고의 역기능은 소비주의 조장과 물질만능주의의 확산에 기여한다
는 사실이다. 광고는 상품의 판매뿐만 아니라 제품과 함께 행복과
부, 명예, 자존심, 사회적 지위와 같은 가치를 부여하므로 구매력이
없는 사람들에게 상대적으로 박탈감을 주며, 상품의 소유 여부로
인격과 결부시키는 잘못된 사회·문화적 코드를 양산할 수 있다.
특히 왜곡된 직업관이나 남녀의 역할에 대한 선입견 등이 광고 형
식으로 전달됨으로써 반사회적이고 반윤리적인 충격적 메시지를
전달하기도 한다. 이러한 광고의 역기능들은 특정 집단에 대한 고
정관념을 창출하거나 성(sex)의 상품화와 같이 청소년과 어린이들

의 정체성 및 인격 형성에 좋지 않은 영향을 미칠 수 있다. 특히 대부분의 TV 시청자들은 이성적으로는 TV 광고의 문제점을 잘 이해하고 있지만, 특정 광고에 연속해서 반복적으로 노출되다 보면 자신도 모르게 무의식적으로 특정 상품에 대해 친숙해지고 신뢰감을 갖게 되어 구매행위로까지 연결되는 경우를 종종 경험하게 된다. 이것이 광고의 가장 큰 효과이다. 소비자들은 장기적으로 광고에 노출되었을 때 광고가 전하는 메시지를 무의식적으로 수용하게 되어 광고의 인물과 동일시하는 감정을 갖게 됨으로써 다른 제품보다 더 친숙하고 긍정적인 태도를 형성하게 된다. 이런 점에서 미디어 교육은 광고가 개인적으로나 사회적으로 미치는 영향에 대해 비판적이고 분석적인 관점에서 접근해야 하며, 청소년들이 일상적으로 접하는 광고의 종류나 내용, 효과에 대한 이해를 높여 주어야 할 것이다.

3. 광고의 영향과 미디어 교육

현대인들은 많은 광고에 노출되어 있기 때문에 광고가 무엇인가에 대해서 어느 정도는 직접 경험을 통해 알고 있다. 그만큼 광고는 우리의 일상생활에서 떼어 놓을 수 없을 정도로 대중매체나 주변 환경에서 너무도 쉽게 찾아볼 수 있다. 주변을 둘러보면 우리는 길거리의 옥외 광고에서부터 공중에 띄워 놓은 애드벌룬, 건물의 입간판, 신문, 쓰레기통, 잡지, 우편물, 버스나 택시, 지하철과 극장 등에 이르기까지 넘쳐나는 광고를 접하면서 살고 있다. 실제로 인터넷을 비롯하여 정보의 홍수 중 그 절반을 광고가 차지하고 있다고 해도 과언이 아닐 것이다. 광고 중에는 유익한 광고도 많은 편이다. 이러한 광고는 우리의 소비생활을 풍부하고 윤택하게 함과 동시에 소비 수준을 향상시키는 계기가 된다. 즉 기업은 광고를 통해서 소비자들에게 신제품을 알리고, 그것을 언제, 어디서, 얼마를 가지고 구입할 수 있는가 하는 정보를 제공하며, 소비자는 광고를 통해서 제품에 대한 지식이나 각종 생활 정보를 얻게 된다. 흔히 광고는 영리기관에서만 하는 것으로 생각되기 쉬우나, 오늘날은 많은 비영리기관에서도 광고를 하고 있다. 그러한 비영리기관의 범주에는 정부 단체나 협동조합, 각종 기관, 대학, 오페라 단체, 공공 보건 기관, 지방자치 단체 등이 포함된다. 일반적으로 광고는 광고자의 입장에서 어떤 사실을 널리 알린다는 고지적인 성격을 갖지만, 때로는 좋지 않는 영향을 미치는 광고들 때문에 윤리 문제와 사회적 책임이 강조되기도 한다(박효식 · 양영종, 1997 : 22~23).

미디어 교육과 관련해 알아 두어야 할 광고의 유형으로는 인쇄 매체 광고, TV와 라디오 광고, 인터넷 광고를 들 수 있다. 이 중에서도 특히 텔레비전 광고와 인터넷 광고의 경우 청소년들이 가장 많은 영향을 받고 있으므로 광고에 대한 미디어 리터러시 교육이 필요하다. 텔레비전과 라디오의 광고는 동작과 소리를 실제와 똑같이 재현해 낼 수 있으므로 시청자의 마음에 직접 호소할 수 있는 장점이 있다. 그뿐만 아니라 텔레비전은 제품을 보여 줄 수 있으므로 음악과 대사를 이용하여 몇 초 안에 시청자들을 감동시킬 수 있다(양영종 · 강승구, 2006). 이러한 점들이 텔레비전 광고의 장점이다. 텔레비전 광고는 또한 다양한 구성 형식과 제작 기법을 통해서 소비자들에게 구매 동기를 부여하거나, 제품이나 서비스에 대한 태도에 영향을 준다. 특히 최근의 텔레비전 광고 유형 중 생활 속의 문제 해결방식의 구성(예 : 음료 광고, 주류 광고)은 문자 그대로 일상생활의 단면을 이야기하듯 담담하게 보여 주는 방식으로, 시청자들에게 많은 공감을 얻고 있다. 이 구성방식은 광고 출연자가 상품 사용을 담담하게 묘사함으로써 자연스러운 기쁨을 보여 주는 드라마적인 기법을 사용한다. 모델을 이용한 구성방식과 증언(testimonials) 방식 역시 실제 인물이 제품에 대한 개인적인 소감을 이야기함으로써 소비자에게 제품에 대한 신뢰를 주고, 강한 이미지로 어필할 수 있다. 모델 구성방식은 인기 있는 탤런트나 유명 인사, 남녀 아나운서 등 유쾌하고 매력적이며 신뢰할 만한 사람들이 선정되는데, 이들은 언어를 쉽고 분명하게 구사할 수 있어야 하며, 광고주의 대변자가 되어야 한다. 무엇보다 모델을 사용하는 광고는 카메라 앞에서 능동적으로 자연스러운 역할을 수행할 수 있으므로 제품에 관해쉽게 설명할 수 있다. 이러한 모델방식이나 증언 기법을 다큐멘터리 형식을 이용하여 실제 상황에 관해 보도하듯이 전달하면 효과가더욱 극적일 수 있다. 특히 청소년들에게 우상으로 알려진 가수나영화배우, 탤런트 등이 모델로 활약한다면, 이들이 광고하는 제품들은 청소년들에게 사회적 · 심리적 동일시 감정을 불러일으켜 호의적인 태도를 형성하게 한다. 또한 제품에 대한 긍정적 이미지는갖고 싶은 욕구를 불러일으키고, 경우에 따라 구매행위로까지 연결될 수 있다. 특히 TV 드라마나 연예 · 오락 프로그램을 통한 간접광고나 제품 배치(product placement) 광고 등 다양한 형태의 광고가늘어나면서 자동차나 옷, 음료, 이동전화기 등과 같은 제품이 드라마에서 협찬 형식을 통해 간접 광고 형태로 많이 등장하고 있다. 이에 따라 청소년들을 포함한 일반 시청자들은 좋아하는 드라마나 쇼프로그램을 통해 직 · 간접적인 제품광고의 영향을 무의식적으로받을 수가 있다.

  한편 1990년대에 인터넷이 전 세계적으로 정보 교환의 중요한 매체로 등장하면서 인터넷 광고는 급속하게 발전하기 시작하였다. 인터넷 광고는 홈페이지나 네트스케이프, 익스플로러 같은 웹브라우저 혹은 정보 검색 엔진의 화면에 시행하는 모든 광고를 뜻한다(양영종·강승구, 2006). 월드와이드웹(World Wide Web)의 등장으로 인터넷이 광고 미디어로 주목받기 시작했으며, 양방향 커뮤니케이션이 가능하다는 점에서 인터넷 광고는 소비자의 반응을 신속하게 알 수 있다. 특히 인터넷 광고는 대상 소비자의 범위가 전 세계적이며, 정보를 제공하는 시간과 공간의 제약을 받지 않는다는 점에서 소비자가 능동적으로 언제, 어디서나 인터넷 광고에 노출될 수 있다. 2000년대 초에 들어 인터넷에서 가장 많이 쓰이는 광고 형태는 배너(banner) 광고로서 최적의 마케팅 도구로 활용된다. 배너 광고의 특성은 목표 집단을 선별하는 유연성과 시간상의 융통성이 있고, 광고 표현상으로도 상품 발매 개시일에 맞추어 광고 표현을 다양하게 활용할 수 있는 특성이 있다. 특히 인터넷 광고는 각종 이벤트나 판매 촉진 기법을 활용해 청소년들의 시선을 쉽게 끌 수 있으므로 광고와 관련해 미디어 교육은 이러한 효과에 대해서도 충분히 이해시켜야 할 것이다. 인터넷이 광고 매체로서 인정을 받게 된 것은 광고의 노출효과를 비교적 정확하고 신속하게 측정할 수 있다는 점 때문이다. 이러한 광고효과는 통합 마케팅 차원에서 기존 매체를 통한 광고와 이벤트, 판촉행사, PR 활동 등 다른 마케팅 활동을 통합하는 매개체 역할을 하면서도 시간과 공간의 제약이 거의 없고, 광고비가 상대적으로 저렴하다는 점이다. 또한 가장 큰 인터넷 광고의 장점은 광고와 구매가 바로 연결될 수 있다는 것이다(정만수, 2002). 이러한 인터넷 광고의 장점 때문에 소비자들은 쉽게 물건을 구매할 수 있게 되었으며, 인터넷 상에서 상품 고지에서부터 상품 구입까지의 과정이 한 번에 이루어지기 때문에 이용하는 사람들이 더욱 늘어날 전망이다. 하지만 인터넷 광고 중 이메일 광고의 경우는 다른 매체에 비해 비용이 저렴하고 수용자에게 광고 메시지가 전달될 확률이 높으며 동시다발적으로 많은 이용자에게 메시지를 보낼 수 있지만, 불필요한 상업용 스팸메일로 문제를 일으키기도 한다. 특히 일부 성인용 광고를 담은 이메일이 어른들은 물론이고 청소년들에게도 무차별적으로 배포되어 사회적으로 큰 물의를 일으키기도 한다. 이처럼 인터넷 광고는 광고 매체 가운데 청소년에게 미치는 영향이 가장 직접적이라고 할 수 있다. 따라서 광고와 관련된 미디어 교육에서는 특히 인터넷 광고의 유형에 따른 특성을 이해시키고, 청소년들에게 다양한 광고 사례를 찾아 텍스트를 직접 분석하게 함으로써 송신자의 의도를 비판적으로 읽어 내는 리터러시 훈련에 초점을 두어야 할 것이다.

제8장
영화와 미디어 교육

1. 영화의 역사

2. 영화의 특성

3. 영화와 미디어 교육

1. 영화의 역사

영화는 사진, 시각 예술, 연극, 문학 등 다른 예술의 바탕 위에 탄생한 종합예술이다. 19세기 말 사진에서부터 출발한 영화는 '무비', '시네마', '필름', '활동사진(moving picture)' 등 여러 용어로 지칭된다. 시네마라는 말의 어원이 '움직인다'는 뜻을 가진 그리스어(영어의 'kinetic')에서 온 것을 보면, 영화를 지칭하는 용어들이 모두 스틸 사진을 움직이게 만든다는 데서 출발한 것임을 알 수 있다. 그러나 움직이는 그림처럼 보이는 영화는 사실 우리 눈의 착각인 잔상효과에 바탕을 두고 있다. 즉 움직이는 것처럼 보이는 영화 장면은 실제로 1초에 24개의 프레임이 빛을 통해 투사되는 것을 우리의 눈이 움직이는 것으로 착각하여 받아들이는 것에 불과하다. 영화든 사진이든 렌즈를 통해 빛을 투과시켜 필름에 기록하고, 그것이 화학적인 현상과정을 통해 시각적 이미지로 재생된다는 점에서는 유사하다고 볼 수 있다(이형식, 2001).

영화는 탄생 초기부터 지금까지 발전해 오면서 수많은 과학적·기술적·화학적 원리와 이를 토대로 한 기술의 발달과 연관되어 있다. 1600년대 영화 탄생 이전에 간헐적으로 제시된 이미지를 연속적인 것으로 느끼게 하는 잔상효과의 원리가 발표되었고, 1880년대에 이스트먼(George Eastman)이 셀룰로이드 필름을 발명한 것은 영화가 탄생되는 데 결정적인 요인이 되었다. 그 후 1891년에 에디슨은 1인용 영사기인 키네토스코프(kinetoscope)를 발명하여, 그것을 가게에 대여하여 수입을 올렸다. 사람들은 돈을 내고 기계가 보여 주는 여러 가지 그림들을 구경할 수 있었다. 키네토스코프가 나온 지 얼마 되지 않아 프랑스에서는 루이와 오귀스트 뤼미에르 (Louis and Auguste Lumière) 형제가 여러 사람을 상대로 영화를 상영할 수 있는 기계인 시네마토그래프(Cinematograph)를 개발하였다. 뤼미에르 형제가 최초로 상영한 영화는 몇 십 초짜리의 〈공장에서 퇴근하는 노동자들〉이란 작품과 〈역에 도착하는 기차〉 등이었다. 뤼미에르 형제는 1895년 12월 28일에 파리의 그랑 카페(Grand Café)에서 대중 공개 상영을 시작하였다. 오늘날 이 영화들을 살펴보면 매우 특색 없어 보이는 장면들이지만, 그 당시 관객에게는 매우 충격적이었고, 영화를 처음 접한 관객들은 기차가 자신들에게 돌진해 오는 걸로 생각해 혼비백산하여 도망쳤다는 이야기도 전해진다. 이처럼 초기의 영화는 움직임을 사진으로 재현할 수 있다는 사실만으로도 사람들의 흥미를 끌었다.

초기의 영화들은 일상적인 활동을 기록해서 보여 주는 데 의의를 두었으나 점점 시간이 가면서 신기한 재주, 마술, 장사가 차력을 통해 묘기를 부리는 행위 등을 기록하여 보여 주면서 상업적 오락 매체로 발전하기 시작했다. 마술사였던 멜리에스(George Meliès)는 바로 영화를 통해 마술을 보여 줄 수 있음을 깨달았는데, 그는 영화가 단순히 기록이 아니라 창조적 매체로 이용될 수 있다는 것에 처음으로 착안했던 것이다. 에디슨의 조수로 일하던 포터(Edwin Porter)는 영화라는 매체가 다른 예술 형태와 달리 다른 장소에서 동시에 일어나는 장면을 보여 줄 수 있음을 〈미국인 소방수의 삶〉이라는 영화를 통해 입증하였다. 그는 이 영화를 통해서 영화적 이야기 서술을 위한 편집을 선보였다. 즉, 이 영화에서는 건물 밖에서 소방 활동을 하는 소방수들의 모습을 찍은 후 건물 내부의 상황을 찍어 번갈아 보여 주면서 교차 편집을 처음으로 실행하였다. 오늘

날에는 자연스럽게 느껴지는 이 편집 기법은 당시로서는 매우 획기
적인 발견이었다. 이것은 나중에 그리피스(D.W. Griffith)에 의해 서
스펜스를 높이는 이야기 기법의 도구로 완성되었다. 그리피스 감독
은 샷(shot)을 기본 단위로 한 영화 언어의 문법을 확립했으며, 이를
통해 영화는 시간과 공간의 연속성을 확보하면서 연극과는 다른 방
식으로 이야기를 전개하는 방식으로 발전되었다(이형식, 2001 : 21).

영화는 그 후 고전 할리우드 영화가 자리를 잡게 되는 1930년
대까지 나름대로의 독특한 형식과 스타일, 서사 양식 그리고 시스
템을 확고하게 구축하게 된다. 영화가 돈을 벌 수 있다는 속성을 일
찍 간파한 할리우드는 마치 공장의 제조 라인에서 제품을 생산하듯
이 영화를 대량 생산할 수 있는 시스템을 구축하였다. 이 시스템은
스튜디오가 제작 시설에서부터 배급망, 극장까지도 모두 소유하는,
수직적으로 통합된 스튜디오 시스템을 가리킨다. 1920년대에 5개
의 메이저 스튜디오(파라마운트, MGM, 폭스, 워너브라더스, RKO)와
세 개의 마이너 스튜디오(유니버설, 컬럼비아, 유나이티드 아티스트)가
생겨나면서 이들은 영화의 이윤과 흥행을 독점하기 위해 맹목 입찰
(blind bidding), 끼워 팔기(block booking) 등의 횡포를 부렸다. 또한
영화배우들을 확보하여 제작사 영화의 고정 관객을 끌어들이기 위
한 스타 시스템으로 할리우드는 탄탄한 위치에 올라서게 되었다.

한편 유럽에서는 에이젠슈테인(S. M. Eisenstein)이 주도하는
소비에트 몽타주 영화, 프랑스의 인상주의 영화, 독일의 표현주의
영화, 이탈리아의 네오리얼리즘 영화가 다양한 실험과 모색을 통
해 예술성 높은 영화예술을 추구하였다. 그러나 제2차 세계대전이
끝나고 미국에서 텔레비전 방송이 시작되면서 영화는 잠시 위기를
맞게 되었고, 영화 관객은 급속도로 감소했다. 이러한 위기를 타개
하기 위해 영화계에서는 3차원 영화, 드라이브 인 극장, 그리고 와

이드스크린 영화 등을 도입하여 텔레비전과 차별성을 두려고 하였다. 이처럼 미국에서 영화의 인기가 시들해져 가는 동안 프랑스에서는 오락 위주의 영화로 간주했던 미국 영화에서 예술성을 발견하고 호크스(Howard Hawks), 프레밍어(Otto Preminger), 풀러(Samuel Fuller), 미넬리(Vincent Minelli), 히치콕(Alfred Hitchcock) 같은 감독에게 작가라는 칭호를 붙이며 영화와 감독에 대해 연구하였다. 이들은 단지 영화에 대한 비평을 쓰는 것만으로 만족하지 않고 자신들이 독특한 스타일과 주제를 지닌 영화를 만들기 시작했으며, 이것이 바로 누벨바그(nouvelle vague) 영화라고 불리게 되었다(이형식, 2001 : 20~22). 누벨바그란 '새로운 물결'이라는 프랑스어로서 제2차 세계대전이 끝난 후 1960년대부터 프랑스와 독일, 미국 등지에서 젊은 감독들에 의해 새로운 경향의 영화가 대두된 현상을 의미한다. 프랑스의 젊은 감독들은 점프 컷이나 트래킹 샷, 핸드헬디 카메라 등 다양한 기법을 혁신적으로 사용하면서 감독의 개성을 살리는 작품을 만들어 냈는데, 고다르(Jean-Luc Godard)의 〈네 멋대로 해라〉가 대표적인 작품이다. 1960년대 이후 '새로운 영화' 제작에 대한 움직임은 독일과 미국에서도 나타났는데, 이 당시 감독들은 기존의 영화 제작방식과 미학을 거부하며 다양한 영화 제작을 시도하였다. 미국의 새로운 영화는 기존의 단순한 결론을 제시했던 주류 할리우드 영화에 비판적이었다. 주변 계층이나 소외된 사람들을 주인공으로 내세워 구시대적 가치와 새로운 것의 불확실성을 모두 거부하는 모습을 보여 주었으며, 아메리칸 드림의 좌절을 주제로 한 영화가 많았다. 펜(Arthur Penn) 감독의 〈우리에게 내일은 없다〉(1967)와 호퍼(Dennis Hopper) 감독의 〈이지 라이더〉(1969)가 대표작이다. 이러한 새로운 영화의 등장으로 영화는 현대적 면모를 갖추게 되었다.

한편 한국의 영화산업은 1990년대 이전에는 원시적인 산업 형태를 벗어나지 못하였으며, 정부의 영화정책은 영화를 진흥과 산업적인 시각에서의 지원보다는 억압과 규제에 초점을 맞추고 있었다. 한국에서 영화산업이 발달하기 시작한 것은 1980년대인데, 영화법이 1984년에 개정되면서부터 영화 사업이 허가제에서 등록제로 완화되었으며, 검열을 심의로 바꾸는 제도 변화와 수입 편수의 제한이 폐지되었기 때문이다. 즉 국가 영화정책의 근본적인 방향 전환을 통해 영화산업이 발전하게 된 것이다. 이러한 변화의 배경으로는 1983년 이후 갑작스러운 전두환 정권 자체의 사회 전반에 대한 유화적인 입장으로의 전환과, 1970년대 후반 이후 고조되어 온 미국 영화 업자들의 시장 개방 압력이 견딜 수 없는 수위에 도달한 점 등을 들 수 있다. 그 결과 한국 정부는 1985년의 한미 영화 협상을 거쳐 영화 시장 개방을 결정하고, 이를 반영하는 제6차 개정 영화법이 1986년에 발표되었다. 1985년 한미 영화 협상으로 한국 영화의 시장이 개방되면서 최초의 UIP 직배 영화인 〈위험한 정사〉가 상영되는데, 그 이후 한국 영화산업은 많은 변화의 시기를 맞게 되었다. 당시 한국 영화계는 모두 미국 직배방식을 반대하고 있었다. 이는 열악한 한국 영화산업구조와 정책에 대한 비판 및 개선책을 정부에 요구하는 것이기도 하였다. 미국 UIP 직배가 시작되면서 연간 한국 영화 제작 편수가 40편을 밑도는 결과를 가져왔고, 한국 영화산업은 심각한 타격을 받았다. 그러나 다른 한편, 이러한 개방은 한국 정부의 영화에 대한 직접적인 통제가 완화될 수밖에 없음을 시사하였다. 더욱이 한국 사회의 민주화는 영화에 대한 규제 완화정책을 촉진시켰으며, 그 결과 젊은 영화 세대의 등장과 함께 영화 시장의 자본주의적 합리화 경향이 나타나기 시작하였다. 1994년에 프린트 벌수 제한이 폐지되었는데, 이것은 직배사들을 위한 것이었지만 한국 영화산업에서는 일종의 규제 완화의 신호탄이었다.

1995년 '영화진흥법'은 영화 제작을 서비스업에서 제조업으로 업종 분류해 다양한 형태의 세제와 금융 혜택이 가능해졌으며, 이를 통해 창업투자사를 비롯하여 각종 금융기관이 영화 사업에 참여하는 계기를 만들었다. IMF 극복을 제1과제로 출발한 김대중 정권은 취임사에서 문화 사업을 21세기 기간 사업으로 이끌어 가겠다고 다짐하면서 영화 및 문화 사업에 적극적인 관심을 가졌다. 이러한 문제의식은 문화산업의 부가가치에 대한 확실한 인식하에 이를 적극적으로 견인해 나갔다. 하지만 이러한 문화산업정책은 순수 예술 내지 문화를 소외시키는 결과를 낳았으며, 한국 영화의 영역을 산업과 흥행의 중심으로만 바라보게 만드는 결과를 가져왔다는 비난도 있다.

오늘날의 한국 영화를 가능케 한 원인 가운데 스크린쿼터(screen quarter)는 빼놓을 수 없는 중요한 한국 영화 보호정책이었다. 스크린쿼터제는 영화 상영관이 1년에 146일 동안 한국 영화를 상영하도록 의무화한 제도이다. 이 스크린쿼터 제도는 필름 수급 사정과 극장의 성수기를 고려하여 사정에 따라 40일을 줄일 수 있으므로 실제 상영 일수는 106일이 된다. 전 세계에서 프랑스, 스페인, 멕시코, 그리스 등이 스크린쿼터제를 실시하고 있으며, 스페인의 경우 배급 쿼터까지 실시하고 있다. 이 제도를 운영하는 나라는 11개국이지만, 처벌 조항이 있는 곳은 우리나라뿐이다. 한국 영화는 이 스크린쿼터의 강력한 보호 아래 UIP 직배의 파상 공세 속에서도 영화 시장을 지켜 나갈 수 있었다. 1998년 IMF 경제위기의 탈출구로 한국의 필요에 따라 제기되었던 한미 투자 협정은 스크린쿼터제 유지 문제를 수면 위로 떠오르게 했으며, 스크린쿼터제에 대한 찬·반 양론은 아직까지도 팽팽하게 대립하고 있다. 스크린쿼터제 반대론자들은 무역 자유화 시대에 스크린쿼터가 역행한다는 점, 보호막 속에서는 영화산업의 경쟁력이 향상될 수 없다는 점, 극장이 스크린쿼터에 따른 어려움을 부담하게 되어 극장산업이 위축된다는 점 등을 들어 스크린쿼터 폐지를 주장한다. 반면 찬성론자들은 스크린쿼터는 미국의 영화를 견제할 수 있는 유일한 장치이자 우리의 영화산업 및 정체성을 보호할 수 있는 장치이므로 반드시 사수해야 한다고 주장하고 있다. 스크린쿼터를 둘러싼 논란은 1990년대 이후 오늘날까지 한국 영화 혹은 한국 영화산업이 처한 상황을 상징적으로 보여 주고 있는 것이다.

한국 영화 시장은 1999년 이후 급격하게 성장하였다. 한국 영화의 성장을 놓고 많은 의견들이 있는 것이 사실이지만, 대체적으로 한국 영화의 성장은 우수한 인력들이 1990년대 이후 급격히 영화 및 영상산업 쪽에 자리 잡기 시작하면서부터이다. 과거 영화 및 연예 사업은 우수한 인재를 확보하는 데 어려움이 많았으나 1990년대 이후 사업의 다각화 속에서 우수한 인재들이 관심을 갖기 시작했던 것이다. 이런 우수한 인력들은 과거 많은 시간을 필요로 하던 기술 습득과정을 단축시켰으며, 과거와 다른 새로운 아이디어를 영화에 불어넣었다. 스크린쿼터에 의한 의무적인 상영관을 확보하면서 한국 영화는 관객들에게 지속적으로 자신들의 영화를 보여 줄 수 있는 기회를 제공받게 되었다. 이런 안정적인 상영권의 확보 속에서 한국 영화는 과거와는 달리 관객들이 가장 선호하는 장르 개발과 소재 발굴을 통해 관심을 불러일으켰다. 할리우드 영화의 공세 속에서도 저예산의 한국 영화가 성공할 수 있었던 것은 바로 국내의 수용자의 취향과 요구를 흡수해 영화에 반영한 결과였던 것이다. 또한 이러한 영화 제작을 지속할 수 있는 금융권 및 기업들의 투자가 전문화되고, 한국 영화만을 집중적으로 배급하는 전문 배급 회사의 등장은 오늘날의 한국 영화를 만든 주요 요인이 되었다.

영화산업에서 배급은 제작된 영화가 극장에 상영되도록 중간에서 유통·중개하는 것으로서 영화산업의 특성상 그 중요성은 더욱 크게 부각되고 있다. 과거 한국 영화의 유통·배급은 영화산업의 발전을 가로막는 가장 큰 문제 중 하나였다. 하지만 1990년대 말 이후 좋은 한국 영화를 가지고 국내 영화계에 등장한 국내 배급사들은 직접 배급을 통해 배급체제의 투명성을 제고함으로써 금융자본 등의 투자가 확대되는 데 기여하였다. 이전에는 중간 배급을 통한 간접 배급방식이 주류를 형성했으나, 최근 들어 배급사와 극장 간에 직접 계약을 맺는 직접 배급방식이 확산되어 정확한 관객 수 집계를 통한 매출액 산정이 가능해졌으므로 금융자본 등 영화에 투자하려는 주체들의 활발한 투자를 유도한 것이다. 현재 우리나라의 배급 시장은 한국 영화산업의 2대 배급사인 시네마서비스(플레너스)와 CJ엔터테인먼트가 과점하고 있다. 이들은 현재 콜럼버스, 디즈니 UIP 등의 미국 직배사보다 우위를 점하고 있다. 최근 한국 영화는 영상산업의 중심 사업으로 인식되고 있다. 1990년대 말 이후 여러 개의 영화를 동시에 상영하는 멀티플렉스 관의 확대 등 전체 규모가 5천억 원을 넘는 등 시장 확대가 이루어지고 있어 한국 영화산업은 계속적인 상승세를 이어 갈 것으로 전망된다. 그러나 영화가 극장을 중심으로 한 안정된 하드웨어 기반보다는 지식과 인력을 중심으로 하는 소프트웨어적인 속성을 지니고 있어서 영화제작 분야의 꾸준한 관심과 노력을 보여 주지 않는다면 언제 다시 침체 경기로 빠져 들지 알 수 없다. 특히 미국의 할리우드 영화가 세계를 지배하고 있는 현 구조 속에서 한국과 같은 작은 시장의 국가가 자국의 시장을 보호하고 육성하는 것은 쉬운 일이 아니다.

2. 영화의 특성

영화는 오락과 기술, 예술과 산업 등 여러 측면이 있으며, 종합 예술적인 특성을 갖는다. 영화는 다른 예술 분야보다도 오락적인 요소가 강하고, 산업적 특성이 강한 세계의 문화상품이다. 어떤 면에서 영화는 서사문학과도 공통점을 갖고 있기는 하지만, 그 이야기를 하는 방식은 서로 다르다. 영화를 문학의 언어처럼 이해하려는 비평가들도 있지만, 영화는 영화 나름대로의 독자적인 의미화 체계를 가지고 있어서 화면 하나하나가 매번 새로운 창작물이라고도 할 수 있다. 어떤 대상을 촬영하는 데는 카메라의 각도, 거리, 조명, 샷의 길이 등 고려해야 할 매우 많은 요인이 존재하고, 감독은 나름대로의 예술적 비전을 시각화하기 때문이다. 동일한 인물 한 명을 찍더라도 하루의 어느 시점에, 어떤 각도에서, 어떤 조명하에 촬영하는가를 선택해서 촬영이 이루어지기 때문이다. 비평가 에슬린(Martin Esslin)은 영화를 특징짓는 가장 큰 요소가 카메라와 편집이라고 지적하였다. 영화가 획기적인 전환점을 마련한 것은 카메라가 단순한 기록자의 역할에서 탈피하여 편집을 통하여 이야기하는 기능을 갖게 된 것과, 고정된 장소에서 이탈하여 자유롭게 움직이면서 다양한 각도와 거리에서 대상을 포착하기 시작하면서부터라고 할 수 있다(이형식, 2001 : 23~24). 카메라가 기록하는 영화는 이런 점에서 역사를 기록하는 매체 중의 하나이며, 역사를 허구적 상상력으로 재구성하면서 표현하고 해석하는 하나의 독특한 예술 방식으로 존재한다. 즉 영화는 역사의 사료이면서도 역사적 사실을 그대로 재현한다기보다는 허구적 상상력을 동원해 재구성하는 것이다. 영화가 갖는 장점 중 하나는 공식적인 역사가 기록하지 못하는 당대 사람들의 경험과 느낌, 정서를 담아낸다는 점이다. 따라서 역사적 사실의 정확성, 객관성 여부보다는 영화를 볼 때 현재의 관점에서 과거를 보는 방법과 의식이 중요하다(오영숙, 2004 : 102).

영화의 예술성은 영화 영상의 언어적 기능과 영화가 건축과 음악, 회화와 문학, 무용, 연극 등 여섯 가지 예술을 종합한 총체적 예술이라는 점에 있다. 종합예술로서 영화는 이야기(문학)와 시각적 이미지(회화, 사진), 사운드(음악), 연기(연극)의 조합으로 형성되기도 하지만, 동시에 새로운 영화문화를 형성하기도 한다. 가령 영화 속의 인물처럼 의상을 입거나 놀이문화로 변형시켜 발전시키는 현상이나, 각종 영화제가 관객이 영화를 보고 즐기는 대표적인 축제문화의 공간으로 변화하는 현상을 들 수 있다. 영화의 언어적 기능은 영상이 지속적으로 흐름으로써 관객의 지각에 자극을 줄 때 그 효과가 커진다. 이러한 영화의 언어적 기능은 보는 문화로서 시대적 변천상을 그리고 있으며, 일반 언어와는 분명한 차이가 있다. 즉 영화 영상 자체가 언어적 기능을 하고 있는 것이다. 관객도 스크린에 투사되는 영상을 보면서 들려오는 음향을 종합하여 그 영화가 하고 있는 이야기를 이해하게 된다. 한마디로 영화는 영상과 음향을 통해 이야기를 표현하고 전달하는 것이며, 관객은 영상 언어와 음성 정보를 바탕으로 영화의 이야기를 받아들이는 것이다. 연극과 영화의 주된 차이 중 하나는 연극을 공연하는 극장에서는 관객 자신이 보려고 하는 부분을 선택해서 볼 수 있지만, 영화는 카메라에 의해 찍힌 장면들만 볼 수 있다는 점이다. 연극 무대에서는 관객이 배우의 연기를 볼 수도 있고 배경에 걸려 있는 그림을 볼 수도 있지만, 영화에서는 카메라가 롱 샷으로 장면 전체를 개괄적으로

보여 줄 수도 있고 익스트림 클로즈업으로 배우의 눈을 비춰 줄 수
도 있다. 따라서 영화에서는 카메라를 통한 감독의 메시지가 더 종
합적으로 통제되어 전달된다. 우리가 기억하는 인상 깊은 영화의
장면들은 바로 이러한 미장센의 이미지로 우리 머릿속에 남아 있다
(이형식, 2001 : 28).

영화의 문화성과 사회성 역시 주요한 영화의 특성이다. 문화
를 한 사회의 구성원들이 공유하고 있는 생활 양식이라고 할 때 영
화는 대중문화를 창출하는 대중매체이다. 영화에는 사람들의 이야
기가 들어 있으며, 인생과 꿈과 환상과 무의식이 뒤섞여 있다. 사람
들의 삶을 다루는 영화에는 다양한 삶의 방식과 가치체계가 공존하
거나 충돌하기도 한다. 또한 이러한 다양한 삶의 모습을 통해 관객
들은 지역과 나라를 불문하고 전통과 현대, 농촌과 도시, 기성세대
와 젊은 세대의 갈등을 간접 체험하기도 한다. 즉 영화는 각 인종과
지역의 문화를 재현하고 전파하며, 가치체계에 대한 비판과 성찰의
기능도 수행하는데, 이러한 특성이 영화가 문화로서의 성격을 갖고
있다는 것을 반증한다. 영화는 기본적으로 이야기가 있고, 캐릭터
와 연기자가 있으며, 촬영과 조명, 편집에 의한 영상미, 그리고 생
생한 사운드가 제공하는 음향의 자극 등으로 관객들을 몰입시킨
다. 영화는 또한 관객들이 주인공과 동일시하게 만든다. 이러한 특
성들은 영화가 광범위한 전파력과 영향력을 바탕으로 어떤 매체보
다 뛰어난 대중적 호소력을 가지고 있기 때문이다. 영화는 많은 사
람이 함께 보고 시청각을 비롯한 감각에 호소하는 경향이 크므로
그 효과도 즉각적이고, 파급력도 큰 편이다. 물론 영화는 문화를 재
현할 때 텔레비전만큼 유행어나 생활방식을 직접적으로 변화시키
거나 영향을 주지는 못하지만, 스타가 그 시대의 유행이나 경향을
반영하는 문화 재현을 주도하기 때문에 파장이 더욱 커질 수 있다.

더 나아가 영화는 관객의 인식과 가치관의 형성, 사회의 지배체계에 대한 관점에 장기적이고 광범위하게 영향을 미친다는 점에서 중요하다. 이러한 영화의 특성을 영화의 사회성이라고 한다. 이것은 영화가 어떤 형태로든 그 사회나 역사의 관계를 반영함을 의미한다. 즉 영화를 만드는 감독이나 시나리오 작가의 가치관이 의식적으로 영화 속에 담기기 때문이다. 영화의 사회성을 중시하는 까닭은 영화가 종종 사회적 논쟁의 중심이 되는 주제를 다루기 때문이다. 또한 영화 속에서 묘사되는 내용이나 메시지, 관점 등이 이해 당사자나 집단에 의해 비난받는 경우가 종종 있으며, 특히 사회적 파급력이 큰 영화의 경우 그런 논란이 더욱 심하다.

한편 영화가 산업으로서 관심을 얻게 되면서 다른 경제 분야와 마찬가지로 독자적인 산업으로 성장하고 있다. 상업적으로 성공한 영화는 영화 분야의 경제를 이끄는 원동력이 되며, 생산 후 배급과 상영이라는 독특한 유통과정을 거치는 문화산업으로서 영화산업을 형성하게 되었다. 또한 영화의 제작 비용은 매우 높아서 개인의 자금이나 국가의 보조금보다는 대자본의 유입이 필수적이므로 기획 단계에서부터 산업과의 연계가 불가피하게 되었다. 더 나아가 정보통신의 발달로 매체 환경이 변화되면서 영화는 더 이상 독자적인 예술적 영역만을 유지하기가 힘들어졌으며, 다른 매체 산업과의 연관성이 높아졌다. 특히 미국에서는 할리우드의 대형 영화 배급사들이 거대 복합 미디어 그룹으로 미디어 관련 사업을 확장하고 있다. 이들은 영화 스튜디오뿐만 아니라 방송사 네트워크, 출판, 잡지, 텔레비전 방송사, 놀이공원 등 개별 상품을 포함하여 미디어 관련 사업 영역을 모두 거느리고 있다. 이러한 거대 자본을 바탕으로 전 세계적으로 영화를 배급하고 있는 것에 대해 한국을 비롯한 몇몇 국가에서는 스크린쿼터제로 맞서고 있다. 한국의 영

화업계에서 스크린쿼터 사수 운동을 펼치는 이유는 미국의 신자유
주의 시장경제 논리에 보호무역주의로 맞서는 것이며, 경제 논리에
대응해 문화의 다양성을 지키기 위한 것이다. 즉 스크린쿼터는 단
지 미국 영화를 제한하고 한국 영화만 보게 하자는 것이 아니라, 미
국 영화의 독점을 방지하고 다양한 영화를 보호하자는 전제가 깔려
있다. 스크린쿼터 제도를 둘러싼 국내 영화인과 미국 정부의 마찰
은 영화를 다른 일반 무역상품처럼 교역할 수 없다는 것을 반증한
다. 미국 영화는 국가 간의 무역에서도 산업적 비중이 크기 때문에,
영화정책을 전담하는 기구가 없더라도 국무부나 무역 대표부 등을
통해 자신들의 영화를 보호하는 정책을 수행한다. 미국은 자국의
영화가 해외로 진출하는 데 걸림돌이 되는 각종 장애 요인을 철폐
시키는 정책을 펴고 있는 것이다.

영화가 산업으로서 갖는 주요 특성으로는 오락성과 제작과정
이 제조업 분야의 산업과 유사하다는 점을 들 수 있다. 영화가 주는
오락적 요소는 관객에게 기쁨과 만족을 느끼게 하며, 직접적이고
심리적인 시청효과를 수반한다. 오락적 요소를 바탕으로 한 영화
는 소비자 산업에서 문화상품으로서 가장 급속하게 성장하는 경제
분야가 되었으며, 대중에게 강력하게 영향을 끼치는 문화 콘텐츠로
자리 잡고 있다. 영화가 만들어지는 과정은 비록 문화 예술에 기초
한 것이지만, 완성된 영화 한 편이 사회에 유통되는 과정은 다분히
산업적이라고 할 수 있다. 특히 영화는 현대 사회에서 전 세계인이
국경과 언어의 경계를 초월해 시차 없이 소비하는 가장 강력한 문
화상품이다. 영화 한 편이 성공하면 사회적으로 여러 가지 현상이
나타나기도 하는데, 예를 들어 사람들의 의식을 변화시킨다거나 문
화와 소비 패턴을 적극적으로 바꾸기도 한다. 또한 영화는 한 편을
완성하기 위해서 많은 자본이 필요하고, 생산과정에 전문 인력들이

필요하며, 생산 후 상영과 배급이라는 유통과정을 거쳐 이익을 만들어 낸다는 점에서 산업이라고 할 수 있는 예술 영역이다. 특히 배급은 영화관에서 상영된 이후에 여러 과정을 거쳐 텔레비전이나 비디오, DVD, 인터넷 등을 통해 대중에게 선보이고, 이를 전담하는 배급회사는 제작사에서 영화를 배급할 권리를 양도받은 후에 전국적인 규모 또는 지역별로 상영관을 확정해 일정 기간 동안 상영 권리를 특정 영화관에 제공한다. 대중을 상대로 여러 편의 영화를 상영하는 멀티플렉스 같은 복합 상영관은 여러 편의 영화를 동시에 전시하고 판매하는 백화점과도 같은 기능을 가지며, 영화 배급과 더불어 마케팅의 중요성도 점점 더 부각시키고 있다. 이러한 영화의 산업적 특성은 영화가 여러 미디어에 유통·상영됨으로써 부가가치를 높여 가면서 이익을 연속적으로 창출하는 창구효과(window effect)까지 유발하고 있다. 한국의 영화산업도 21세기 들어 '산업화'라는 과제에 직면하면서 대기업과 금융자본이 진출했으며, 인력의 전문화를 추구하였고, 그 결과 대기업의 영상 사업 참여 확대와 영화 배급사의 대형화를 가져오게 되었다.

3. 영화와 미디어 교육

미디어 교육과 관련해 영화는 영화 텍스트에 나타난 사회상과 성(sex), 폭력을 통해 학생들이 비판적으로 분석하고 이해할 수 있는 소재를 제공하기 때문에 좋은 교육자료로 활용될 수 있다. 먼저 영화와 사회는 영화 속에 나타난 가족의 기능과 사회화 과정에 대한 해석을 통해 접근할 수 있다. 사회적인 문제와 전혀 관계가 없어 보이는 한 편의 영화를 선택해 그 영화에 함축되어 있는 가족관이나 이성관, 사회상을 찾아내게 함으로써 영화에 나타난 가족의 기능이라든지 결혼제도와 출생, 교육과 보호, 소유와 사회적 지위, 친밀성과 같은 요소를 읽게 하는 것이다. 또한 가족과 사회가 영화 속에서 어떻게 연관되고 있는지, 사회의 변화에 따른 가족의 해체와 이에 대응하는 대처방안은 무엇이며, 가족 이외의 또 다른 친밀감을 갖고 있는 공동체 형태는 무엇인지 등을 영화를 통해 생각해 볼 수 있다. 즉 영화는 시대를 반영하는 거울이기 때문에 그 시대의 사회적 환경과 문제도 어떤 식으로든 영화 속에 담기는 경향이 있다. 물론 영화를 통한 미디어 교육은 시대적으로 반영되는 가족과 사회의 상에 대해 현대 사회의 시각에서 비교해 보는 것이 전제되어야 한다. 예를 들어 20년 전의 영화에서 가족이 묘사되는 방식과 현재의 영화에서 가족이 묘사되는 방식, 영화의 주요 인물들의 직업 변화나 남녀 역할관계의 변화 등은 좋은 분석자료가 될 수 있다. 국내의 경우 최근 영화에 등장하는 주요 인물들의 직업은 방송국 PD라든지 컴퓨터 전문가, 변호사, 정보 처리를 담당하는 전문직 인물들이 많고, 전문직 여성의 진출이 확연하게 두드러지는데, 이러한 현상 역시 사회의 특정 구성원들의 취향 변화에 따라 인기를 누리는 직업이 달라지기 때문이다.

영화와 관련된 미디어 교육에서 간과할 수 없는 부분은 바로 영화의 폭력성과 성(sex)에 대한 점이다. 폭력은 드라마나 문학에서도 주요한 주제로 다루어졌지만, 영화에서 다루어진 폭력만큼 사회적 영향력이 크지는 않다. 영화는 초창기 역사부터 폭력을 주된 볼거리로 대중에게 제공해 왔다. 할리우드 블록버스터에서부터 홍콩의 갱 영화, 최근 한국의 액션 영화에 이르기까지 폭력은 대다수 흥행 영화의 인기 소재로 이어져 왔다. 영화 속 폭력 묘사가 타 매체보다 폭력의 전파를 조장한다는 점에서 사회적 비난을 받기도 하지만, 아직까지는 영화 속의 폭력이 대중의 일상생활에 직접적인 영향을 미치는지 뚜렷한 결론이 나지 않고 있다. 또한 영화의 폭력 묘사를 통해 관찰 학습을 하기보다는 대리 경험을 통해 관객의 폭력적 성향을 감소시킬 수 있다는 정화작용 이론도 있다. 즉, 폭력적인 영화 장면을 통해 관객과 시청자가 카타르시스를 경험하게 됨으로써 오히려 폭력 성향이 감소할 수 있다는 것이다. 하지만 국내에서 벌어지는 청소년 범죄 가운데 폭력 영화를 보고 이를 모방하여 존속살해 사건 같은 범죄를 저지른 경우 다른 요인이 크게 작용하기도 했겠지만, 영화 장면을 그대로 모방했다는 사실만은 부정할 수가 없다. 물론 이러한 사건은 물질 중심의 가치관과 가정교육의 부재, 학력 위주의 사회 부조리 등이 복잡하게 얽혀진 사건이며, 단순히 폭력 영화의 영향 때문만은 아니다. 그러나 영화의 폭력적인 장면이 사람들에게 폭력을 학습시켜 이를 모방하게 할 수도 있으며, 특히 어린이와 청소년은 영화나 텔레비전의 폭력을 접하면서 공격적인 태도와 행위를 배울 가능성이 있다. 더 나아가 영화 속 폭력 장면이 관객의 폭력에 대한 경각심을 무디게 하고, 사회적으로 폭력의 수위를 인정하게 되면서 다른 사람에게 폭력이 가해질 때 냉담한 태도를 보일 수도 있다. 이러한 현상을 둔감화 이론이라고 하는데, 이것의 가장 큰 문제점은 청소년들이 영화에 묘사되는 폭력에 매력을 느끼고 재미있는 게임을 즐기듯이 폭력을 시청하게 될 수 있다는 점이다. 폭력에 둔감해진 청소년들은 현실생활에서 폭력을 아무런 거리낌 없이 행사할 수 있을 뿐만 아니라, 죄의식이나 죄책감을 느끼지 못할 수도 있다. 물론 모든 사회적 폭력이 영화에 기인하는 것은 아니지만, 영화를 비롯한 매체의 폭력이 청소년들에게 상당한 영향을 줄 수도 있기 때문에 몇몇 국가에서는 성 묘사보다 폭력 묘사에 청소년들이 접하지 못하도록 상당히 엄격한 규제를 가하고 있다.

영화와 성에 관한 미디어 교육은 영화에서 다루어지는 성 표현이 왜 문제가 되며, 당대의 성 윤리와 충돌되는 이유를 이해하는 데서 출발할 수 있다. 영화의 역사에서 특정 영화가 당대의 성적 윤리와 충돌하게 된 이유로는 성적 본능을 제어하려는 사회윤리적 통념과 거기에서 자유롭게 벗어나려는 인간의 본능이 충돌하기 때문이며, 성을 다루는 영화들은 당대의 사회가 정한 한계를 넘고자 하기 때문이다. 즉, 영화는 대중의 성적 환상과 욕망을 자극하고 성적 본능을 따르고자 하는 인간의 일탈 충동을 부추기는 미디어이다. 따라서 오히려 성을 다룬 영화를 통해서 당대의 사회적 윤리와 도덕을 재점검할 수 있으며, 사회 가치에 대한 인식을 새롭게 할 수 있는 기회를 갖게 된다. 영화에 나타난 성은 가족과 동거, 결혼, 동성애 등 사회의 근간을 지탱하는 중요한 가치들과 밀접한 연관을 맺고 있으며, 허구의 형식을 통해 관객들에게 기존의 사회적 통념에서 벗어난 성의 자극을 묘사하고, 거기에서 오락과 반성의 도구를 제공하기도 한다. 어떤 형식으로든 영화는 당대의 성 윤리를 반영하고, 이에 대한 관객들의 반응을 끌어내는 것이다.

초창기 영화의 역사에서부터 성은 가장 인기를 끌었던 소재로, 많은 영화가 관객들의 엿보는 충동을 만족시키는 관음주의적 본능 충족과 대리 만족을 위해서 성을 소재로 다루었다. 미국의 경우 도색영화가 아닌 일반 극영화에서 성 표현의 자유가 허용되기 시작한 것은 1960년대부터였다. '청교도주의'가 엄격했던 미국에서는 강도 높은 자율적 심의제도가 발달했으나 유럽에서는 성 묘사에 비교적 관대한 편이었다. 미국에서는 1960년대 후반부터 오늘날의 노출 수위와 비슷한 성적 표현의 자유가 보장되었다. 이는

1960년대 이후 성 해방 풍조에 젖은 서구 사회의 변화를 반영한 것이며, 특히 프랑스에서는 영화의 모든 성 표현의 자유를 인정하는 특별 조치가 취해졌다. 이후에도 영화산업에서는 성적 호기심이 큰 대중의 수요에 맞추어 다양한 영화 장르에 성을 끼워 팔아 공급함으로써 이윤을 남기고 있다. 남녀 간의 사랑을 담은 로맨틱 코미디를 비롯해 다양한 장르의 영화에서 성적 묘사는 여전히 주요 흥행 요소로 작용한다. 특히 현대 영화에서는 노골적으로 성행위만 묘사하는 포르노그래피 산업도 무시할 수 없는 규모로 커졌으며, 영화산업뿐만 아니라 비디오와 인터넷 등을 통해 유포되는 성에 대한 이미지는 포화 상태에 이르러 매체가 늘어남에 따라 성적 이미지를 광범위하게 제작하고 소비하는 시대가 도래하였다. 포르노그래피가 청소년에게 미치는 문제점으로는 인간의 성행위에 수반되는 감정과 관념을 배제시키고 단지 동물적인 짝짓기만 강조함으로써 인간을 동물적 수준에서 묘사하며, 남녀 간의 만남이나 정서적인 관계보다는 환상적인 환경 속에서 성적 자극과 쾌락을 추구하도록 자극한다는 점이다. 특히 현대 사회에서 포르노그래피 영화는 인간을 물건처럼 묘사하면서 성적 욕망에만 몰두하는 남녀 주인공의 표정 연기만 보여 줄 뿐이며, 대부분 남성의 쾌락을 위해 복종하는 여성을 보여 줌으로써 무의식적으로 남성과 여성 간의 불평등한 관계를 조장하기도 한다. 또한 청소년들이 포르노 영화에 노출될 경우, 우리 사회에서 상당 부분 금기시되고 있는 성적 관계나 도착적인 자극을 장려할 위험이 있다. 따라서 포르노 영화는 성적 본능을 따르려는 인간의 일탈 충동을 부추기는 대표적인 영화라는 것을 인식시키고, 왜 반인간적인 장르인지를 학생들이 사려 깊게 생각하도록 교육해야 할 것이다.

　한편 영화와 관련된 미디어 교육 교과과정의 내용을 살펴보면, 영화의 탄생 배경과 장르를 구분하고 영화의 특성을 이해하는 '영화란 무엇인가'에서부터 영화 제작의 메커니즘을 통해 영화와 현실의 관계를 파악하는 '영화 제작 시스템의 이해', 특정한 주제에 관한 영화를 감상하고 미디어 재현에 관해 토론하거나 학습하는 방식이 있다. 영국영화연구소가 2000년에 발간한 『중등학교 교사를 위한 영상 이미지 교육 가이드』는 영상 언어라는 학습 요소를 활용해 다양한 교과 활동 속에 미디어 리터러시를 실현하는 대표적인 교재이다. 기본적인 교수법으로는 영화 영상 이미지의 요소를 분석하고 전체적인 의미를 구성해 낼 수 있도록 교육하는 기본적인 교수법으로서 '프레임별로 멈춰 보기', '음향과 영상에 주목하기', '샷 하나하나의 편집과정에 주목하기', '시작과 끝을 체크하기', '수용자에게 어필하는 요소 찾아보기', '장르 변환해 보기', '미디어 간 비교하기', '시뮬레이션' 등의 방법을 제시하고 있다. 이러한 교수법들은 학생들에게 영화 영상을 통해 시각 이미지의 모든 요소는 의미를 담을 수 있음을 알려 준다. 따라서 다른 문학 텍스트와 마찬가지로 영화 영상도 읽힐 수가 있으며, 카메라의 거리나 앵글, 움직임 등도 모두 시각 이미지의 의미에 영향을 미칠 수 있음을 알게 해 준다. 또한 영화 샷의 수와 순서가 스토리 의미에 어떤 영향을 미치는지 인식시키고, 영상 이미지 사운드 트랙이 종종 시각적 이미지보다 의미를 분명하게 할 수 있다는 점 등을 가르친다. 학습자들이 영상을 샷 단위로 익히는 것은 편집과정을 통해 이야기 시간이 조절되며, 각각의 새로운 샷은 새로운 정보나 인상을 준다는 영상 언어의 기본을 이해하는 데 도움이 된다. 아울러 영화의 시작과 끝을 체크함으로써 학생들은 영화의 장르와 내용, 수용자와 목적을 분명하게 구분할 수 있으며 누가 만들고, 누가 투자했는지 영화 제작에 대한 정보를 알 수 있다. 또한 영화의 경우 포스터나 광고, 예고편, 박스 오피스 정보, 영화평 등을 조사하여 수용자에게 어필하는 요소들을 찾아보게 하는 것은 영화와 관련된 좋은 미디어 학습 활동이 될 수 있을 것이다. 이러한 영화 관련 미디어 교육을 통해 교육 대상자들은 대부분의 영화들이 긴박한 상업적 시장에서 관객을 둘러싸고 경쟁하며, 타 매체를 이용해 홍보하고, 마케팅과 판매 촉진에도 상당 부분이 투자되고 있음을 배울 수 있다.

제9장

인터넷과 미디어 교육

1. 인터넷의 정의와 발달과정

2. 인터넷의 특성

3. 인터넷과 미디어 교육

1. 인터넷의 정의와 발달과정

인터넷은 1960년대 말인 냉전 시대 때 전쟁으로 모든 컴퓨터 시스템이 일시에 마비되는 것을 우려한 미 국방부가 시스템을 분산화하여 군사작전을 지속적으로 수행할 수 있도록 추진한 프로젝트에서 시작되었다. 인터넷의 사전적 정의는 대규모의 컴퓨터 네트워크로서 전 세계 컴퓨터를 연결하는 네트워크를 의미한다. 즉 인터넷이라는 이름은 전 세계의 컴퓨터를 하나의 네트워크로 연결하겠다는 의미의 인터 네트워크(inter network)라는 용어에서 시작되었고, 이를 줄여서 인터넷이라고 부르게 되었다. 따라서 인터넷이란 네트워크와 네트워크가 연결되는 통신망을 뜻한다(원우현 편, 2002). 정보화 사회에 진입하여 온라인과 더불어 인터넷이라는 말이 일상생활에서 자주 쓰이게 되었으며, 통신망으로서의 인터넷은 전화선 혹은 전용선을 사용해 접속하면 다양한 정보를 얻을 수 있는 열린 구축 망으로서 정보의 보고라고 할 수 있다. 특히 인터넷을 기반으로 한 정보사회에서 인터넷의 사용은 더 이상 선택 사항이 아닌 필수 조건이 되었다.

대규모 컴퓨터 네트워크인 인터넷은 어떤 유일한 단체나 기관에 의해 총괄적으로 관리되는 것이 아니라, 인터넷을 형성하는 각각의 작은 네트워크들이 자체적으로 관리하고 있다. 이러한 배경은 인터넷이 탄생된 계기를 살펴보면 잘 알 수 있다. 1960년대의 미국은 소련의 핵 위협에서 자국을 보호할 뿐만 아니라, 만약 핵 공격을 받는 경우 그 후에도 세계 도처에 흩어진 미군들에게 문제없이 명령을 내려 보낼 수 있게 하기 위한 방법을 연구하고 있었다. 그 결과 만약 네트워크가 중앙에서 통제를 받고 있고 그 중앙통제소가 파괴된다면, 더 이상 해외에 주둔하고 있는 미군들에게 명령을 내릴 수가 없다는 결론을 내리게 되었다. 따라서 어느 한 곳이 파괴되어도 자료를 원하는 곳으로 전달할 수 있는 네트워크가 필요하게 된 것이다. 이러한 목적을 위해서 미 국방부가 추진하여 하나의 네트워크를 이루게 되었는데, 이것이 곧 '아르파넷(ARPANET : U.S. Advanced Research Projects Agency Network)'의 출현이고, 여기에서 인터넷이 탄생하였다. 즉 본래 군사목적용 네트워크였던 ARPANET에서 학술 및 연구 분야를 위한 네트워크가 분리 독립하면서 인터넷이 태어난 것이다. ARPANET이 운영되면서 전자메일, 원격 접속, 파일 전송 등의 기술 발전이 함께 이루어졌으며, 이러한 네트워크가 현재의 명칭인 '인터넷'으로 불리기 시작한 것은 1983년부터였다. 또한 1984년에는 도메인 시스템이 갖추어져 바야흐로 현재의 모습을 갖추기 시작했다. 이후 1986년 미국 국립과학재단이 미국의 슈퍼컴퓨터들을 연결한 'NSFNET(National Science Foundation Network)'을 구축하면서 인터넷의 모체가 되었던 ARPANET은 사라지게 된다. NSFNET의 등장은 네트워크 기술이 정부나 공공 기관 중심이 아닌 민간 부문에까지 확대되는 결과를 가져왔다. 그 이후 인터넷은 발전을 거듭하며 급성장 일로에 있다. 인터넷은 사용자 수가 증가하면서 더욱 신속 정확한 정보를 흐르게 하고, 그에 따라 새로운 정보의 창출과 고급 서비스를 위한 새로운 컴퓨터 네트워크의 추가 연결 등이 가능해졌다(김창헌 · 박두순 · 손진곤, 2000 : 14~15).

이어 1989년에는 그래픽 환경이 개선되었고, 1990년대에는 월드와이드웹(World Wide Web : WWW)이 등장하였다. 월드와이드웹(www)의 개발로 인터넷이 일반인들에게 친숙한 미디어가 되면서

www는 인터넷의 대명사로 자리 잡았다. 월드와이드웹은 인터넷을 통해 멀티미디어 정보를 쉽게 검색할 수 있게 해 주는 그래픽 사용자 인터페이스(graphic user interface)의 분산 네트워크 시스템이다. 다시 말해 인터넷을 매개로 한 정보 제공 서비스의 한 형태라고 할 수 있으며, 과거 텍스트 기반의 인터넷 환경에 비해 조작의 어려움을 덜어 주는 구조를 갖고 있다. 이러한 월드와이드웹은 1989년 스위스의 팀 버너스 리(Tim Berners Lee)가 네트워크를 통해 텍스트뿐만 아니라 이미지를 포함한 자료를 쉽게 송수신하기 위해 프로젝트를 시작한 데에서 파생되었다. 월드와이드웹은 1992년 월드와이드웹 서비스에 대한 사용자 인터페이스인 모자이크(Mosaic)를 무료로 배급한 것을 계기로 기하급수적인 사용 증가 추세를 보이기 시작했다.

한편 네트워크 기술이 한 단계 진일보하면서 기존의 교육이나 공공 목적으로 주로 사용되던 네트워크 기술에 민간 기업이 참여하게 되었다. 민간 기업들의 상업적 목적에 의해 온라인 서비스가 추가되었고, 이용자층 또한 사회 여러 계층으로 확산되면서 바야흐로 인터넷은 콘텐츠 면에서나 이용자 면에서 양적·질적 팽창을 가져오게 되었다. 1994년에는 대표적 검색 서비스인 '야후(Yahoo)'가 등장했고, 그 이듬해에는 미국의 대표적 온라인 통신업체인 컴퓨서브(CompuServe), 아메리카 온라인(America Online), 그리고 한때는 마이크로소프트사의 익스플로러(Explorer)와 양대 웹브라우저로 간주되었던 네트스케이프(Netscape)가 선을 보였다. 네트스케이프는 1994년 안드레슨(Marc Andressen)과 클라크(Jim Clark)가 모자이크를 개선한 '네트스케이프 내비게이터(Netscape Navigator)'를 배포하여 일반인들이 웹을 자유롭게 이용하는 데 큰 공헌을 했으며, 네트스케이프의 성공에 자극을 받은 마이크로소프트사(MS)가 1996

년 또 다른 도구인 '인터넷 익스플로러(Internet Explorer)'를 내놓고 네트스케이프에 도전한 끝에 현재는 MS사의 익스플로러가 브라우저 시장의 선두를 유지하고 있다.

카베스(Carveth)와 메츠(Mets)는 이러한 인터넷 발달사를 미국의 서부 개척사에 비유하여 개척자 시대, 정착민 시대, 자본가 시대로 구분하고 있다. 인터넷 개척자 시대는 군사적 커뮤니케이션 목적만을 위해 국방 관련 과학자들이 ARPANET을 구축했던 시대로 과거의 커뮤니케이션 양식과는 현저하게 다른 형태의 커뮤니케이션 시스템을 시도했던 시대이다. 다음으로 정착민 시대는 군사적 목적 이외에 대학 연구소 소속 학자와 과학자들이 자신들의 관심사를 자기들끼리만 나눌 수 있는 SFLOVERS 같은 메일링리스트를 만들어 좀 더 안락한 전자 대화 공간을 마련한 시기이다. 이들은 인터넷이야말로 만인이 공유할 수 있는 무한 확장이 가능한 공공재라고 확신했다. 정착민 시대에서 얼마 되지 않아 바로 자본가 시대로 진입한다. 오늘날의 인터넷 환경을 자본가 시대라고 할 수 있다. 현대판 자본가들로는 개인 사업자, 인터넷 프로토콜 사업자(IP), 그리고 출입구를 통제하는 아메리카 온라인, 프로디지(Prodigy), 컴퓨서브 같은 대규모 정보통신업자를 들 수 있다. 이들의 출현으로 정보를 유가 공급하는 현상이 나타나게 되어 대다수 이용자가 이에 거세게 반발하였다. 결국 처음의 무한한 자유 공간으로만 여겼던 인터넷의 비영리 · 공공재적 성격에 가장 큰 위협을 가하고 있는 것은 이른바 출입구 통제를 행사하는 마이크로소프트와 네트스케이프 같은 통신 대재벌들이라고 할 수 있다. 이들의 출입구 통제가 더욱 강화되면서 인터넷의 상업화가 증대될 것이라는 전망이 더 설득력 있게 받아들여지고 있다. 인터넷의 상업적 성격의 가속화는 또 다른 차원에서 정보의 집중화, 독점화, 세계화 현상과 연관된다. 즉, 바이트로 환산한 인터넷 정보의 93.8%가 미국, 캐나다, 영국, 오스트레일리아 등 영어권 4개국에 집중되어 있음은 이들 4개국이 인터넷 시대에서도 정보의 생산과 소비를 독점하고 있음을 입증한다. 이러한 현상은 과거 1970~1980년대 구매체 시대를 통해 이미 정치, 경제, 이데올로기적으로 쟁점화된 바 있는 신 국제정보 질서의 논쟁이 인터넷 시대에 새로운 국면에서 재연될 가능성이 높다.

2. 인터넷의 특성

과거 특정 집단에게만 한정되어 정보 공유 등의 제한적 기능을 수행했던 인터넷이 현재는 우리의 일상생활에서 빼놓을 수 없는 주요 정보 매체로 자리 잡고 있다. 인터넷은 이제 신문과 텔레비전으로 대표되는 올드미디어에 대한 뉴미디어로서 새로운 매체 기능을 산업적으로 확장시켜 주고 있다. 인터넷의 발전으로 정보의 생산과 검색, 저장이 더욱 용이해졌으며, 월드와이드웹의 핵심인 HTML(Hyper Text Markup Language)의 개발로 모든 형태의 정보를 쉽게 접할 수 있게 되었다. 인터넷 커뮤니케이션의 특성을 기존의 매스 미디어와 구별하여 정리하면 〔표 9-1〕과 같다.

웹은 본래 목적인 정보의 자유로운 공유를 가능하게 하였을 뿐만 아니라 인터넷의 모든 기능을 통합하는 핵심적인 역할을 하게 되었다. 오늘날 인터넷과 웹은 거의 동일시되고 있는데, 인터넷은 전 세계로 분산된 고객/서버 시스템으로 볼 수 있다. 이는 인터넷 사용자가 어떤 정보를 요구하면 서버에서 정보를 제공하는 시스템

[표 9-1] 매스 미디어와 인터넷의 특성 비교

매스 미디어	인터넷
중앙집권적/독립적	분권적/ 민주적
송신자 중심의 일방적	인터넷 이용자 중심의 상호작용성
방사형 커뮤니케이션	네트워크 커뮤니케이션
일 대 다수	일 대 일/일 대 다수/다수 대 다수
대중화	탈대중화/개별화
일차원적, 평면적 메시지	다차원적 멀티커뮤니케이션
동일성	비동시성
국가적 통제(공영성, 공공성)	네트워크 규약(YCP/IP)

출처 : 김성벽, 『인터넷의 커뮤니케이션적 특성』, 2002, p. 19.

을 의미하는데, 인터넷 사용자는 고객인 동시에 서버가 될 수 있어 언제든지 자신의 정보를 전체 인터넷 사용자를 대상으로 제공할 수 있는 특징을 갖고 있다. 이런 방식으로 여러 대의 컴퓨터가 작업을 기능별로 분담·처리하는 환경을 구축해 네트워크를 기반으로 컴퓨터끼리 자원을 공유하거나 정보를 주고받을 수 있는 것이 인터넷 커뮤니케이션 환경이다(안보섭, 2002). 즉, 기존의 신문이나 텔레비전 같은 대중매체는 정보 전달이 일방향적이었으나 인터넷에서는 고객/서버 시스템에서 정보 제공자와 소비자 간의 경계가 무너지면서 보다 다양하고 자유로운 정보 창출과 공유가 이루어질 수 있게 되었다. 물론 올드미디어의 경우도 신문의 '독자 투고란'이나 텔레비전의 '옴부즈맨 프로그램'과 같은 형태로 수용자의 피드백이 있기는 하지만, 그것이 전송되는 정보의 내용이나 편집 방향에 크게 영향을 미치지는 않는다. 올드미디어의 이러한 일방향적 정

보 전송에서 수용자는 지극히 수동적인 위치에 머무를 수밖에 없으
며, 일방적으로 주어지는 정보를 받아들이는 존재로 간주되었다.
또한 올드미디어가 전송할 수 있는 정보의 형태는 지면의 제한이나
채널 및 방송시간 등으로 제한되었다. 그러나 인터넷의 등장으로
기존의 올드미디어의 콘텐츠 용량은 확장되고 정보 제공자와 이용
자 사이의 상호작용성이 높아지게 되었다.

인터넷의 가장 큰 특성은 멀티미디어를 수용할 수 있다는 점
이다. 인터넷은 문자와 소리, 정지 화상, 동영상 등 다양한 정보를
제공할 수 있고, 사용자의 요구대로 이용할 수 있다. 즉, 인터넷은
신문, 라디오, 텔레비전 등으로 각각 개별화되었던 매체를 통합하
는 특성을 지니므로 양적인 측면에서 정보가 급격하게 증가하고 있
다. 인터넷은 기존의 미디어들이 제공하던 모든 서비스를 포괄함
으로써 문자를 비롯하여 동영상 및 음향 등 멀티미디어를 이용해
무제한의 정보를 이용 또는 제공할 수 있게 된 것이다.

둘째, 인터넷은 송신자와 수신자 간의 상호작용성을 강화시켰
다. 기존의 미디어에서 송수신관계는 일 대 일(one to one) 또는 일
대 다수(one to many)로만 한정되었으나, 인터넷은 다수의 송신자
와 다수의 수신자가 존재하는 다수 대 다수(many to many) 송수신
의 특성을 지닌다. 이는 다양한 네트워크를 포괄하고, 비선형적인
네트워크 형성을 통해 다차원적인 커뮤니케이션을 구성하는 인터
넷의 기술적 특징에 기인한다. 물론 인터넷의 다수 대 다수 송수신
은 단순히 수적인 증가만을 의미하는 것이 아니라 기존의 올드미디
어에 대해 수동적이었던 사람들이 적극적인 정보 사용자로 바뀌게
되고, 수용자 스스로가 정보의 내용과 전달시간, 전달 대상 등 정보
의 모든 측면에 영향력을 행사함으로써 그 개념을 변화시킨 것이
다. 요즘 신조어로 등장한 프로슈머(prosumer : producer와 consumer

의 합성어)의 의미처럼 네티즌 모두가 수용자인 동시에 정보 송신자
가 된다. 이러한 상호작용성은 인터넷을 통해 정보를 요구할 뿐만
아니라 자신의 정보를 전체 인터넷 사용자에게 제공할 수 있음을
의미한다.

셋째, 인터넷에서는 시공간을 초월한 동시적·비동시적 커뮤
니케이션을 경험할 수 있다. 인터넷의 핵심 하드웨어인 컴퓨터의
저장성에 의해 기존의 미디어에서는 정해진 시간에 정보를 전송받
아야 했던 시간적인 제약이 허물어짐으로써 인터넷 이용자들은 필
요할 때마다 언제든지 정보를 송수신하게 되었다. 아울러 인터넷
은 네트워크로 연결되기 때문에 국경 등의 지리적 제약을 초월할
수 있다.

넷째, 익명성 역시 인터넷의 고유한 특성이라고 볼 수 있다.
아이디를 사용함으로써 내가 누구인지 남에게 드러나지 않는 익명
성 때문에 인터넷에는 '가상 공동체(virtual community)'가 형성되
며, 이러한 가상 공동체는 '사이버 세계'라는 새로운 공간을 창조
해 인간의 삶이 전혀 새로운 방식으로 진행되도록 작용하고 있다.
매스 미디어로서 인터넷의 특성은 인터넷을 이용하는 수용자의 특
성도 변화시켰다. 기존의 미디어 수용자는 수동적이며 다수의 이
질적 집단으로 분산된 반면, 인터넷 이용자의 경우 참여자 수의 확
장과 축소가 임의적으로 발생하고 메시지 생산자와 수용자의 위치
가 불연속적으로 바뀌게 된다. 이러한 불연속성, 비일관성, 가변성
그리고 유동성이야말로 인터넷 이용자가 기존의 다른 미디어 수용
자와 구별되는 특성이라고 할 수 있다.

현재 사이버 공간은 다양한 이념과 가치관, 생활 양식을 가진
다원적 네티즌 사회로서 사이버 공간에서의 시민상은 다양하다.
공동체주의자들처럼 직접 참여민주주의의 이상과 상호주의 원칙

을 강조하고, 메시지의 송신과 정보 접근의 동등한 보장을 주장하는 집단과 정치적 동원세력, 비슷한 취미나 의견을 가진 사람들의 동호회, 그리고 대중을 조작하고 여론을 조성하여 지배권을 행사함으로써 자신의 권력을 증대시키려는 집단들로 분류할 수 있다. 물론 이러한 구분을 통해 인터넷 이용자들을 정확히 분류해 내기란 쉽지 않다. 왜냐하면 사이버 공간에서는 이용자들이 하나의 부류로만 존재하는 것이 아니라 여러 집단에 속해 있기 때문이다. 인터넷을 이용하는 목적들은 이처럼 다양하지만, 이들의 공통적인 특성은 인터넷 매체 사용자로서 기존의 매체 수용자에 비해 자신이 전할 정보의 내용과 시간, 의도와 대상 면에서 전면적인 권한을 갖게 되었다는 점이다(안보섭, 2002 : 246~247).

한편, 인터넷 이용자의 급성장으로 정보 공유의 공공적 기능과 상품의 홍보 및 판매라는 상업적 기능이 확장되고 있다. 최근 몇 년 사이에 인터넷은 새로운 광고 매체로 각광을 받으면서 인터넷 광고비 역시 급격히 증가하고 있다. 그만큼 인터넷의 이용자 수가 많다는 것을 반증한다. 인터넷이 광고 매체로서 갖는 장점은 전자 상거래가 일반화되면서 인터넷 상에서의 상품 고지에서부터 구입까지가 한 번에 이루어져 곧바로 매출로 연결될 수 있다는 점이다. 분주한 현대인들은 교통 혼잡과 물류 비용의 증대로 직접 구매를 선호하는 추세이다. 특히 신용카드제도와 택배 시스템의 활성화로 광고와 구매의 연결이 가능해졌다. 또한 인터넷은 시간과 공간의 제약을 벗어나 세계적 접근이 가능하고, 하루 24시간 내내 광고할 수 있으며, 시간과 지면을 거의 무제한 확보할 수 있다. 이 외에도 인터넷은 광고, 홍보, 마케팅 활동을 통합할 수 있는 매체로서 개인 또는 구매 대상 집단에 대해 선별적으로 접근하는 직접 마케팅도 가능하다(정만수, 2002). 비용 차원에서도 인터넷 광고는 기존의 주요 매체에 비해 아주 저렴한 비용으로 웹사이트를 구축해 지속적으로 운영할 수 있고, 제품이나 기업의 상황 변화에 따라 즉각적으로 대체할 수도 있다. 광고주 입장에서도 소비자의 정보와 반응을 수집하고, 사용자의 이용 실태를 쉽게 파악할 수 있어서 광고효과나 홍보효과가 높은 편이다.

최근 들어 놀라울 정도로 폭증한 인터넷 광고는 성인들뿐만 아니라 청소년들에게도 직·간접적인 영향을 미치고 있다. 배너 광고를 비롯하여 이메일 광고, 팝업 광고, 동영상 광고, 스폰서십 광고 등 청소년의 시선을 끄는 다양하고 역동적인 광고에 의해 특정 제품에 대한 인지도와 선호도를 높이거나 각종 이벤트와 판촉행사를 통해 소비자의 능동적인 참여와 충동구매를 자극하고 있다. 또한 허락을 받지 않은 상태로 개인 정보가 유통되고 있어서 웹 상에서 개인 신상이 공개되기도 하며, 구매 내역을 통해 상품 판매자에게 정보가 유출되기도 하는 부정적인 현상이 발생하고 있다. 인터넷을 통한 개인 정보의 침해 양상을 살펴보면, 전자적 거래 시 개인 정보의 악용과 시스템 관리자의 과실에 의한 개인 정보의 유포, 해커에 의한 정보통신망에서의 개인 정보의 침입, 웹 상에서 프로그램을 이용한 개인 정보의 수집 등은 인터넷 서비스 이용자에게 직접적인 피해를 줄 수 있다. 특히 인터넷 서비스 이용에 따른 개인 정보는 전자적 거래 시 물품 구입과 배송에 필요한 개인의 이름과 주소, 전화번호, 카드번호 및 주민등록번호 등이 웹 상에서 공개되거나 유통됨으로써 인터넷 범죄나 개인의 사생활을 침해하는 등 사회적 문제를 야기할 가능성이 높아졌다.

3. 인터넷과 미디어 교육

　　매스 미디어로서의 인터넷은 새로운 커뮤니케이션 연구 영역
으로서 각광을 받고 있다. 인터넷과 관련된 커뮤니티 생성, 뉴스 집
단(news group), 전자메일, 인터넷 폰과 같은 대인 커뮤니케이션뿐
만 아니라 인터넷 신문과 인터넷 텔레비전, 인터넷 라디오 등 매스
커뮤니케이션 영역의 미디어 기능이 확장됨에 따라 커뮤니케이션
학자들은 인터넷의 사회적 기능과 영향, 효과 연구 등에 대해 더 많
은 관심을 기울이고 있다. 매스 미디어로서 인터넷은 과거 일방향
적인 신문과 텔레비전 방송과는 달리 메시지 생산자와 수용자가 일
대 다수뿐만 아니라 다수 대 다수, 다수 대 일, 일 대 일 등 여러 형
태의 동시적 커뮤니케이션이 가능하다. 또한 인터넷은 매스 미디
어로서 동시적 커뮤니케이션과 비동시적 커뮤니케이션 형태가 모
두 가능한 매체이며, 수용자의 위상을 보다 적극적이고 능동적인
주체로 변화시켰다는 평가를 받는다. 하지만 인터넷 이용을 둘러
싼 정보 격차(digital divide) 문제나 성인 오락 채널의 통제가 어려운
문제점, 언어폭력, 인터넷 중독 현상, 정보원의 공신력 문제 등이
중요한 연구 쟁점으로 논의되고 있다.
　　우리나라의 경우 IT 발전에 힘입어 지난 10여 년 간 인터넷이
급속하게 확산되었으며, 거의 대부분의 청소년이 인터넷을 이용하
고 있다. 한국인터넷진흥원에 따르면, 2005년 12월 말 기준 국내
인터넷 이용자 수는 3천3백만여 명에 달하고, 6～19세 사이의 청소
년의 경우 97.8%가 인터넷을 이용하는 것으로 나타났다(한국인터넷

진흥원, 2005). 특히 청소년들의 인터넷 중독 증가 현상이 두드러지면서 인터넷 매체 교육에 대한 필요성이 제기되고 있다. 어린아이와 청소년들이 오락적 목적으로 컴퓨터에 지나치게 탐닉함으로써 발육과정이나 학업에 지장을 받을 뿐 아니라, 다양한 사회화 과정이나 학습 기회를 상실하기도 한다. 또한 사이버 범죄가 증가하면서 매년 1만여 명의 청소년들이 사이버 범죄자로 전락하고 있다. 이 중 5천여 명은 인터넷 계정 도용이나 아이템 사기 등 온라인 게임과 관련된 범죄에 연루된 것으로 나타났다. 이 밖에도 사이버 명예훼손 및 성폭력 상담 센터의 상담이 매년 증가 추세에 있다. 이는 인터넷이 청소년 성 매매의 주요 매개체로 부각되고 있는 실정을 반영하는 것이고, 인터넷 채팅 사이트가 성범죄의 핵심적 수단으로 등장하고 있음을 반증한다(김성벽, 2006). 이러한 현상은 청소년들에게 해로운 음란물과 폭력물이 인터넷 상에서 범람하고 사행심을 조장하는 경품 이벤트 등이 급증함으로써 정보통신 분야의 유해 매체물이 날로 증가하고 있기 때문이다. 하지만 이에 대한 청소년들이나 일반인들의 이해가 부족하고 당국의 미온적인 규제정책으로 문제의 심각성은 날로 높아지고 있다.

청소년들이 주로 사용하는 대표적인 인터넷 서비스 유형으로는 메신저와 게시판, 미니 홈페이지/블로그, 채팅 등을 들 수 있다. 먼저 메신저는 메시지를 교환하고, 접속 상태를 확인해 채팅을 하며, 파일이나 문자를 전송할 수 있게 한다. 그러나 메신저는 무차별적인 스팸 쪽지의 유통과 음란 대화, 유흥업소 취업, 원조교제의 유혹, 폰 섹스, 행운의 쪽지, 사진 요구, 음주, 돈 버는 다단계, 여행 유혹 등의 유해 쪽지 등이 무차별적으로 유포되거나 음란 채팅 등이 조장될 위험성을 내포하고 있다. 다음으로 웹 상의 게시판은 다양한 사람들과 정보 및 의견을 공유하는 긍정적인 역할을 수행하고 있다. 즉, 중요한 정보가 신속하게 기하급수적으로 확산되는 유통경로로서 게시판이 이용될 뿐만 아니라 새로운 문화 생산의 창구역할을 수행한다. 아울러 인터넷은 미니 홈페이지나 블로그 형태의 홈페이지를 가능하게 하며, '다음카페'와 같은 형태의 커뮤니티모임을 형성해 준다. 미니 홈페이지나 블로그의 경우는 온라인 1인미디어로서 개인 간 커뮤니케이션(P2P)의 구심점이다. 이는 간편한개설로 커뮤니티 운영을 통해 자신을 홍보하고 문화 생산 활동을하게 한다는 점에서 긍정적이지만, 개인 정보가 노출되고 저작권이침해되기도 하며, 무리한 방문객 유치나 시간 및 금전적 낭비를 초래하는 문제점도 있다. 또한 인터넷은 익명성의 한계에 따라 네티즌들의 에티켓 실종 현상이나, 특정 개인과 집단에 대한 비방 및 명예훼손, 저작권 침해, 스팸성 정보와 원치 않는 상업적 광고의 확산도 문제로 제기된다. 마지막으로 청소년들이 많이 이용하는 인터넷 서비스인 채팅의 경우도 실시간 텍스트 채팅이나 화상 채팅을건전하게 할 수 있다는 장점이 있다. 청소년들이 특히 채팅을 선호하는 이유는 가상 공간에서 손쉽게 만날 수 있고, 성에 대한 호기심을 충족시킬 수 있으며, 심리적 위안을 받고, 정보 교환을 쉽게 할수 있기 때문이다. 하지만 채팅을 하면서 언어가 파괴되고, 음란화현상이 나타나거나 초상권을 침해하며, 원조교제와 같은 범죄의 매개로써 악용될 수도 있다. 또한 청소년들이 일상생활의 도피처로서 채팅 자체에 중독되는 부정적인 현상을 초래하기도 한다. 이러한 점들을 고려해 건전한 채팅 이용방법에 대한 미디어 교육이 필요한 것이다. 가령 애칭을 사용한다거나 개인의 신상(학교, 주소, 연락처 등)을 알리지 말아야 하며, 음란 대화방에 참여하지 않도록 지도해야 한다.

인터넷과 관련된 미디어 교육에서는 무엇보다 인터넷 확산에 따른 역기능 유형을 인식시키고, 인터넷 중독과 사이버 폭력에 대한 예방책을 교육시키는 것이 중요하다. 우리나라의 경우 거의 대부분의 청소년들이 인터넷을 사용하기 때문에, 청소년 자녀를 둔 많은 가정에서는 인터넷 중독(internet addiction)에 의한 학업에의 지장과 일상생활에서 나타나는 장애 현상들을 우려하고 있다. 인터넷 중독은 1996년 골드버그(Goldberg)가 병리적이고 강박적으로 인터넷을 과다하게 사용하는 현상을 지적하면서 처음 사용한 용어이다. 인터넷 중독은 "인터넷을 지나치게 이용함에 따라 발생하는 이용자의 신체적 · 정신적 · 경제적 · 직업적인 부분 등 일상적인 사회적 역할이 손상되는 상태"를 의미한다. 인터넷 중독과 관련된 부적응 현상은 인터넷에 대한 강박적 집착이나 내성과 금단 현상, 일상생활에의 장애, 신체적 증상으로 나타난다. 가령 청소년들이 인터넷 사용에서 중독 상태인지를 알아보기 위해서는 〔표 9-2〕와 같은 체크리스트가 도움이 될 수 있다.

인터넷 중독의 원인에는 다양한 변수가 작용하지만, 크게 개인의 성격과 사회 · 문화적인 요인, 그리고 가상 공간의 특성에 따른 요인을 들 수 있다. 먼저 개인의 성격으로는 우울함이나 내향적 성격을 가진 사람이 자신을 나타내지 않아도 되는 가상 공간에 지나치게 몰입하는 경우가 있고, 다른 사람의 관심과 평가에 지나치게 불안해하거나 염려하는 성격을 지닌 경우, 또는 자아 존중감이 낮은 사람, 문제 해결능력이 떨어져 더 부정적으로 자신을 평가하는 사람, 일반화를 잘 시키고 이분법적 사고나 왜곡된 인지적 특성을 가진 사람의 경우 불편한 감정을 피하기 위해 가상 공간에 빠져드는 경향이 있다. 사회 · 문화적 요인으로는 급속하게 변화하는 사회에 적응하지 못하고 삶의 만족감이 부족하거나 사람들과의 유대감이 약하고 희망이 상실되었을 때 인터넷에 중독되기 쉽다. 또

〔표 9-2〕 인터넷 중독으로 나타나는 사회 부적응 패턴

중독 유형	세부 사항
강박적 집착과 사용	▶ 인터넷을 하지 않는 동안에도 인터넷을 할 생각만 한다. ▶ 인터넷에서 뭔가 새로운 일이 일어나고 있을 것 같은 생각에 사로잡혀 있다. ▶ 대부분의 시간을 인터넷을 하는 데 보내고, 처음 의도했던 시간보다 더 오래 하게 된다.
내성과 금단	▶ 만족하기 위해 점점 더 많은 시간 동안 인터넷을 사용하고, 점점 더 자극적인 것을 찾는다. ▶ 인터넷을 하지 않으면 불안, 우울, 초조감에 시달리며, 인터넷을 하면 마음이 편해진다. ▶ 수업 중에도 게임하는 소리가 귓전을 맴돈다. ▶ 밤에 잠자리에 들어도 눈이 말똥말똥해지며, 인터넷을 할 생각에 빠져 있다. ▶ 밤에 잠자리에 누우면 천장이 컴퓨터 화면으로 보이고, 여러 장면이 어지럽게 펼쳐진다.
일상생활 장애	▶ 인터넷을 하기 위해 다른 일을 미루거나 포기하며, 거짓말을 한다. ▶ 인터넷 이용을 방해받으면 몹시 화를 내거나 부모에게 반항한다. ▶ 인터넷 사용으로 학업 성적이 저조하고, 학교를 그만두기도 한다. ▶ 친구를 만나지 않고, 취미 활동에도 관심이 없어진다. ▶ 가족과 보내는 시간이 줄어들며, 부모에게 불복종하고, 심하면 가출한다.
신체적 증상	▶ 밤을 새워 인터넷을 사용하므로 일상생활 주기가 교란된다. ▶ 만성 피로감, 눈의 피로, 시력 저하, 근골격계 장애가 온다. ▶ 영양실조, 운동 부족, 과식에 따른 체중 증가가 있을 수 있다. ▶ 혈압 상승, 심장마비, 돌연사 등이 초래된다.

출처 : 김성벽, 『인터넷 환경 바로보기』, 한국지역사회교육협의회, 2006.

한 일반인의 경우도 건전한 놀이문화와 가족과의 여가 활동이 부족하며, 전통적인 가치관의 붕괴로 전환기적 상황에서 통제력 등이 부족할 때 인터넷에 빠지기 쉽다. 이러한 상황적 요인 속에서 가상

공간이 갖는 특성은 인터넷 중독을 더욱 조장하는 경향이 있다. 즉 가상 공간은 익명성을 제공하고, 언제 어디서나 접근이 용이하며, 현실도피와 흥미성, 통제성, 사회적 지지 기반을 제공해 주므로 인터넷에 몰입하게 되는 것이다.

청소년들에게 흔히 나타나는 인터넷 중독의 유형으로는 온라인 게임 중독이나 사이버 채팅 중독을 들 수 있다. 온라인 게임 중독 현상은 하루 대부분의 시간을 게임을 하면서 보내는 등 게임에 대해 과도하게 집착하거나, 일상적인 활동이 현저하게 줄어들고, 인터넷을 하지 못하면 초조해지는 상태를 가리킨다. 예를 들어 청소년의 경우 밤새워 게임을 해서 학교에 지각이나 결석을 하게 되거나 학업 의지를 상실하고, 수업 집중도가 저하되어 성적이 떨어지는 현상이 대표적이다. 또한 심할 경우에는 게임과 관련된 각종 범죄를 일으키고, 건강상의 문제가 야기되어 사망에 이르기도 한다. 사이버 채팅 중독의 경우 청소년들뿐만 아니라 주부나 직장인처럼 일반 성인도 해당되지만, 특히 청소년의 경우 자기 통제력을 상실하거나 대인관계에 장애가 생기며, 학교에 적응하지 못해 가족과의 갈등을 야기할 수 있다. 이러한 사이버 채팅 중독자의 경우 자신의 정체성을 상실하고, 현실세계에서 고립되어 감정 조절능력이 감소하는 등 부정적인 현상이 발생한다. 일부 청소년에게만 해당되는 사이버 섹스 중독의 경우는 처음에 호기심으로 음란 사이트를 돌아다니고 채팅을 하던 수준에서 폰 섹스나 그 이상으로까지 발전하는 등, 이에 지나치게 집착하게 되는 상태를 말한다. 이러한 경우에는 학업에 지장을 초래하고, 성에 대한 왜곡된 인식과 함께 심리적 충격을 받게 되며, 성범죄로까지 연결될 위험성이 있다. 정보 검색 중독 역시 다양한 정보 검색에 관심이 있으나 특정한 목적 없이 여러 사이트를 돌아다니며 시간을 소비하는 경우인데, 이 경우도 인터넷 중독 현상에 포함될 수 있다.

인터넷의 또 다른 큰 사회적 문제점으로 사이버 폭력과 사이버 음란물의 배포 현상을 들 수 있다. 신체적·심리적 변화가 심한 청소년들에게 인터넷은 가상 공간에서 온갖 형태의 폭력적인 표현과 행위를 노출시키고, 사회의 보편적 윤리와 규범에서 벗어나는 성적 충동을 일으키는 음란물에 쉽게 접하게 한다. 사이버 폭력으로는 특정인에 대한 허위의 글이나 명예에 관한 사실을 불특정 다수에게 공개하여 명예를 훼손하는 사이버 명예훼손이나 게시판, 대화방, 이메일, 쪽지 등을 이용해서 모욕적인 언사나 욕설 등을 행사하는 사이버 모욕행위, 정보통신망을 이용해 특정인에게 원하지 않는 접근을 지속적으로 시도하거나 성적으로 괴롭히는 사이버 스토킹, 음란한 대화를 강요하거나 성적 수치심을 주는 사이버 성폭력 등이 있다. 이러한 유형의 사이버 폭력은 피해 확산이 너무 빠르고, 댓글이나 퍼 나르기로 피해자를 양산할 수 있으며, 익명성 때문에 가해자 파악이 용이하지 않다. 또한 수많은 내용이 상당 부분 진행된 다음에 피해자가 알게 되는 경우가 많으며, 정확한 유통경로를 모르기가 쉽다. 더 나아가 사이버 폭력은 손해배상이나 가해자 처벌은 가능하지만 원상 회복이 어려우며, 일일이 법률로 처벌하고 제재하기가 곤란하다. 심한 경우 많은 사람에게 신상 정보가 노출되어 피해자가 정상적인 사회생활을 하는 것이 불가능해지며, 가족이나 친구에게까지 피해가 확산될 수 있다. 사이버 음란물의 경우 미디어가 발달함에 따라 다양한 형태로 만들어지고 있다. 실제로 스팸 메일이나 개인 간 커뮤니케이션, 웹하드, 음란 사이트, 메신저, 커뮤니티, 모바일 등을 통해 청소년들이 쉽게 음란물을 접할 수 있다는 것이 문제이다. 사이버 음란물의 문제점은 무엇보다 학업에 지장을 주고, 성 충동을 증가시켜 음란물에 중독되는 현상을 초래한다. 또한 여성을 단순히 성적 대상으로 인식시키고, 성에 대한 왜곡된 인식과 죄의식 없이 음란물을 유통시킴으로써 성범죄를 증가시킬 위험성이 있으며, 심각한 금전적인 피해를 초래할 수 있다. 따라서 미디어 교육은 인터넷이 가져온 여러 가지 개인의 문제와 사회적 문제점들에 대해 분명하게 인식시키고, 인터넷의 올바른 사용법과 역기능에 대한 예방책을 교육해 나가야 한다.

제3부
미디어 제작과 교육 사례

제10장 신문 제작과 교육 사례

제11장 영상물 제작과 교육 사례

제12장 통합교과 미디어 교육 사례

제10장

신문 제작과 교육 사례

1. 미디어 제작 교육과 NIE

2. 신문 제작 교육

3. NIE를 통한 특기 · 적성 지도 사례

1. 미디어 제작 교육과 NIE

텔레비전에 가장 많은 시간을 할애하던 초등학교 시절과는 달리 중학생들은 컴퓨터나 모바일 매체에 할애하는 시간 비율이 높다. 이는 그들 대부분이 학원이나 야간 자율학습 등으로 주 시청시간대에 집 이외의 다른 곳에 있기 때문이다. 또한 청소년들은 일방적인 텔레비전보다 양방향적인 컴퓨터와 모바일에 더 몰입하는 성향이 있어서 수업시간에 게임이나 문자를 즐기기도 한다. 이러한 청소년들의 문화적 특성을 고려해 미디어 교육을 실시하려면 무엇보다 학생들의 입장에서 대중문화와 대중매체의 관계를 인식시키고, 학생들이 적극적으로 미디어를 사용할 수 있도록 다양한 제작교육이나 매체 활용 교육을 시도해야 한다(강정훈, 2004). 특히 모둠활동이나 협동 학습 같은 능동적인 수업 기법을 통해 대중문화의 내부 현실과 문화 생산자의 의도 등을 정확하게 파악할 수 있도록 제작 교육이 요구된다. 미디어 제작 교육은 여러 가지 매체를 보여주고 활용할 기회를 제공해 그 효과를 증대시킬 수 있다. 또한 미디어 제작 교육은 주입식 교육보다 학생들이 미디어 텍스트를 잘 분별할 수 있게 도와주거나 미디어를 적극적으로 활용할 수 있는 단계까지 이끌어 줄 수가 있다. 미디어 제작 교육을 실시할 때는 교사의 의견을 강요하지 말고, 학생들의 입장에서 대중문화와 미디어 사용 패턴을 이해하고, 이를 체계적으로 분석해서 창의적으로 제작할 수 있도록 돕는 자세가 요구된다.

미디어 교육에서 신문을 활용한 교육(NIE : newspaper in

education)은 21세기 청소년들에게 창의적인 사고력 개발과 적극적이고 능동적인 정보 수집 및 분석능력을 기를 수 있게 하는 적절한 교육 프로그램이다. 이제까지 정형화되고 경직된 교과 학습에서 벗어나지 못한 학생들에게 신문을 활용한 미디어 교육은 새로운 정보 습득에 대한 즐거움을 주고, 적극적인 학습 활동으로 이끌어 갈 수 있는 유용한 프로그램이라고 할 수 있다. 지식 기반 사회에서 정보가 개인의 삶의 질을 향상시킬 뿐만 아니라 사회 구성원으로서도 창의적인 사고력과 냉철한 판단능력을 향상시키는 주요 자원이라고 할 때, 다양한 분야의 정보를 심층적으로 다루는 신문은 특기 · 적성 교육을 강화하는 데 좋은 소재가 될 수 있다.

우리나라의 NIE 교육은 초등교육에서 활성화되고 있으나, 현장에서 NIE 교육을 실시해 본 경험이 많은 중 · 고등학교 교사들은 신문 활용의 교육적 효과가 자아 정체성이 확립되는 중등교육에서 더 극대화될 수 있다고 본다. 특히 제7차 교육과정에서는 특기 · 적성 교육을 강화시킴으로써 정규 교육과정(교과 활동, 특별활동, 재량활동) 시간 외에 학생들의 소질과 적성을 개발하는 교육 기회를 제공하고 있다. 이는 과거의 획일화된 입시 교육을 탈피하고 정보기술사회에 능동적으로 대처할 수 있는 창의성을 키우는 데 중점을 두고 있음을 시사한다. 교육부가 2004년 2월 17일에 발표한 사교육비 경감 대책에서도 방과 후 수준별 보충학습 및 특기 · 적성 교육이 강조되고 있다. 교육부가 제시한 특기 · 적성 교육의 운영 지침에 따르면, 그 목적은 학생의 소질과 적성을 계발하고 취미와 특기 · 적성의 신장을 위한 교육 기회를 제공하는 것이다. 또한 방과 후 교육 활동과 연계된 동아리 중심의 학생문화를 창달함으로써 학부모의 사교육비를 절감시키며, 학교의 시설 및 지역사회의 인적 자원 활용을 극대화하는 목적을 갖고 있다. 이러한 교육부의 특기 · 적성 교육은 정보사회에 능동적으로 대처할 수 있는 창의성과 정보 습득능력을 길러 주고자 하는 미디어 리터러시 교육의 목적과도 부합된다. 따라서 교육부 차원에서의 이러한 교육과정의 변화는 급변하는 매체 환경에서 NIE 교육과 같은 미디어 리터러시에 대한 사회적 수요를 학교교육에 반영시킬 여지를 제공한다.

2. 신문 제작 교육

미디어 교육 프로그램에는 미디어에 대한 이해와 미디어 바로 보기가 핵심적인 내용이지만, 미디어 산업과 환경, 수용자, 그리고 미디어의 영향을 이해하기 위한 제작 교육도 포함되어야 한다. 한국언론재단은 미디어 교육 교재의 개발과 교사 연수, 전문가 양성, 학교 미디어 교육의 지원 등 미디어 교육에 필요한 거의 모든 사업을 실시하고 있다. 한국언론재단이 2004년에 실시했던 미디어 교육의 내용은 신문 제작이 35%로 가장 많았고, 영상 제작이 23%, 미디어 일반이 13%, NIE는 13%, TV 바로 보기 6% 등으로 나타났다. 특히 제작 교육을 통한 미디어 교육은 학생들이 직접 미디어를 제작해 보게 함으로써 미디어 제작 환경을 이해시키고, 뉴스의 선택 과정과 가공 작업, 미디어 제작자 등에 대한 직접적인 체험을 통해 교육이 이루어지므로 교육적 효과가 매우 높다. 그러나 제작 교육에 앞서 반드시 미디어에 대한 이해와 비평, 미디어 바로 보기 등이 교육과정 중에 다루어져야 하며, 미디어 교육 일반 역시 교육과정 중에 때때로 소개되어야 한다. 학교 현장에서는 신문 제작 교육이 전체 교육 내용에서 아직 약간 높은 비율을 차지하고 있다(이동우,

2004). 신문 교육이 용이한 점은 타 매체에 비해 교사나 학생들이 접근하기가 수월하고, 자료를 수집해서 분석하기도 용이하다. 또한 여러 신문을 수집하여 비교·평가해 봄으로써 신문의 지면 구성과 글쓰기 모범 사례를 찾아볼 수도 있다.

신문 제작 교육을 할 때는 기본적으로 기사 찾기와 취재방법에서부터 신문 사진의 의미와 기사의 종류, 기사의 구성, 제목과 레이아웃에 대한 이해, 신문 편집 실습 등을 실시해 보는 것이 필요하다. 즉 신문 제작을 위해서는 기본적으로 신문의 구성과 역할을 이해하고, 신문 기사와 광고의 차이, 신문 비교를 통해 신문사마다 보도 관점과 기사 논조에 차이가 있음을 인식시켜야 한다. 아울러 학생들이 실제로 학교 신문을 만들어 봄으로써 취재와 기사 작성방법을 익히고, 기사 작성을 실습해 보는 제작 교육을 실시하는 것이 바람직하다. 신문 기사를 작성하기 위해서는 먼저 매체 특성상 시의적인 소재를 간단명료하게 작성할 필요가 있다. 방송 매체보다는 상대적으로 심층 보도를 할 수 있지만, 기록성과 함께 신속성을 생명으로 하기 때문에 기사는 언제나 새로워야 하고, 심층적인 취재를 바탕으로 해야 한다. TV 뉴스와 달리 사진자료가 없더라도 얼마든지 기사 작성이 가능한 점도 신문 기사의 특징이다. 기사 작성을 이론적으로 설명하는 것은 간단하지 않지만 기본적으로 육하원칙에 따라 누가, 언제, 어디서, 무엇을, 어떻게, 왜 했는가에 대한 대답을 중심으로 작성하는 것이 일반적인 기사 작성법이다. 또한 보도 기사는 역삼각형의 형태로 중요한 내용부터 먼저 서술하는 경향이 있다. 즉 육하원칙 중 가장 핵심이 되고 중요한 내용을 먼저 소개한 다음, 차츰 부연 설명해 나가는 식으로 기사를 작성한다. 이렇게 기사를 작성하는 이유는 신문 독자가 첫 문장만 보고도 전체의 내용을 파악할 수 있을 정도로 핵심 내용을 요약·정리해 시선을

끌어야 하기 때문이다. 그러나 기획 취재물의 경우 어떻게 시작해
서 어떻게 글을 전개해 나가야 하는지에 대한 공식은 존재하지 않
는다. 취재기자에 따라서 일반 기사나 칼럼을 쓰는 방식이 다르고,
개개인의 취향이나 문장 스타일이 다르므로 단순하게 설명하기가
쉽지 않다. 다만 신문기자들이 현장에서 경험한 바에 따르면, 기사
작성에는 일정한 순서와 명심해야 할 몇 가지 공통적인 사항들이
있다고 한다.〔표 10-1〕은 신문 제작 교육을 실시할 교사들이 참고
할 만한 기사 작성의 일반적인 순서와 학생들의 기사 작성을 지도
할 때 유념해야 할 사항들을 정리한 것이다. 학교 신문을 제작할 때

〔표 10-1〕기사 작성의 순서 및 유의 사항

기사 작성의 순서	기사 작성 시 유의할 사항
▶ 주제는 구체적이고 분명해야 하며, 작고 쉽고 재미있어야 한다.	▶ 글은 읽히기 위해 쓰인다는 점을 염두에 둔다.
▶ 주제에 맞는 글감(소재)은 확실한 근거가 있어야 하며, 풍부하고 다양해야 한다.	▶ 글의 시작과 이야기의 전반부에 역량을 결집시킨다.
▶ 글감을 엮어 구상을 하는데, 구상은 기사의 구성 순서를 정하는 것에서 출발한다. 양괄식, 미괄식, 두괄식, 병렬식 등 자신의 취향과 주제에 맞게 활용한다.	▶ 글의 마무리에 와서 강한 인상을 남겨야 한다.
	▶ 전문 용어나 외국어 사용은 최대한 자제한다.
▶ 글을 쓸 때 주제에서 벗어나지 않게 살릴 것과 버릴 것을 잘 선택한다.	▶ 같은 용어의 반복은 가급적 피한다.
▶ 문법과 용어 사용, 문장에 대해 글을 고치고 다듬는다.	▶ 무리한 논리 전개나 자기주장은 금물이다.
	▶ 글 전체가 일체감이 있어야 한다.
	▶ 맞춤법에 유의한다.
	▶ 교정 작업을 반드시 한다.
	▶ 주 독자층을 염두에 두고 기사를 작성한다.

출처 : 이은택 · 김창룡,「취재보도론」, 한국방송통신대학교출판부, 2001, pp. 78~85.

도 기사 찾기와 취재방법, 기사 작성에 관한 기본적인 원칙들을 알려 주고, 신문이 만들어지는 제작과정에 대한 이해를 도모하는 것이 무엇보다 중요하다.

3. NIE를 통한 특기 · 적성 지도 사례

NIE를 통한 미디어 교육 사례로는 지난 1997년 국내 교육 현장에 NIE가 도입된 이후 8년 가까이 NIE 수업을 진행하면서 수많은 모형 실험과 시행착오 끝에 지도방법과 원리를 체계적으로 정리한 성태모(전남 중주고등학교) 교사의 NIE 지도 사례를 요약해 소개하고자 한다. 전국의 여러 초 · 중 · 고등학교에서 신문 활용 교육이 다각도로 실시되어 왔으나 특기 · 적성 교육의 합리적인 모형이 제시되지 못하였다. 대부분의 고등학교에서는 그 취지와는 달리 교과 수업의 연장으로 특기 · 적성 교육을 실시하는 경향이 많았다. 또한 NIE에 대한 체계적인 지도방침이 부족해 단순히 신문의 내용을 읽게 하고, 주제를 정해 무조건 글을 쓰게 함으로써 NIE 교육에 대한 학생들의 적극적인 참여나 흥미를 끌어내지 못한 논술 지도에 그치고 있다. 이러한 NIE 활용 실태는 NIE 학습을 실시하기 전에 반드시 NIE 교육에 대한 기본적인 이해가 있는지, 학생들의 NIE에 대한 인지도를 조사해야 할 필요성을 제기한다. 즉 교육 대상자들이 NIE에 대해 어떻게 생각하고 있고, 신문의 어떤 내용에 대해 관심이 있는지 설문조사를 하지 않았기 때문에 수요자에 맞는 교육이 이루어지지 못하였다. 특기 · 적성 지도를 위한 기초적 설문조사는 학생들의 생각과 수준에 맞는 이해 학습을 먼저 할 수가 있고, 이를 바탕으로 체계적이면서도 재미를 느낄 만한 다양한 지도 차시의 계획과 모형을 세울 수 있다. NIE 교육을 실시할 때 중점을 두어야 할 것은 기본 영역에 대한 이해가 필요하고, 지도에 알맞은 커리큘럼을 작성해야 한다. 이때 어떤 내용으로 수업을 구성하는가에 따라 교육적 효과가 달라질 수 있으므로 적어도 25~40시간 정도의 수업 틀이 나와야 한다. 교육과정이 진행되면서 다양한 학습자료 결과물들이 나오는데, 이를 모아 전시회를 개최하면 교육적 효과는 물론 NIE에 대한 학생들의 자세가 훨씬 더 진지해지고 관심도도 더 높아지게 된다.

효과적인 국어과 특기·적성 교육에 NIE를 실시하려면 형식적인 틀에 치중하기보다는 교사가 기사의 내용을 잘 파악하여 학생들의 실정에 맞게 지도하는 과정에 더 중점을 두는 것이 중요하다. 이는 신문이 교과서와는 달리 단원이 고정되어 있는 것이 아니고,

NIE가 갖고 있는 기본 영역

▶ 실용적인 단어와 문장능력의 증대

▶ 목적을 갖고 실용적인 청중을 대상으로 한 글 쓰는 기회 제공

▶ 간결한 작문, 시의적인 사건 등에 대한 일반적인 지식의 확대

▶ 지역의 역사와 지리, 현재의 사회적 이슈와 사건 등에 대한 일반적인 지식의 확대

▶ 사회적 문제를 자기 문제로 생각할 수 있는 사회성 확립

▶ 다양한 의견과 가치의 존재 사실 인식

▶ 많은 사실과 의견 가운데에서 자기 자신의 입장을 분명히 할 수 있는 판단력과 사고능력 배양

출처: http://www.gulnara.ent 참고, 성태모, 2004, p. 112에서 재인용.

기사의 내용도 유동적이며, 상황 변동이 심해 일일이 대응해 모든 과정을 지도하기에는 현실적인 어려움이 많기 때문이다. 따라서 학생들의 수준에 맞게 활동을 최대한 보장해 주는 커리큘럼이 더 효과적이다. 성태모 교사는 NIE 교육을 3단계로 구분하여 학생들이 단계별 과정을 거치면서 NIE 교육의 목적과 필요성을 배우도록 모형을 제시하였다. 그가 제시한 3단계란 '견본 보여 주기 단계', '적용 단계' 그리고 '발전 단계'이다(성태모, 2004).

1) 견본 보여 주기 단계

NIE를 처음 시작할 때는 NIE의 정의와 목적, 교육적 효과, 신문에 대한 전반적인 이해를 위한 자료를 준비하고 학생들에게 견본을 만들어 주어 부담을 최소화시킨다. 이는 학생들의 참여도를 높이고, 능동적인 활동을 하게 하며, 신문 구독을 하지 않는 학생들을 배려하는 차원도 있다. 하지만 견본 보여 주기를 너무 오래 할 필요는 없다. 이 단계가 길어지면 학생들은 의타심이 생기므로 어느 정도 선에서 중단하고, 학생들 스스로가 신문을 가지고 다양한 사고를 통해 신문을 활용할 수 있도록 기회를 제공해야 한다. 〔표 10-2〕에서는 견본 보여 주기 단계를 강조하기 위해 25차시 중 7차시까지 안배했으나 이것은 원칙이 아니고, 교사의 수업 상황에 따라 적용하는 것이 필요하다. 견본을 선정할 때는 학생들에게 친숙한 만화나 광고 등을 활용해 관심과 흥미를 끌고 나서 일반 기사 내용으로 들어가는 것이 보편적인 방법이다. 견본 사례로는 다음과 같은 방법들이 있다.

〔표 10-2〕 NIE를 통한 특기 · 적성 지도 계획의 세부안

차시	관련 교과	지도 영역	학습 목표	학습 내용	지도 단계	비고
1/15	통합	NIE의 이해	NIE의 개념과 목적을 바르게 알기 NIE의 역사 알기 신문 읽기방법 이해하기	NIE의 개념에 대한 이해, 역사, 신문 독해방법 등 배우기	견본 보여 주기 단계	NIE의 기초적 지식 습득과 흥미 유발을 위해 다양한 방법들을 제시한다. 특히 NIE에 대한 흥미 유발을 증진시키기 위해서는 적절한 견본을 제시한다.
2/25	국어/ 사회	신문의 이해	신문의 제작과정을 바르게 이해하기 기사 가치 판단의 중요성	신문의 제작과정, 가치 판단의 중요성, 신문 스크랩 만들기 지도		
3/25	예술	사진의 활용	사진을 통해 정보에 대해 이해하기 광고의 활용을 통해 창의적 사고 활동 넓히기	이야기 꾸미기/ 사진 설명하기/ 내가 사진기자라면		
4/25	예술	광고의 활용	광고의 긍정적 기능, 부정적 기능을 바르게 이해하기	합성 광고 만들기/ 10년 후의 상품 광고하기/ 광고를 설명문으로 쓰기 등		
5/25	체육	스포츠· 레저 기사	올림픽, 프로 경기 기사를 통해 표현 활동 넓히기	스포츠, 레저, 운동경기 종목 규칙, 경기방법 알기		
6/25	사회	생각 키우기/ 문제 풀기	쌍문화 현상을 바로 알고 문화적 현상으로 바로 알기/생각 키우기 문제를 선택하여 풀기	쌍문화를 어떻게 볼까 생각 키우기/문제 풀기		
7/25	지리	여행 기사 활용	합리적인 여행 계획 세우기/여행을 통해 얻을 수 있는 것을 배우기	여행의 즐거움/ 여행 계획/ 여행 후 정리 활동		
8/25	교육	생각 키우기/ 문제 풀기	왕따의 이해와 더불어 살기	왕따는 친구에게 평생 상처 주는 범죄 생각 키우기 문제	적용 단계	학생들이 신문 기사를 읽고 적절한 문제를 만들고 답안지를 작성하게 한다. 종이 신문뿐만 아니라 인터넷 자료나 전자 신문을 활용해도 좋다.
9/25	경제	경제면 기사 활용	고유가 시대의 에너지 낭비 요소를 바로 알고, 절약운동에 참여한다.	고유가 시대에 에너지 절약방법/에너지 낭비 실태 파악하기		
10/25	도덕	생각 키우기/ 문제 풀기	인권을 짓밟는 학대는 범죄이다. 인권의 중요성과 인권 유린의 실상 바로 알기	인권유린-인권의 중요성 생각 키우기 문제 풀기/프로 학대 등을 다룬 전쟁 영화나 책을 찾아보고 토론하기		
11/40	환경/ 과학	환경· 과학 기사면 활용	다이옥신의 심각성과 위험성 알기	쓰레기 소각장/ 음식물 쓰레기/ 다이옥신의 위험성		

차시	관련 교과	지도 영역	학습 목표	학습 내용	지도 단계	비고
12/25	의학/ 건강	금연 교육	건강의 중요성에 대해 바르게 알기(금연 지도)	흡연권/혐연권 담배의 유해성/적절한 금연 지도		
13/25	시사	생각 키우기/ 문제 풀기	신문에 등장하는 약자 용어 이해하고 정리하기	신문에 등장하는 약자 용어 바로 알기/ 약자 적용하기		
14/25	교육	교육면 기사 활용	NIE의 필요성/교육에 대한 이해/힉력 신장방법	신문 활용은 선택이 아닌 의무/교실 붕괴의 원인/ 변화된 모습		
15/25	정치	생각 키우기/ 문제 풀기	국회 이해의 독을 넓히기 우리나라 정치 현실 바로 보기에 대해 올바르게 이해하기	국회의 역할과 기능에 대해 알기/ 올바른 국회의 모습 배우기		
16/25	의학/ 건강	의학· 건강면 기사 모으기	의학·건강면의 기사를 통해 정보 획득하기/ 주어진 주제의 내용에 대해 올바르게 이해하기	의학면에 관한 자료 모으고, 내용 정리하기/ 요약/소주제 찾기/어휘/ 단락 나누기		
17/25	교육	교육 기사면 모으기	교육 기사면 내용을 통해 사고력 신장하기/ 교육 문제 살펴봄	우리 교육에 대한 진단/ 교육 문제/ 대입에 관한 설명		포트폴리오의 형식으로 6개월 동안 지속적으로 주제별로 모으면서 단락 나누기/ 어휘 정리 하기/ 내용 요약 하기/ 느낀 점을 쓰게 한다.
18/25	경제	경제 기사면 모으기	경제 기사면의 내용을 읽고 우리 경제 이해하기/경제의 흐름 이해	경제 용어 경제 동향 알아보기 시장경제 원리 알기		
19/25	사회	사회· 문화면 기사 모으기	사회·문화면에 대한 사회적 분위기 알기/주어진 주제의 내용에 대해 올바르게 이해하기	사회·문화면에 관한 자료 모으고, 내용 정리하기/요약/소주제 찾기/ 어휘/단락 나누기	발 전 단 계	
20/25	체육	스포츠, 레포츠 기사면 모으기	스포츠 기사면에 대해 지속적으로 주제별 학습하기/스포츠/ 레포츠에 대한 이해	스포츠 종류 신종 레포츠 알기 스포츠나 레포츠의 가치		
21/25	환경/ 과학	환경· 과학면 기사 모으기	환경·과학에 대해 배경 지식 넓히기/주어진 주제의 내용에 대해 올바르게 이해하기	환경·과학면에 관한 자료 모으고, 내용 정리 하기/요약/소주제 찾기/어휘/단락 나누기		
22/25	역사	역사면 기사 모으기	올바른 역사관 심어 주기/역사에 대한 이해/주어진 주제의 내용에 대해 올바르게 이해하기	우리 역사 바로 알기 역사 인식에 대한 가치관		

차시	관련 교과	지도 영역	학습 목표	학습 내용	지도 단계	비고
23/25	국제	국제면 기사 모으기	국제 뉴스를 폭넓은 안 목으로 살펴보기/주어진 주제의 내용에 대해 올바르게 이해하기	국제면에 관한 자료 모으고, 내용 정리하기/ 요약/소주제 찾기/어휘/ 단락 나누기		
24/25	경제	경제면 기사 모으기	경제에 대해 폭넓게 이해하기/우리나라 경제 현실 살피고, 바람직한 방향 세우기 자신의 경제상황 그리기	경제에 관한 자료 모으고, 내용 정리하기/ 요약/소주제 찾기/ 어휘/단락 나누기		
25/25	정치	정치면 기사 모으기	바람직한 정치 문화 세우기 우리나라 정치구조에 대해 바르게 알기	정치에 관한 자료 모으고, 내용 정리하기/ 요약/소주제 찾기/ 어휘/단락 나누기		

출처 : 성태모, 『중등학교 NIE 수업 사례』, 제8회 미디어 교육 전국대회 발제 원고, 2004, pp. 114~115.

▶ 만화를 활용해 생각할 수 있는 여러 가지 자료 만들기

▶ 광고 패러디하기

▶ 광고 등을 합성하여 새로운 상품광고 만들기

▶ 좋은 광고, 나쁜 광고를 선정하게 한 뒤 그 선정 이유를 적어 보기

▶ 잘못된 광고문을 지적하고, 자신의 생각대로 고쳐 보기

▶ 사회 · 문화/정치/스포츠/교육/경제/과학/문학/예술/종교/환경
   등에 관련된 기사 활용하기

특히 NIE 교육에서 만화나 광고의 활용은 학생들에게 접근이
쉽고 친숙함을 줄 수 있으며 부담 없이 시작할 수 있다는 장점이 있
다. 만화나 만평은 그 짧은 내용 속에서 세상이 어떻게 돌아가는지,
어떤 세태를 반영하는지 살필 수 있고, 독자의 상상력과 판단력을
발휘해 만화의 내용을 종합적으로 이해하는 문제 등을 제시할 수
있다. 만평의 경우는 만평에 해당되는 기사 내용을 찾아보게 한다
거나 만평의 주제를 찾고, 기사를 만평으로 꾸미게 하는 등, 그 시

기에 화두가 되는 시사적 문제를 쉽게 이해할 수 있을 뿐만 아니라 작가의 의도와 여론의 흐름을 파악해서 창의력을 기를 수 있는 좋은 자료이다. 광고의 경우도 신문 지면에서 차지하는 비중이 큰 만큼, 광고를 활용하는 NIE 방법에는 허위·과장 광고 찾아내기, 광고를 합성하여 재구성하기, 광고 패러디하기, 광고 문안이나 그림, 사진을 이용해 자기소개하기, 광고 문안의 일부분을 지우고 완성해 보기 등 다양한 방법이 있고, 더 나아가 학생들이 직접 광고를 제작해 볼 수도 있다. 이러한 견본은 교사들이 NIE 지도방침에 따라 일반적인 견본을 만드는 데 참고가 될 수 있다. 하지만 이 외에도 여러 가지 요소들을 포함해서 견본을 만들 수 있다. 예를 들어 신문 기사의 견본을 통해서 드러난 정보를 가지고 필자의 의도를 파악하고 핵심 정보 찾기, 단락 나누기, 요약하기, 필자의 생각 비판하기, 사건 분석하기, 오류 찾기, 주제문 찾기 등 NIE는 활용방법에 따라 국어 교과의 전반적인 요소들을 적용하여 학생들의 사고력을 향상시킬 수 있다는 점에 주목해야 할 것이다.

2) 적용 단계

적용 단계는 학생들이 자신의 생각대로 직접 질문지를 만들고 스스로 답을 구해 보는 주도적인 단계이다. 신문 활용 교육에 대한 학생들의 다양한 경험들을 토대로 학생 스스로 제시문을 선정하고, 질문지를 만들어 보게 하는 단계이다. 이 과정을 통해서 학생들은 NIE에서 요구하는 창의력과 종합적인 사고능력을 계발할 수 있을 것이다. 학생들이 신문 기사 내용을 충분히 이해하고 그에 맞는 질문과 답을 스스로 찾아낼 수 있도록 개별 지도와 세심한 관찰이 필요하다. 그러기 위해서는 질문지로 선택한 기사와 문제가 서로 상관성 있게 잘 짜여져야 한다. 적용 단계에서는 신문 기사들을 학생들이 스크랩하여 생각하게 하거나 국어과를 비롯해 여러 교과의 단원과 연결해 생각해 보고, 신문의 섹션 부분을 활용하는 방법이 있다. 가령 사회·문화나 경제, 환경, 교육, 국제 뉴스에 관련된 기사를 가지고 주도적인 문제 만들기 등을 실시할 수 있다. 이때에는 학생의 능력과 상황에 맞추어 문제의 제작 범위나 조건을 갖추어야 효과적이며, 가급적 다양한 주제를 접할 수 있게 하는 것이 요망된다. 분량이나 내용 역시 학생 스스로 정해 논제에 맞는 문제를 출제하고 답을 작성해 발표하게 하면 쓰기능력과 발표능력이 모두 향상될 것이다. 적용 단계의 후반에 논술 지도가 필요한데, NIE를 통한 논술 교육은 적절한 가치 판단능력과 의사 결정능력을 키울 수 있으며, 논리적 사고력과 비판적 사고력, 창의적 사고력을 기르는 데 매우 효과적이다.

3) 발전 단계

발전 단계는 NIE 견본 보여 주기 단계나 적용 단계와는 달리 질문지나 답안지가 필요 없고, 초기 단계부터 글쓰기를 병행할 수 있는 장점이 있다. 하지만 주제에 맞는 기사를 선택해야 하고, 동일한 주제를 선정하기 위해 폭넓은 안목이 필요하다. 또한 기사 내용을 요약하고 느낀 점 등을 지속적으로 쓰기 위해서는 한층 더 발전적인 사고과정이 요구된다. 신문 주제별 학습을 효과적으로 하기 위해서는 학생들 개개인에게 적당한 주제를 내주어야 하며, 가급적 주 1회 6개월간 지속적으로 실시하는 것이 바람직하다. 주제 제시

역시 일반적인 분류방법을 선택해서 정치·경제 기사/사회·문화 기사/환경·과학 기사 등 특정 주제에 대해서 지속적으로 실시한 다면, 학생들은 자신이 선택한 내용이나 주제에 대해서 다양하고 폭넓은 정보력을 갖게 된다. 적절한 지도방법으로는 단순하게 주제별로 기사를 모으기만 할 게 아니라 기사 내용을 효율적으로 활용할 수 있는 방안 마련이 필요하다. 즉 기사의 단락을 구분해 본다든지 중요한 단어, 어휘를 풀이하고 내용을 요약한 후 느낌이나 평가를 적도록 유도한다. 이러한 학습방법을 사용했을 때 학생들은 사고력을 동원해 신문 기사의 핵심을 파악하고자 할 것이다. 또한 동일한 주제의 기사를 수집하다 보면 특정 주제에 대해 많은 관심을 갖게 되고, 유익한 정보원으로서 신문을 활용할 수 있다. 이를 위한 NIE 지도 방향으로 특기·적성 지도방법에 관한 구체적인 방법을 설명해 보면, 먼저 흥미 유발을 위해 학생들에게 신문자료를 정리하게 하고 자료를 살펴본 후 핵심 정보를 찾게 한다. 다음으로 문제 해결력을 길러서(독서·작문능력 강화, 자기 주도적인 학습능력 강화) 토의 학습을 통한 사고력을 신장시킨다. 토의 학습에는 말하기, 듣기, 조별 협동 학습, 자기 주도적인 학습능력 강화가 포함되어야 한다.

이상 세 단계의 NIE를 거친 학생들은 기본적인 NIE 학습 이론에서부터 심화된 글쓰기 교육과정에 이르기까지 다양한 활동들을 경험해 볼 수 있다. 학교교육에서 NIE를 통해 다루어진 교육의 틀은 다음과 같은 내용을 포함한다.

▶ NIE의 기본 이해 학습(목적, 개념, 신문의 구조, 제작 원리, 구성 요소, 가치 판단)

▶ 일반적인 기사를 통한 사고력 증대

▶ 사설과 칼럼을 통한 사고력 증대

▶ 만화나 만평, 광고 등을 통한 사고력 증대

▶ 문학 기사를 통해 문화적 안목 넓히기

▶ 과학 기사를 활용한 사고력 넓히기

▶ 예술 기사를 통한 심미적 기능의 강화

▶ 영자 신문을 통한 독해능력 신장

▶ 통합교육을 통해 국어 교육능력의 신장성 강화

▶ 스포츠 기사를 통해 진정한 삶의 이야기 배우기

▶ 일상생활 속에서 수학의 진면목 알기

이상의 내용들을 지도하기 위해서 NIE를 시작할 때는 무엇보다 흥미와 재미가 있어야 한다. NIE가 무조건 학생들의 지적 요구를 충족시키고 과도한 학습 위주의 내용으로만 소개되면 학생들은 심적 부담감과 함께 거부반응을 일으키기 쉽다. 다음으로 교과서에 대한 새로운 이해로서 재구성능력을 배양시켜야 한다. 교과서의 한계를 신문이 보강해서 교과서를 통해 얻은 지식과 학습 내용을 더욱 명확하고 의미가 있도록 재구성하고, 효율성을 높여야 한다. 물론 신문 활용 교육이 만능은 아니며, 교과서보다 우선될 수 없을 뿐만 아니라, 극복해야 할 몇 가지 문제점들도 있다. 즉 NIE 교육자료를 제작하는 데 교사의 많은 시간과 노력이 요구된다. 신문의 경우 자극적이거나 선정적인 기사가 많고, 불필요한 기사나 많은 광고 때문에 읽고자 하는 욕구가 저하되기도 한다. 또한 신문사나 기자의 편견이 지나치게 개입되어 교재의 중립성과 공정성에 어려움이 있고, 신문 기사들이 사회의 어두운 면과 부정적인 면을 너무 지나치게 다루는 경우가 많아 자료 선정에 어려움도 있다. 신문 활용 교육은 이러한 문제점들을 보완해서 학생들의 미디어 교육

자료로 활용되는 것이 바람직하다. 또한 신문 활용 교육은 단순히 글쓰기 지도 차원이 아니라 매체 활용 교육 차원에서 적극적으로 수용되어야 하며, 중ㆍ고등학생들에게 교육적 가치가 크므로 통합 교육의 큰 틀 안에서 실시되어야 할 것이다. 신문 활용 교육은 통합 교과적인 연구 활동에도 적용이 가능하다. 그 이유는 인성 교육과 환경 교육, 경제 교육, 에너지 교육, 보건 교육, 안전 교육, 소비자 교육, 진로 교육, 한국 문화와 정체성 교육, 국제 교육, 정보화 및 정보윤리 교육, 성교육 등 다양한 요소들을 포함하고 있기 때문이다. 이러한 차원에서 다양한 분야의 지식과 정보를 다루는 신문 활용 교육은 특정 교과의 독립적인 내용을 넘어서 다양한 지식과 경험을 전달할 수가 있다.

제11장
영상물 제작과 교육 사례

1. 영상물 기획과 제작

2. 좋은 기획을 위한 체크리스트

3. 카메라 촬영과 편집의 이해

4. TV와 영화 교육 사례

1. 영상물 기획과 제작

현대 사회에서 거의 모든 활동은 기획을 바탕으로 이루어진
다. 기획이란 경제 및 문화 활동의 모든 측면에서 가장 기본적인 방
향과 방침을 결정하는 일로서, 개인의 일상생활뿐 아니라 학교나
사회조직에서도 모든 활동의 출발점이 된다. 기획의 중요성은 새
삼 강조할 필요가 없겠지만, 특히 텔레비전 방송 프로그램과 영화,
광고 같은 영상물 제작에서 기획의 중요성은 제작사의 성공을 좌우
할 만큼 중요하다. 청소년을 대상으로 한 미디어 제작 교육에서도
기획은 필수적이다. 특히 영상물 제작 워크숍을 통해 영상의 특성
을 익히고, 한 작품을 만드는 과정에서 공동 작업으로 프로그램을
기획하는 학습은 인성 교육과 창의력 교육, 기술 교육 차원에서 유
용하다. 또한 영상물 제작은 적극적인 미디어 교육으로서 소극적
인 TV 시청에서부터 적극적인 영상 읽기와 영상 창조의 새로운 경
험을 학생들에게 맛보게 한다.

영상물 제작에서 기획이란 양질의 프로그램을 제작하기 위해
좋은 아이디어를 바탕으로 소재와 주제를 정하고, 프로그램의 대상
층과 적절한 형식 및 시간 같은 요소들을 정하는 것이다. 프로그램
기획자에게는 참신한 아이디어를 구체화시켜 실제 프로그램 기획
으로 연결시킬 수 있는 창의력과 구성력 등이 필요하다. 일반적인
영상물 기획 입안의 주된 단계를 살펴보면, 먼저 시대적인 변화나
흐름을 파악하고, 거기에서 비롯되는 수용자의 새로운 요구에 기획
의 초점을 두며, 이에 필요한 다양한 정보를 수집해 이를 시각화하

여 체계적으로 정리한다. 이러한 기획의 개념을 바탕으로 영상물 기획을 간단히 정의하면, 기획은 '어떤 의도에서 무슨 내용을 영상과 음향으로 어떻게 제작할 것인가.'를 논리적이고 체계적으로 만드는 일이다. 프로그램의 기획은 흔히 단발적이고 순간적인 아이디어에서 시작될 수 있지만, 반짝이는 아이디어만으로는 이루어질 수 없다. 먼저 개별적인 아이디어가 영상물의 목적에 맞아야 하며, 다양한 아이디어가 수집되고 보완된 이후에 하나의 집약적인 기획안으로 완성되어야 한다. 궁극적으로 영상물의 기획은 의미 있는 메시지를 원하는 대상층에게 효과적인 영상 언어로 전달하기 위해 아이디어를 구체화시키고 내용을 체계적으로 조직화하는 작업이다. 따라서 무엇보다 아이디어의 발상과 이를 구체화시키는 자료의 수집, 논리적 · 체계적인 내용의 전개, 쉽고 설득력 있는 전달방법의 결정이 요구된다. 아이디어는 저절로 생기는 것이 아니라 주제를 구체화시키는 과정 중에 나타난다.

  기획을 잘하기 위해서는 뛰어난 발상이 필요하다. 발상이란 기획의 여러 단계에서 아이디어를 내고 접목시키는 능력을 말한다. 새로운 것, 독창적인 것, 가치가 있는 것이 아니면 뛰어난 발상이라고 할 수 없다. 당연한 정보를 단순히 조합하는 것이 아니라 새로운 관점에서 변형시켜 가공함으로써 발상으로서의 가치를 갖게 된다. 발상이 뛰어난 사람은 흔히 많은 정보와 경험을 가지고 있는데, 이를 바탕으로 정보 수집과 정리, 분석 등 기획의 각 단계에서 창조적인 사고를 할 수 있다. 같은 목적을 실행하기 위한 발상이어도 저마다 차이가 생길 수 있다. 이는 주로 문제의식을 압축하는 차이에 따라 선택하는 정보가 달라지거나 정보 수집능력에 따른 정보의 양과 질의 차이, 그리고 축적된 정보의 가공능력에 따라 발상이 달라질 수 있기 때문이다. 보다 나은 발상을 위해서는 영상물 제작 목적과 의도를 의식적으로 명료화하고, 프로그램의 목적을 구체화시킬수록 기획의 방향은 뚜렷해진다. 따라서 추상적 목적을 분해하면서 구체적으로 정리하는 것도 중요한 발상과정이다. 아울러 질이 좋은 정보를 풍부하게 수집하여 필요한 외부 정보를 유연하게 받아들이는 기술을 습득하는 것도 필요하다.

기획은 무엇보다 독창성이 있어야 하고, 구체적이어야 하며, 설득력이 있고, 쉽게 이해되어야 한다. 좋은 기획을 위한 공통적인 조건은 일반적으로 국내외 프로그램에 대한 모니터를 충실하게 하고, 많은 사람과 만나 다양한 계층의 삶의 이야기를 듣거나, 충분한 독서를 통한 간접 체험을 늘리는 것이다. 아이디어는 기본적으로 영감에서 떠오르는 경우도 있지만 대개는 책, 신문, 방송 프로그램, 음악, 공연, 영화, 연극 등 다양한 직·간접적인 문화 체험에서 비롯되는 경우가 많다. 이러한 아이디어는 구체화 작업을 거쳐 기본 개념으로 정리될 때 비로소 주제로서 생명력을 갖게 되는 것이다.

영상물 제작과정은 크게 세 단계로 이루어진다. 첫 번째 단계는 사전 제작(pre-production) 단계로, 영상물을 기획하는 단계이다. 사전 제작 단계에서는 제목과 기획의도, 주요 내용을 포함한 기획안을 만들고, 이를 바탕으로 구성안과 대본을 만드는 작업을 한다. 기획안은 보통 여러 번의 기획회의를 거쳐서 완성되는 프로그램 제안서로서 프로그램 장르에 따라 작성방식이 약간씩 다르다. 그러나 일반적으로 반드시 명시해야 될 공통적인 사항이 포함되어 있는데, 프로그램의 제목과 방송시간(분량), 제작자 이름, 제작의도와 기본 개념, 내용 개요와 제작방법, 진행 포맷 등이다. 좋은 기획서는 누가 읽어도 내용이나 의도를 알기 쉽게 표현한 것이다. 기획안이 만들어지고 나면 프로그램의 구성안과 대본을 작성한다. 구성안이 프로그램의 주제를 진행 순서별로 정리하는 골격이라면, 대본

은 여기에 살을 붙이고 대사와 줄거리를 구체적으로 작성하는 원고
이다. 구성안 작업은 주제에 따른 다양한 소재를 선정하고, 효과적
으로 배열하는 작업이다.

두 번째 단계는 제작(production) 단계이다. 제작 단계는 구성
안과 대본을 바탕으로 스튜디오나 현장에서 촬영하는 단계이다.
제작 단계는 작품의 규모나 내용, 분량에 따라 촬영 기간과 예산 등
이 달라지며, 제작 기법도 다양하다. 제작 단계에서는 실제로 비디
오카메라를 사용해 영상과 음향을 비디오테이프에 수록해야 하므
로 학생들의 경우도 카메라 촬영에 대한 기초 지식을 갖추어야 한
다. 또한 제작 단계에서는 철저한 촬영 계획이 준비되어야 작업시
간과 인력, 비용 면에서 효율적이다. 촬영할 내용과 대상의 여러 모
습을 어떻게 담는가에 따라서, 또 얼마만큼 화면에 담아야 할지를
촬영 계획에서 정해 주지 않으면 취재 내용이 불명확해지고, 시간
낭비가 많아진다. 촬영 현장에서는 대체로 대본에 따라 진행되지
만, 다큐멘터리처럼 현장 변화에 따라 신속하게 촬영하고 기동성
있게 움직여야 하는 경우도 있다.

세 번째 단계는 사후 제작(post-production) 단계이다. 사후 제
작 단계는 제작 단계에서 촬영한 내용을 영상 편집이나 녹음을 통
해 완성시키는 모든 후반 작업을 하는 단계이다. 사후 제작 단계에
서는 완성된 촬영 테이프를 검토한 후 편집 콘티에 따라 작품시간
에 맞게 내용을 삭제, 축소·보완, 수정하는 작업을 한다. 편집 콘
티는 경우에 따라 촬영 콘티 대본과 순서나 내용이 다소 달라질 수
도 있다. 사후 제작 단계에서 영상과 음향 편집을 마친 후 해설을
위한 녹음 작업을 하고, 여기에 음악과 자막을 첨가하여 완성품을
만든다. 사후 제작 단계에서 중요한 것은 전달하고자 하는 메시지
가 영상과 음향으로 잘 표현되었는지를 점검하는 일이다.

2. 좋은 기획을 위한 체크리스트

간단한 영상물을 제작할 경우에도 처음으로 영상물을 기획해서 만들어 보는 사람은 너무나 막연하다. 특히 청소년들에게 제작 교육을 지도할 교사 입장에서는 프로그램 접근을 어떻게 해야 할지가 애매할 수 있다. 특히 다큐멘터리와 같이 고난이도의 프로그램을 기획하고 제작할 때는 프로그램을 마친 후에도 미진한 느낌이 들기 때문에 좀 더 명확하게 판단해 줄 기준이나 기획의 요체가 될 만한 체크리스트가 있으면 제작에 많은 도움이 될 것이다. 영상 제작을 배우려는 사람들 가운데에도 당장 기능적인 것만을 익히는 데 급급해하는 경우가 많다. 하지만 영상물 제작의 성패는 기획에서 거의 판가름 난다는 사실을 명심할 필요가 있다. 우수한 기획력은 타고나기도 하지만, 그보다는 훈련에 의해 만들어진다. 기획력을 키우기 위해서는 먼저 현실에서의 기획의 유용성을 인식하는 것이 중요하며, 기획의 요소를 이해하는 것이 필요하다. 여기서는 최이정(2005)이 제시한 방송 영상물을 제작할 때 10가지의 좋은 기획을 판단할 수 있는 체크리스트를 정리해서 간략하게 소개하고자 한다.

① 기획의 배경과 필요성

프로그램을 만들려는 시점에서 이 프로그램을 만들려는 배경은 무엇인가? 그리고 그러한 배경 속에서 이 프로그램은 왜 필요하며, 얼마나 절실한가? 이 프로그램은 누구에게 필요한가? 바로 이러한 배경과 필요성의 인식이야말로 성공적인 기획의 중요한 출발점이 될 수 있다.

② 목적(의도)과 효과

프로그램을 만들려는 기획의 배경과 필요성이 분명해지면 다음으로 기획의 구체적인 목적, 즉 기획의도를 수립해야 한다. 기획의도는 대체로 실질적인 기대효과를 바탕으로 만들어야 더 소구력이 있다. 예를 들어 "질서를 잘 지킵시다." "친절합시다."라는 것은 캠페인의 직접적인 목적이 되겠지만, 그 캠페인의 기대효과까지 고려하면 직설적인 구호보다는 오히려 "먼저 가시죠."라고 하는 것이 기대효과를 이루는 데 더 효과적일 수 있다. 이렇게 분명하게 정리된 목적과 효과는 나중에 프로그램을 평가할 때 평가의 기준이 될 수 있다.

③ 대상

프로그램 기획의 최종 목적은 '그 기획이 채택되고 보게 되어 좋은 평가를 받는다.'는 것이다. 때문에 능동적인 시청자들은 무엇을 원하고(want) 필요로 하는가(need)에 대한 고려가 필수적이다. 즉, '과연 이 프로그램이 누구를 겨냥하고 있는가.'가 항상 명확히 정해져야 한다는 것이다. 효과가 제대로 달성되려면 가능한 한 목표 대상(target)을 좁혀 주어야 한다. 시청 대상의 설정이 모호하면 제작물 역시 모호한 이야기가 될 수밖에 없고, 그만큼 설득력도 떨어지기 때문이다.

④ 주제

한 가지 프로그램 목적에도 주제는 여러 가지로 다양할 수 있다. 예를 들어 '시청자가 봉사 활동을 많이 하도록 유도하자.'는 프로그램의 목적을 설정했다면, 이 목적은 몇 가지 세부 주제로 나누어 볼 수 있을 것이다.

▶ 주제 1 : 사람들은 얼마나 많은 봉사 활동을 해 왔는가?
▶ 주제 2 : 사람들은 왜 봉사 활동을 기피하는가?
▶ 주제 3 : 봉사하는 사람이 행복해진다.

이 세 가지 주제 중 기존에는 주제 1과 관련된 프로그램이 많았다면, 이런 주제로 다시 제작한 프로그램은 신선할 수 없을 것이다. 그러나 만일 주제 2와 주제 3의 접근으로 제작한 프로그램이 거의 없었다면, 이런 방식의 프로그램은 시청자에게 어필할 수 있다. 이처럼 프로그램의 목적과 내용은 여러 주제로 접근할 수 있는데, 여러 주제 중 신선한 주제로 압축하여 제시할 수 있어야 한다. 주제가 모호하면 기획부터 설득력이 떨어진다. 주제는 노골적인 것보다 프로그램 안에 내재화되어 그 모습을 드러내는 것이 좋다.

⑤ 차별화

차별화란 다른 프로그램과 무엇이 다른가 하는 점을 프로그램 기획 시 고려하는 것이다. 흔히 프로그램마다 다른 점이 있다고는 하지만, 자세히 보면 유사한 내용과 구성방식 때문에 식상할 수 있다. 즉 비슷한 점은 과감히 삭제하고, 다른 점을 강조하거나 확대하는 것이 좋다. 바로 이 차별성을 강화하고 구체화하여 그 요소를 전체로 확대하는 것이 보다 좋은 프로그램을 만드는 방법이 된다.

⑥ 심도

'심도'란 프로그램 내용의 깊이, 즉 프로그램이 개론적일 것이

냐 각론적일 것이냐의 수준을 가리킨다. 심도는 소재의 인지도나 시청자의 수준에 따라 적절히 결정되어야 하는데, 만일 기획하고 있는 소재가 기존에 많이 알려진 내용이라면 프로그램을 보다 각론적으로 깊게 들어가는 것이 좋고, 잘 알려지지 않은 새로운 소재라면 시청자가 이해하기 쉬운 개론적인 내용으로 구성하는 것이 더욱 효과적일 것이다.

⑦ 형식과 스타일

프로그램의 형식과 스타일은 내용 못지않게 중요하다. 신선한 형식과 스타일은 그것만으로도 주의력을 집중시키는 효과가 있다.

⑧ 슬로건

프로그램의 콘셉트, 가치, 의미, 성격 등을 한마디로 전달할 선동적 구호를 찾아내는 일도 중요하다. 광고 영상물의 경우 특히 중요한데, 이는 주제를 한결 더 강하게 하는 역할을 한다. 예를 들어 '삼성이 만들면 다릅니다', '대우 탱크주의', '이제는 말할 수 있다' 등도 좋은 슬로건이라고 할 수 있다. 슬로건은 말하기 쉽고, 듣기 쉽고, 기억하기 쉽게 만드는 것이 좋다.

⑨ 자료조사

기획은 아이디어로 시작되지만 조사와 취재를 통해 구체화된다. 다큐멘터리 소재로 자료들을 선택하기 위해서는 기획의도와 주제에 가장 근접한 것부터 추출해야 한다. 또한 아이템들이 다큐멘터리 포맷에 적당한지, 시의성과 참신성, 흥미성은 있는지, 해당 자료의 촬영은 가능한지의 여부 등 소재와 관련된 제반 사항들을 고려해야 한다. 자료를 선별하는 과정에서 사용하지 않는 모든 자

료들도 프로그램의 방향 설정에 참고할 수 있으며, 차후 해설 원고
를 작성하는 데 활용할 수도 있다.

⑩ 예산

예산은 기획의 필요성과 기대효과에 입각해 분명한 근거를 제
시하고 수치로 환산해서 정해져야 한다. 경우에 따라서는 그 기획
의 필요성 및 기대효과와 관련된 분명한 이유가 있는데도 현실적인
재정 문제로 예산을 줄이는 일이 많다. 그러나 기본적으로 기획을
수정하기 전에는 예산은 협상 대상이 아니다. 예산을 양보하면 기
획이 무너지기 때문이다.

3. 카메라 촬영과 편집의 이해

영상물 제작에서 필수적으로 알아 두어야 할 제작기술은 카메
라와 편집 부문이다. 오디오 부문과 조명, 세트, 분장과 의상 등 다
른 기술 분야도 TV 프로그램 제작이나 영화 제작에서 중요하지만,
청소년들이 간단하게 비디오카메라를 갖고 동영상 작품을 만들 때
는 무엇보다 카메라 촬영의 기초 지식과 운영방법, 그리고 편집에
대한 기본적인 사항이 선수 학습으로 이루어져야 한다. 먼저 카메
라는 텔레비전 프로그램을 제작하는 데 필수적인 장비로서 우리가
텔레비전 화면을 통해서 보는 것은 일차적으로 비디오카메라로 촬
영된 것들이다. 카메라는 있는 현상을 그대로를 전해 주기도 하지
만, 경우에 따라서는 연출자가 의도하는 바에 따라 실제와는 전혀
다른 모습을 만들어 내기도 한다. 최근 다양한 영상 기자재의 발전

과 보급으로 영상물 제작은 이제 더 이상 방송국이나 프로덕션의 전유물이 아닌 시대가 되었다. 특히 성능이 좋고 가격이 저렴한 소형 디지털 비디오 캠코더의 개발과 쉽게 동영상 편집을 할 수 있는 컴퓨터 기술의 발전은 앞으로 더욱더 많은 사람들이 영상물을 제작할 수 있는 환경과 기회를 제공할 것이다. 영상물 제작을 위해서는 카메라에 대한 기본적인 지식과 정보가 필요한데, 여기서는 영상 촬영에 필요한 1) 화면의 구성 요소와 2) 카메라 각도, 3) 깊이와 원근감, 4) 카메라 작동법, 그리고 5) 편집의 기능과 방법을 중심으로 간략하게 소개하고자 한다.

1) 화면의 구성 요소

화면의 구도를 잡는 기본 목표는 가능한 한 영상물을 명확하게 보여 주고, 그 영상물이 의미하는 바를 분명하게 전달하고자 하는 것이다. 피사체를 영상에 잘 담기 위해서는 샷의 종류에 대해 이해할 필요가 있다. 피사체의 신체 부위나 촬영 대상의 수에 따라 명명되는 샷의 종류를 살펴보면 다음과 같다.

(1) 샷의 종류

■ 익스트림 롱 샷(E.L.S. : Extreme Long Shot)
모든 샷 중에서 가장 원경으로, 아주 멀리서 넓은 지역을 촬영하는 샷이다.

■ 롱 샷(L.S. : Long Shot)

멀리 넓은 범위를 촬영하는 샷으로, 피사체와 카메라 사이가 먼 느낌을 준다. 풀 샷(F.S.)보다는 멀고 E.L.S.보다는 가까운 샷이다.

■ 풀 샷(F.S. : Full Shot)

표현하고자 하는 피사체의 전부가 프레임 속에 들어오게 하는 샷으로서 전체적인 분위기, 주된 피사체 상호 간의 위치관계, 피사체의 큰 동작 등을 표현하는 경우에 사용한다.

■ 풀 피겨 샷(F.F. : Full Figure Shot)

머리끝에서 발끝까지 피사체가 서 있는 몸 전체를 프레임 내에 담는 샷으로, 발끝이나 머리 위에는 적당한 공간을 준다. 주로 전신의 움직임을 보여 주고 싶을 때 많이 사용한다.

■ 니 샷(K.S. : Knee Shot)

인물의 무릎 이상의 부분을 촬영한 화면 크기이다. 무릎이라고 해서 정확히 무릎을 자르는 것은 별로 좋은 구도가 아니며, 무릎의 약간 위로 촬영하는 것이 좋다.

■ 웨이스트 샷(W.S. : Waist Shot)

인물을 촬영하는 경우 기본적인 카메라 사이즈의 하나로, 허리에서 머리까지가 프레임에 들어오게 하는 화면 크기를 말한다.

■ 버스트 샷(B.S. : Bust Shot)

가장 많이 사용되는 화면 크기이다. 가슴에서부터 상반신을 담은 샷으로, 어떤 특정한 사람을 촬영할 때 강한 이미지를 표현할 수 있다. 완벽한 삼각형 구도로 인물을 촬영하는 데 기본이 되는 샷으로서 뉴스와 인터뷰 프로그램 등에 많이 쓰이고 있다.

■ **클로즈업 샷**(C.U. : Close-Up Shot)

일반적으로 인물의 경우 얼굴만 크게 촬영한 샷이다. 얼굴의 표정이 명확하게 드러나기 때문에 감정 표현에 사용하면 효과적이다.

■ **익스트림 클로즈업 샷**(E.C.U. : Extreme Close-Up Shot)

인물의 눈, 코, 입 등의 신체 부위만을 화면 가득히 채우는 샷이다. 눈의 클로즈업, 꽃잎의 클로즈업 등과 같이 그 부분의 명칭을 붙여서 부른다.

■ **타이트 샷**(T.S. : Tight Shot)

인물과 화면 프레임의 틈새를 작게 촬영한 카메라 샷으로, 긴장감을 표현하는 구도이다. 화면 크기에 따라서 타이트 버스트 샷(T.B.S.), 타이트 웨이스트 샷(T.W.S.) 등으로 부른다.

■ **원·투·스리 샷**(1·2·3S. : One-Two-Three Shot)

프레임 속에 한 사람만을 넣는 샷을 원 샷(1S.), 두 사람을 넣는 샷을 투 샷(2S.), 세 사람은 스리 샷(3S.)으로서 사람 숫자에 따라 명칭을 붙인다.

■ **그룹 샷**(G.S. : Group Shot)

피사체의 인물 네 사람 이상을 한 화면 내에 촬영하는 샷이다. 세 사람까지는 스리 샷(3S.)이라고 부르지만, 그 이상은 그룹 샷(G.S.)이라고 한다. 피사체가 되는 인물이 너무 많은 경우의 샷은 군중 샷이라고 부른다.

■ **오버 더 숄더 샷**(O.S.S. : Over the Shoulder Shot)

드라마나 영화 등에서 많이 사용하는 샷으로, 인물의 머리나 어깨를 거쳐 그 너머로 다른 피사체를 촬영하는 샷이다.

■ **크로스 샷**(C.S. : Cross Shot)

두 사람이 마주 보고 대화를 할 때 한 사람만을 타이트하게 잡고, 다른 사람은 프레임에서 제외시키는 샷이다.

(2) 구도 설정

구도 설정은 회화나 사진의 구도 원칙을 원용하는 경우가 많다. 화면의 구도에서 선은 시청자의 주의를 끄는 강력한 요소로서 인간의 눈은 선의 운동성이 집중되는 곳이나 교차되는 곳에 관심이 집중되므로, 선들을 이용해 주요 피사체에 대한 관심을 유도할 수 있다. 예를 들어 수평선은 안정적이고 평안한 느낌을 주는 반면에, 수직선은 한 방향으로 강하게 시선을 이끈다. 사선은 강한 운동감이나 불안정한 느낌을 갖게 하며, 곡선은 보는 사람의 눈을 주요 포인트로 하여 효과적으로 이끌어 간다. 이처럼 선을 이용한 구도는 수평 구도, 수직 구도, 대각선 구도, 곡선 구도 등이 있다. 다음은 카메라 촬영 시 화면의 구도에 관해 참고해 두면 도움이 될 사항들이다.

① 대각선 구도

화면을 구성하는 선들은 바다나 지평선 같은 수평적인 선과 전봇대나 고층 빌딩 같은 수직선, 산이나 침엽수, 계단 같은 대각선 등으로 나눌 수 있다. 이들 중 수평선이나 수직선보다 대각선이 좀 더 흥미롭고 변화가 느껴지는 선으로 인식된다. 대각선은 독특한 느낌을 갖게 하는데, 좌상에서 우하로 이어지는 선은 하강하는 느낌을 주고, 좌하에서 우상으로 이어지는 선은 상승하는 느낌을 준다. 모든 대각선은 다른 선들에 비해 활발하고 역동적인 느낌을 주지만, 한 장면에 지나치게 많은 대각선이 나오면 시청자에게 혼란을 줄 수도 있다.

② 곡선 구도

직선이 역동적이고 뻗어 나가는 힘 있는 선이라면, 곡선은 부드럽고 온화하며 포용하고 수렴하는 느낌을 준다. 직선은 남성적이고 강직하며 도시적이고 문명적인 반면, 곡선은 여성적이고 우아하며 낭만적이고 자연적인 느낌을 준다.

③ 삼각 구도

삼각 구도는 화면 전체에 안정감을 줄 필요가 있거나 하나의 포인트를 향해 관심을 집중시킬 필요가 있을 때 가장 일반적으로 사용되는 구도이다. 삼각 구도라고 해서 반드시 정삼각형이나 피라미드와 같은 구도를 만들어야 한다는 뜻은 아니며, 필요에 따라 세 곳에 관심을 가질 만한 피사체를 위치시켜 대강의 삼각형을 이루면 안정감을 갖게 된다.

④ 피사체의 중앙 위치(대칭 분할)

하나의 피사체를 직접적으로 보여 주거나 강조하고 싶으면 피사체를 화면의 중앙에 놓이게 해야 한다. 화면에서 가장 안정되고 두드러져 보이는 부분이 중앙이기 때문이다. 사람들은 어떤 장면을 볼 때 우선 중앙을 먼저 보고, 그 다음에 좌우나 상하를 살피는 경향이 있다. 이는 전체를 하나의 대상으로 보기 때문이며, 따라서 비록 시선을 끌 수 있는 여러 요소가 담겨 있다고 하더라도 전체를 하나로 보려고 그 중심을 찾는다. 이때 중심이 될 만한 피사체가 중심에서 벗어나 있으면 어딘지 불안하고 잘못되어 있는 것 같은 느낌을 준다.

⑤ 비대칭 분할

풍경이나 사람, 나무, 전신주, 교회 탑같이 세로로 긴 피사체가 있는 넓은 경치를 잡을 때 두드러지게 보이는 수평선과 수직선을 이용해서 화면을 비대칭으로 분할하면, 다시 말해 중앙보다 한쪽으로 치우치게 잡으면, 대칭으로 분할할 때보다 시청자의 주의를 더 많이 끌 수 있다.

⑥ 헤드 룸

인물을 찍을 때 남겨 두어야 하는 머리 위의 공간을 헤드 룸(head room)이라고 한다. 우리는 일상생활에서 보통은 머리 위에 얼마간의 공간을 갖고 있기 때문에 화면 속의 인물이 자연스럽게 보이기 위해서는 머리가 잘리거나 화면 위쪽으로 붙은 것처럼 보이게 해서는 안 된다. 헤드 룸은 생각하는 것보다 조금 더 여유 있게 남겨 놓아야 하지만, 그렇다고 너무 많으면 화면의 아랫부분이 무거워지고 균형 잡혀 보이지 않는다.

⑦ 노즈 룸

루킹 룸(looking room)이라고도 하며, 피사체인 인물이 특정 방향을 바라보거나 그쪽으로 움직일 때 움직이는 방향에 어느 정도의 공간을 남겨 두어야 하는데, 그 여백을 노즈 룸(nose room)이라고 한다. 화면 구성에서 이러한 공간이 부족하면 화면이 답답해 보이고, 균형을 잃은 것처럼 느껴진다. 카메라맨들이 잘하는 가장 흔한 실수 중 하나는 프레임 속의 인물이 어딘가를 바라볼 때 인물이 보는 방향에 충분한 공간을 남겨 두지 않는 것이다.

⑧ **삼등분 법칙**

화면 구성에서 가장 기본이 되는 것은 삼등분 법칙이다. 삼등분 법칙이란 최소한 어떻게 구도를 시작해야 할지에 대한 힌트를 줄 수 있다. 이 법칙은 화면 프레임의 상하, 좌우를 가상의 선으로 삼등분한 뒤 피사체를 이 가상선 상에 두거나 또는 화면의 인상적인 포인트를 가상선들이 만나는 네 개의 꼭지점에 위치시키면 보기 좋은 구도를 만들 수 있다.

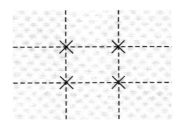

〈그림 11-1〉은 이러한 삼등분의 법칙을 적용시킨 사례들이다.

〈그림 11-1〉 화면 구도의 삼등분 법칙

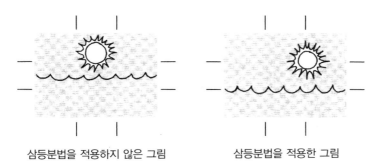

삼등분법을 적용하지 않은 그림   삼등분법을 적용한 그림

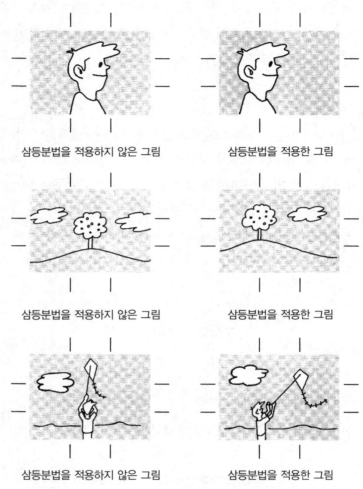

삼등분법을 적용하지 않은 그림   삼등분법을 적용한 그림

삼등분법을 적용하지 않은 그림   삼등분법을 적용한 그림

삼등분법을 적용하지 않은 그림   삼등분법을 적용한 그림

출처 : 톰 슈로이펠, 이찬복 역, 「이것만 알면 찍는다 - 영화와 동영상」,
커뮤니케이션북스, 2004, pp. 31~32

⑨ 균형

커다란 피사체가 한쪽으로 위치하고 다른 한쪽에는 아무것도
없는 구도의 그림을 보게 되면 뭔가 좀 편하지 않다는 인상을 준다.
그 이유는 질량감의 균형이 깨져 있는 그림이기 때문이다. 이러한

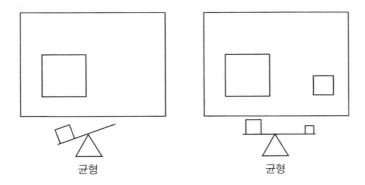

문제는 프레임 내의 다른 한쪽에 작은 피사체를 배치함으로써 해결할 수 있다. 시각적인 지렛대효과로 두 개의 다른 질량감의 피사체는 균형을 이루는 것이다.

　좋은 구도를 위해 질량감의 균형을 맞추려고 할 때 사물의 실제 사이즈는 문제 삼지 않아도 된다. 문제가 되는 것은 그 피사체가 카메라를 통해서 보일 때의 사이즈이다. 카메라 가까이 있는 피사체는 항상 크게 보일 것이고, 멀리 떨어진 피사체는 작게 보일 것이다. 하지만 카메라 앵글에 따라서 멀리 떨어져 있는 집은 전경에 위치한 인물보다 더 작게 나타나면서도 균형을 이룰 수 있다.

2) 카메라 각도(앵글)

　현실세계는 높이, 넓이, 깊이를 가진 3차원의 입체 공간이지만, 이를 2차원의 영상으로 표현하기 위해서는 사물에 각도를 주어서 보게 하는 방법이 있다. 카메라 각도(앵글)란 카메라와 피사체 사이의 방향이나 높이관계, 즉 수평적·수직적인 각도의 관계를 의미한다. 카메라의 높이가 높아져 피사체를 내려다보는 샷을 부감

샷(high angle shot), 카메라가 피사체보다 낮아 올려다보는 샷을 앙
각 샷(low angle shot)이라고 한다. 부감 샷은 피사체의 눈높이보다
높은 위치에서 카메라가 밑을 내려다보고 촬영하는 것으로서 군중
신이나 전체를 보여 주는 경우 주로 사용된다. 샷의 느낌은 객관적

〈그림 11-2〉 하이 앵글 : 부감 샷

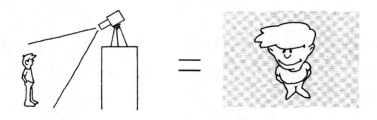

〈그림 11-3〉 수평 앵글 : 눈높이 샷

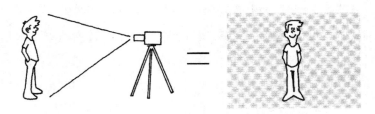

〈그림 11-4〉 로 앵글 : 앙각 샷

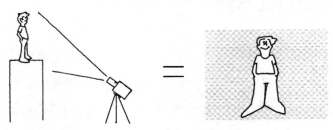

출처 : 〈그림 11-2〉, 〈그림 11-3〉, 〈그림 11-4〉는 모두 톰 슈로이펠, 이찬복 역,
『이것만 알면 찍는다―영화와 동영상』, 커뮤니케이션북스, 2004, pp. 41~43에서 발췌했음.

인 판단이나 설명 등에 유용하고, 피사체는 상대적으로 실제보다 작고 왜소해 보일 수 있다. 부감 샷은 또한 피사체의 움직임을 따라갈 수 있다는 장점이 있는데, 전경에 상당히 많은 물체나 장애물이 있어도 위에서 촬영할 수 있기 때문에 이를 극복할 수 있다(〈그림 11-2〉 참조). 이에 비해 수평 앵글/눈높이(normal angle/eye level) 촬영은 우리가 일반적으로 고개를 고정시키고 사물을 쳐다보듯이 눈높이 정도로 카메라를 위치시키는 것을 의미한다(〈그림 11-3〉 참조). 수평 앵글은 안정감이 있고 편안한 느낌을 주기 때문에 텔레비전 화면 구성에서 가장 많이 사용된다. 보통의 눈높이에서는 크기와 거리의 자연스러운 느낌을 받지만, 가슴 아래에 있는 조그만 전경 물체를 카메라에 담기 어렵다. 이에 비해 앙각 촬영은 피사체의 눈높이보다 낮은 위치에서 카메라를 위치시켜 위로 올려다보며 촬영하는 것을 의미한다(〈그림 11-4〉 참조). 따라서 부감 샷과는 달리 피사체를 상대적으로 크고 강력하며 위엄 있어 보이게 한다. 그러나 피사체의 움직임을 따라가기에 어려움이 많다는 것과 전경에 있는 조그마한 물체조차도 크게 보여 촬영에 방해가 될 수 있다는 점을 단점으로 지적할 수 있다.

　　이 외에도 카메라 각도는 주관적 앵글과 객관적 앵글로 구분해 촬영할 수 있다. 객관적 앵글은 연출자나 카메라가 등장인물의 움직임에 직접 관여하지 않고 객관적 관찰자의 입장에서 보여 주는 것을 말한다. 주관적 앵글은 카메라가 움직임에 직접 참가하여 등장인물의 시점을 대신하는 것을 말한다. 따라서 주관적 앵글이란 카메라를 등장인물의 시선을 대신하도록 위치시켜 등장인물의 시점에서 대상을 보게 하는 것이다. 예를 들어 비행기에서 낙하산을 타고 뛰어내리는 장면을 보여 주는 과정에서 낙하산을 타고 내려오는 사람이 아래(육지나 바다 등) 정경을 보는 것은 주관적 앵글이며,

시청자들이 아래에서 낙하산을 타고 내려오는 사람을 바라보는 것은 객관적 앵글이 된다. 피사체의 위치 역시 다양한 화면효과를 낼 수 있다. 정면 샷은 화면 속의 인물이 카메라를 똑바로 쳐다보고 말을 하기 때문에 시청자와 직접 대화하는 분위기를 연출할 수 있다. 그러나 경우에 따라서는 시청자를 뚫어지게 쳐다보는 결과가 되어 대결하는 듯한 인상을 줄 수도 있다. 이에 비해 측면 샷은 인물의 표정을 전부 보여 주지 않기 때문에 감정의 변화를 표출하는 표정 변화를 제대로 읽을 수 없지만, 인물이 지향하는 쪽의 방향성이 생겨 화면 밖에 있는 어떤 것에 대한 기대감을 갖게 해 준다.

3) 깊이와 원근감

텔레비전 화면에 3차원의 환상을 만들어 내기 위해서는 기본적으로 전경과 중경 그리고 원경을 잘 살려야 한다. 깊이를 나타내기 위해서는 피사체의 위치, 초점 조절, 조명과 색, 선의 구성 등을 활용할 수 있다. 먼저 피사체의 위치에 의한 원근감의 표현은 피사체의 크기에 대한 암시와 착시를 이용하는 것이다. 크기가 큰 피사체는 작은 피사체보다 가까이 있는 것으로 보이며, 피사체를 겹쳐 보이게 배치하면 하나는 앞쪽, 또 다른 하나는 뒤쪽이 된다. 화면을 구성할 때 피사체에만 매달리지 말고 전경과 원경을 적절히 이용하면 보다 깊이감 있는 화면을 만들 수 있다. 이 밖에도 렌즈의 선택, 조명과 색, 배경을 이용해 다양한 변화를 줄 수 있다. 초점거리가 짧은 광각 렌즈는 깊이를 과장시키고, 협각 렌즈는 3차원의 환상을 감소시키는 것처럼 보이게 한다. 광각 렌즈를 사용할 때 피사체에 가까이 접근할수록 원근감은 커진다. 조명과 색으로도 원근 표현을 할 수 있는데, 일반적으로 밝고 따뜻한 계통의 색은 진출하는 느낌을 주고, 어둡고 차가운 계열의 색들은 후퇴하는 느낌을 준다. 색채의 속성 중에서 명도가 높은 것은 진출 색, 명도가 낮은 것은 후퇴 색이 되는 경향이 있다. 짙은 색의 피사체에 조명을 밝게 하면 채도가 낮거나 색이 바래고, 조명을 흐리게 한 것보다는 가까운 것처럼 보이게 한다. 배경의 중요도는 어느 정도 피사체에 접근하는 방법과 택하는 양식에 달려 있다. 배경을 인위적으로 만들든, 아니면 있는 그대로의 자연 환경을 배경으로 하든 간에 영상물을 보는 사람들이 자연스러움을 느낄 수 있어야 한다. 또한 촬영을 할 때 간혹 피사체에 매료되어 이를 카메라로 포착하는 데 급급한 경우도 있다. 그러나 재미있거나 보기 좋은 피사체도 배경에 따라 전혀 다른 효과를 나타낼 수 있다. 특히 피사체에만 몰두하다 보면 배경에는 무관심하게 되기 쉬운데, 이때 자칫 잘못하면 배경 때문에 화면의 좋은 구도가 깨지는 수가 있다. 머리 위에 뿔이 달린 것처럼 보인다든지, 목이 잘린 것 같은 장면이라든지, 기울어져 있는 공간에 불안정하게 서 있는 모습 등은 이러한 잘못된 배경 처리에서 야기되는 것들이다.

4) 카메라 작동법

영상물 제작을 위한 카메라 작동법은 가정용 소형 캠코더를 갖고서 실제로 촬영해 보는 것이 가장 좋다. 수십 번의 이론적 암기보다는 한 번의 실습이 보다 효과적이기 때문이다. 카메라 촬영에서 가장 기본적인 것은 카메라를 안정되게 잡고 흔들림이 없도록 촬영하는 것이다. 또한 가능한 한 샷을 끊어서 촬영하고 안정된 화면 구도를 잡도록 신경 써야 한다. 카메라는 초점을 조절하기 전에 카메라의 화이트 밸런스를 맞추는 것이 필요하다. 화이트 밸런스란 실내와 실외의 주어진 빛의 조건이 달라지므로 촬영하고자 하는 피사체의 색이 그대로 기록될 수 있게 조절하는 것이며, 흰색을 기준으로 카메라 캠코더가 인식하는 것이다. 소형 캠코더의 경우 자동으로 맞춰 놓으면 화이트 밸런스가 저절로 맞춰지며, 수동으로 촬영할 때만 장소가 변경될 때 화이트 밸런스를 맞춘다. 카메라의 화이트 밸런스를 맞출 때는 촬영 장면을 조명하고 있는 곳에서 맞추어야 한다. 흰 종이가 없으면 종이컵, 흰 셔츠나 원고 뒷장과 같이 흰 것에 카메라의 초점을 맞춘다. 카메라는 가능한 한 안정되게 잡고, 줌은 부드럽게 작동시켜야 한다. 시간이 있을 때는 줌 렌즈를 미리 맞춰 놓고, 초점이 맞은 상태를 유지하기에는 클로즈업에서 시작해 줌 아웃하는 편이 반대의 경우보다 쉽다. 조명이 낮은 상태에서 촬영할 때는 밝은 낮에 촬영할 때보다 초점에 더 신경을 써야 한다. 카메라의 종류에 상관없이 모든 움직임은 동일하며, 용어 또한 똑같이 사용되고 있다. 카메라 작동상에서 가장 많이 이용되는 움직임으로는 팬(pan)과 틸트(tilt), 돌리(dolly), 트랙 또는 트럭(track or truck), 줌(zoom), 아크(arc), 페디스털(pedestal), 크레인(crane) 등이 있으며 오른쪽이나 왼쪽, 위 또는 아래로 표현하는데, 이는 언제나 카메라의 관점에서 방향을 가리킨다(〈그림 11-5〉 참조).

패닝(panning)의 경우 카메라 받침대는 고정시키고 카메라 헤드만 수평으로 오른쪽에서 왼쪽으로(pan left), 왼쪽에서 오른쪽으로(pan right) 움직이는 동작이다. 팬은 피사체의 움직임을 따라가고 변화된 주변의 광경을 보여 줄 수 있다. 틸팅(tilting)은 카메라를 고정시킨 채로 카메라 헤드를 수직 방향으로 아래에서 위로(tilt up), 위에서 아래로(tilt down)로 움직이는 작동법으로서 거리의 모습, 운집한

〈그림 11-5〉 카메라의 주요 움직임

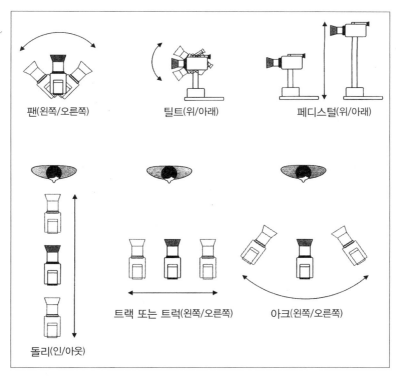

팬(왼쪽/오른쪽)   틸트(위/아래)   페디스털(위/아래)

돌리(인/아웃)   트랙 또는 트럭(왼쪽/오른쪽)   아크(왼쪽/오른쪽)

출처 : 심길중, 『텔레비전 제작론』, 한울, 1996, p. 87.

군중을 보여 주거나 고층 빌딩 숲을 촬영할 때 사용된다. 돌리(dolly)
는 카메라 몸체 전체가 피사체에 가까이 다가가거나 멀어지는 것을
말하고, 피사체의 움직임을 따라가면서 시계의 변화를 일으키며, 극
적인 효과를 창출한다. 반면에 트래킹(tracking)은 드라마에서 가장
많이 사용되는 움직임으로서 카메라 헤드는 고정시킨 채 카메라의
위치를 오른쪽이나 왼쪽으로 이동시키는 것을 말한다. 트래킹 샷은
움직이는 피사체를 따라가는 수평 이동 장면 촬영 시 가장 많이 사
용하며, 피사체와 함께 이동하므로 줌보다 긴장감이나 박진감을 나
타내는 데 효과적이다.

카메라로 팬(pan)하려고 할 때는 무릎이 팬이 끝나는 방향을 가리키게 하고 나서 몸과 카메라를 돌려야 훨씬 더 부드러운 샷을 잡을 수 있다. 안정되게 카메라를 움직이게 하려면 무릎을 스키 탈 때처럼 약간 구부리면 흔들림을 줄일 수 있다. 대부분의 카메라맨은 조리개를 수동으로 놓고 작동하는 것을 선호한다. 명암의 차이가 큰 장면을 촬영할 때는 수동으로 조작하는 것이 특히 중요하다. 또한 카메라 작동 시 소리가 함께 녹음되고 있는지 주의를 기울여야 하며, 언제나 안전을 염두에 두어야 한다. 극적인 장면 포착보다는 신뢰성 있고 일관된 샷을 유지하는 것이 훨씬 더 중요하다. 그 밖에도 야외 촬영 시 전력을 절약하기 위해서 카메라를 쓰지 않고 있을 때에는 대기 상태로 두는 것과 촬영 중 긴 휴식을 취할 때는 비디오카메라의 스위치를 꺼 두는 것을 카메라맨은 기억해야 한다. 아울러 야외 촬영 시에는 대본을 이용하지 않고 매우 신속하게 촬영해야 할 일이 많기 때문에 적은 분량을 촬영하는 것보다 많은 장면을 촬영해 두는 것이 좋다. 편집을 고려하여 프로그램의 시간 조정을 위해 사용할 수 있는 인서트 샷을 충분히 찍어 두며, 인터뷰 촬영 시에는 리액션 샷을 찍는 일도 잊지 않아야 한다.

인터뷰를 촬영할 때는 아무리 간단한 1분짜리 인터뷰라도 사전에 충분히 기획하고 내용을 준비하지 않으면 좋은 인터뷰를 건질 수가 없다. 인터뷰는 오가다 만난 상대방에게 단순히 무엇을 묻는 것이 아니라, 묻는 사람의 마음속에 ① 무엇 때문에 묻는가, ② 무엇을 질문해야 하는가, ③ 왜 이 사람에게 묻는가 하는 뚜렷한 자각과 인식이 선행되어야 한다. 그 다음에 어떻게 질문해야 할 것인가 하는 인터뷰의 테크닉을 생각해야 한다. 현장 인터뷰 촬영은 뉴스나 다큐멘터리, 생활 정보 프로그램 등에서 많이 사용되는 제작 기법으로서 출연자들 역시 자신의 집이나 직장에서 인터뷰를 하게 되면 덜 긴장하고 자연스럽게 인터뷰를 하게 된다. 보통 한 대의 카메라로 처리하는데, 모든 영상 처리를 출연자에게 집중시키고, 샷의 크기만을 조정하기 위해 돌리나 줌을 쓴다. 흔히 아마추어 영상인들은 샷의 변화 없이 오랫동안 정적인 샷으로만 인터뷰를 촬영하는데, 이 때문에 화면이 단조로워지기 쉽다. 또한 중요한 것은 인터뷰 촬영을 위해 현장으로 나가게 되면 현장에 대한 충분한 이해를 통해 카메라 위치를 잘 선정하고, 카메라 샷을 선택해야 한다. 거리에서 인터뷰를 할 때는 현장 분위기를 고려해 가장 현장을 잘 보여 줄

촬영 기법상의 주의 사항

▶ 카메라 시선은 자연스럽게 바라보이는 대로 대상을 찍어야 하며, 일반 사진기를 가지고 촬영하듯이 캠코더를 다루는 것이 중요하다.

▶ 촬영할 때는 편집을 생각하면서 적어도 20초 이상 샷을 유지하는 것은 물론, 트래킹 샷을 찍을 때 프레임 내의 같은 지점에 피사체 위치를 잡는 것이 좋다.

▶ 안정적인 구도를 위해 가능한 한 삼각대를 사용하는 것이 좋으며, 프레임 내에서 빛의 균형을 유지하고, 흥미로운 배경을 담아 화면의 심도를 깊게 할 필요가 있다.

▶ 재미있는 샷을 구성하기 위해 다양한 관점과 앵글을 사용하고, 화면의 공간을 채워야 한다.

▶ 촬영을 할 때 샷들을 어떻게 배열할 것인가를 늘 염두에 두고 있어야 한다. 가장 흥미로운 샷을 맨 처음에 놓고, 그 다음에 전체를 보여 주는 와이드 샷을 촬영하는 것이 일반적이다.

▶ 프레임 안이나 밖으로 대상이 움직이도록 촬영하고, 중요한 행위에서 컷어웨이(cut away) 촬영을 해야 하는 것을 명심한다. 관점이 어디에 있는가를 파악해서 관점을 교차시키지 않도록 주의해야 한다.

▶ 촬영을 한 후에는 무엇보다 촬영한 비디오테이프를 기록하면서 시사하고, 검토한 내용을 바탕으로 프로그램을 재구성하여 편집에 임하게 된다.

수 있는 배경을 골라 응답자의 위치를 정하고, 카메라는 자연광을
등지는 것이 좋다. 혼자서 촬영을 하면서 질문할 경우에는 응답자
의 정면 샷을 피할 수가 없지만, 대개의 경우처럼 리포터가 있는 경
우에는 응답자의 45도 각도의 위치에서 버스트 샷 정도로 촬영하
는 것이 이상적이며, 경우에 따라 클로즈업을 사용할 수도 있다. 카
메라의 줌 인·줌 아웃은 필요할 경우에 사용하지만, 응답자의 이
야기 도중 카메라가 줌 인과 줌 아웃을 너무 자주 사용하면 편집할
때 화면 구성이 좋지 않을 수 있다.

5) 편집의 기능과 방법

편집이란 스튜디오나 야외에서 제작된 미완성의 프로그램을
영상자료나 음악, 영상효과와 음향효과를 보완하면서 내용을 삭제
또는 삽입하거나 그래픽과 같은 시각자료를 첨부해 프로그램을 완
성하는 작업이다. 편집과정에서 영상과 음향을 새로운 모습으로
창출하기도 하고, 프로그램의 완성도를 높일 수 있기 때문에 편집
이란 매우 중요한 제작 단계라고 할 수 있다. 아무리 정확한 순서에
입각하여 잘 찍은 내용이라고 할지라도 제작과정에서 불필요한 내
용을 삭제하기도 하고, 제작의도를 보다 잘 살리기 위해 다른 영상
자료나 음향자료를 삽입시키기도 한다. 편집의 기능은 크게 결합
과 삭제, 수정과 구성의 네 가지를 들 수 있다. 먼저 가장 간단한 편
집은 적절한 순서에 따라 여러 개의 비디오테이프로 촬영한 것을
장면별로 맞춤으로써 프로그램의 부분들을 결합하는 것이다. 제작
단계에서 주의를 많이 기울여 촬영할 때 미리 샷 리스트가 포함된
콘티를 작성하여 순서대로 약간의 여유분만을 더 촬영하면, 편집할

때 그다지 큰 어려움 없이 연결이 가능하다. 다음으로 삭제의 기능
은 불필요한 부분을 잘라 내고 말끔히 정리하는 것을 뜻한다. 대부
분의 편집에서 프로그램의 길이라는 시간적인 제약 때문에 제작하
고자 하는 프로그램의 내용과는 별 관련이 없는 자료들을 삭제하게
된다. 또한 편집할 때 잘못 촬영한 것이나 그다지 마음에 들지 않는
부분들은 잘라 내거나 잘된 것으로 대체함으로써 원하는 영상과 소
리로 바꾸는 작업을 한다. 이와 같이 수정을 하는 편집은 연기자가
실수한 부분이나 마음에 들지 않는 부분을 단순히 잘라 내기만 하
면 되지만, 다른 것으로 대체해야 하는 경우 적지 않은 어려움이 따
르기 때문에 신중을 기해야 한다. 촬영할 당시와 재촬영을 하는 시
점에는 너무나 큰 차이가 있을 수 있다. 마지막으로 편집의 구성 기
능은 영상물 제작에서 제2의 창조 기능이라고 할 수 있다. 사실 편
집은 힘들고 고생이 되기는 하지만, 이미 촬영이 완료된 수많은 화
면들을 갖고 다시 새로운 프로그램을 만들기 때문에 커다란 만족감
을 주기도 한다.

　　최근에는 컴퓨터 편집 프로그램들이 많이 개발되어 순차적으
로 영상과 음향을 편집하는 선형 편집보다 개인용 컴퓨터를 이용한
비선형 편집방법이 많이 활용되고 있다. 비선형 편집은 비디오 데
이터를 디지털 형태로 디지타이징(digitizing)해서 컴퓨터의 하드디
스크에 보관하고, 디지털 편집 프로그램을 이용해 컴퓨터 모니터상
에서 편집하는 것이다. 비선형 편집은 일반적으로 PC를 기반으로
하는 편집용 소프트웨어를 사용해 편리하고 신속하게 프로그램을
편집하는 방식이다. 비선형 편집방식은 소프트웨어에 따라 새로운
화면효과를 개발할 수도 있고, 화질의 손상도 발생하지 않는다. 또
한 테이프의 장착 및 탐색이 필요 없게 되어 컷의 삽입이나 삭제가
용이하므로 시간적으로도 효율적인 편집이 가능하다. 비선형 편집

시스템은 기본적으로 한 사람의 편집자에 의해 모든 작업을 일괄 처리할 수 있는 기능을 갖춘 편집체제를 말한다. 따라서 하나의 장비 속에 개별적인 기능으로 포함되어 있기 때문에 좁은 장소에서도 한 사람의 편집자가 독립적으로 편집할 수 있다.

편집은 기본적으로 연출자가 원하는 컷들을 선택하여 사용할 컷을 결정한 후 표현하고 싶은 순서대로 화면과 영상을 연결하는 작업이다. 대개의 경우는 프리뷰(preview), 콘티 작성, 편집의 단계를 거친다. 프리뷰란 촬영한 비디오테이프를 검토하고, 각 부분의 시간을 체크해 기록하는 일이다. 프리뷰가 끝나면 다음으로 편집할 순서와 목록을 기록한 편집 콘티를 작성한다. 편집 콘티에는 자료의 목록을 기록하고, 삽입 부분과 삭제 부분을 검토한 후 재구성하며, 특히 이때 영상물의 목표를 다시 생각한다. 이러한 과정을 거친 후에 본격적인 편집 작업을 하는데, 편집할 때는 채택된 재구성 안대로 영상을 연결해야 효율적이다. 편집에서 무엇보다 중요한 것은 연출자가 원하는 자료화면이 양적으로뿐만 아니라 질적으로도 만족할 만큼 충분히 확보되어야 한다는 점이다. 편집의 일반 원칙은 한마디로 말해 드러나지 않는 기술이다. 잘된 편집은 시청자들이 편집한 것을 느끼지 못한 채로 작품의 편집효과에 빠져 들게 된다. 편집의 일반 관행은 수많은 시간 동안 변화와 개발, 세련화를 거쳐 편집자들에게 전수되어 왔다. 물론 새로운 편집 유형을 창조하는 일도 중요하지만, 그러기 위해서는 먼저 현재의 편집기술과 기본 원리를 알아야 한다(설진아·한성수, 2004).

이 밖에도 편집은 연속성, 복합성, 연관성 그리고 윤리성의 원칙을 고려해야 한다. 연속성이란 장면이나 샷이 바뀌어도 영상과 음향에 통일성을 유지시켜 주어야 함을 의미하고, 복합성은 뮤직비디오같이 강렬한 인상과 감정적인 농도를 증가시키기 위해 복합적

편집의 일반적인 기준과 방법

▶ 편집에서 음향과 영상은 경쟁관계가 아니라 동반관계이다.

▶ 새로운 샷 연결에는 반드시 새로운 정보가 담겨 있어야 한다.

▶ 모든 편집에는 합당한 이유가 있어야 한다.

▶ 피사체가 움직이는 방향에 대한 안내, 즉 '라인'을 점검한다.

▶ 적절한 화면 전환의 편집 형태를 선택한다.

▶ 편집이 잘될수록 눈에는 드러나지 않는다.

▶ 헤드 룸이 잘못된 샷을 제대로 된 샷에 컷을 연결하지 않는다.

▶ 어색한 물체가 피사체의 머리 부분에 너무 가깝게 찍힌 샷은 피한다.

▶ 화면 양편에서 사람들의 몸이 빠져나가는 샷은 피한다.

▶ 반응 샷은 대사 끝보다 중간에 넣는 것이 보다 자연스럽다.

▶ 적절한 컷 지점을 찾을 때 너무 지나치게 대사에 얽매이지 않는다.

▶ 세 사람이 대화할 경우 2인 샷에서 또 다른 2인 샷으로 컷을 연결하지 않는다.

▶ 단일 인물의 경우 똑같은 카메라 앵글의 샷에 컷을 연결하는 것은 가능한 한 피한다.

▶ 일어서는 장면을 컷할 경우 피사체의 눈이 화면에 담기게 한다.

▶ 팬이나 트랙에서 컷할 경우 팬과 같은 방향으로 움직이는 인물이나 물체가 담겨 있는 샷을 사용한다.

▶ 피사체가 팬이나 트랙과 같이 움직인다면 동일 피사체의 정적인 샷에 연결하지 않는다.

▶ 일련의 타이트 샷이 끝난 다음에는 가능한 한 빨리 롱 샷을 연결한다.

▶ 새로운 인물이나 피사체가 최초로 등장할 경우는 타이트 샷으로 편집하는 것이 좋다.

▶ 새로운 배경을 담고 있는 새로운 신을 편집할 때는 가능한 한 롱 샷을 보여 준다.

▶ 한 인물의 롱 샷을 동일 인물의 타이트 샷으로 액션 장면을 편집하지 않는다.

▶ 프로그램의 시작 부분에서는 음향이 영상을 선도한다.

▶ 프로그램이 끝나는 부분에서는 음악도 마지막 부분을 사용해 편집한다.

으로 샷을 편집하는 것을 말한다. 연관성은 편집할 때 각 장면이나 샷이 상황의 진실을 왜곡시키지 않도록 연관된 화면과 음향을 연결해야 하며, 마지막으로 윤리성은 편집을 통해 사건의 진실이 가감되지 않도록 객관적이고 균형 있게 편집해야 함을 가리킨다. 특히 재연 프로그램을 편집할 때 윤리성은 반드시 고려해야 하는 사항이다. 편집은 많은 연습과 함께 작품에 대한 이해를 통해 연출자의 의도를 최대한 살리는 제2의 창조 작업인 것이다.

4. TV와 영화 교육 사례

TV 프로그램과 영화를 활용한 미디어 교육은 여러 시민 단체에서뿐만 아니라 통합교과 형태의 미디어 교육에서 많이 실시되고 있다. 영국의 경우는 다양한 교과 활동 속에서 교사들이 미디어 리터러시를 실현하는 교재로 2000년에 발간된 『중등학교 교사를 위한 영상 이미지 교육 가이드』를 많이 활용하고 있다. 이 책은 영화와 비디오, 텔레비전 같은 영상 미디어의 개별 교과를 가르치는 도구 차원을 넘어서 디지털 영상 시대에 학생들의 영상 미디어에 대한 비판적 이해를 도모하고, 영상을 만들고 조작하는 능력을 지도하는 영상 언어 학습 지도서이다. 영국의 국정 교육과정에서 제시한 각 교과 내에서 영상 이미지에 대한 비판적 이해와 활용은 학생들에게 영상 이미지의 요소를 분석하게 하고, 전체적인 의미를 구성해 낼 수 있게 교육하는 교수법을 담고 있다. 영상 이미지 요소를 분석하기 위한 기본적인 교수법은 '프레임별로 멈춰 보기', '음향과 영상에 주목하기', '샷의 편집과정에 주목하기', '시작과 끝을 체크하기', '수용자에게 어필하는 요소 찾아보기', '장르 변환해 보기', '미디어 간 비교하기', '시뮬레이션' 등의 방법이 있다(정회경, 2005 : 14). 여기에서는 우리나라에도 적용할 수 있는 몇 가지 기본적인 교수법을 간략히 소개함으로써 학교교육에서 TV와 영화를 포함한 영상 미디어의 교수법을 어떻게 활용할 수 있는지 교육 사례를 제시하고자 한다(〔표 11-1〕 참조). 참고로 영국에서의 미디어 교육 교과과정은 70여 년에 걸친 미디어 교육 역사를 바탕으로 지속적으로 발전해 왔으며, 미디어에 대한 비판적인 이해와 적극적인 활용, 능동적인 제작 모두를 목표로 하고 있다. 즉 영국의 미디어 교육 목적은 청소년들의 비판적인 미디어 분석과 창의적인 제작능력을 배양시키기 위해 이들을 둘러싸고 있는 미디어 환경과 문화를 이해하고, 적극적으로 참여하도록 도와주는 데 있다.

　영국에서는 TV와 영화 같은 영상 이미지를 활용해 각 교과의 학습 활동도 실시하고 있다. 특히 자국어인 영어 과목에서 문학 텍스트와의 비교는 원본과 영상 이미지 버전(version)이 매우 다르다는 점에서 미디어 교육의 활동 내용이 풍부한 편이다. 학생들은 영상 이미지 텍스트의 언어와 관습을 읽고 분석할 수 있게 되는데, 영화화된 드라마에서 신의 구조와 구성은 대화 및 연기와 마찬가지로 드라마틱하다는 점을 알게 된다. 이에 비해 뉴스와 다큐멘터리, 시사 프로그램 등 논픽션 영상 화면이 제시하는 내용에는 제작자들의 의도가 개입되어 있다는 점, 다양한 개인들과 수용자들이 동일한 텍스트에 대해서도 매우 다른 방식으로 반응한다는 점 등을 학생들이 인식하게 된다. 또한 미디어 교육을 통해 학생들은 특정한 영화와 비디오, 텔레비전 프로그램에서 비유와 상징에 해당되는 것들을 찾아 탐구해 볼 수 있다. 아울러 논픽션 영상 이미지 텍스트의 주요 논점과 누구의 위치에서 이야기되는 것인지를 요약해 보거나, 어떤

〔표 11-1〕 영상 이미지 요소의 분석을 위한 기본 교수법

기본 교수법	학습 목표	핵심 질문들
(1) 프레임별로 멈춰 보기 ▶ TV나 광고, 영화의 짧은 영상을(60초 정도) 멈춰 놓고 보면서 토론하기 − 멈춰진 이미지 속에 무엇이 보이며, 프레임 안의 이미지 요소들은 어떻게 위치하고 있고, 조명과 색체는 어떠한 영향을 미치는지 토론한다. − 카메라와 피사체 간의 거리, 카메라 앵글, 카메라의 움직임에 대해 토론한다.	시각 이미지의 모든 요소는 의미를 담을 수 있고, 다른 텍스트와 마찬가지로 읽힐 수 있다. 이미지 내 요소들의 위치와 사용된 색채 및 조명, 카메라 거리, 앵글, 움직임은 영상의 의미와 해석에 영향을 미칠 수 있다.	Q1 : 왜 이렇게 샷이 구성되어 있는가? 다른 방식으로 샷이 구성된다면 어떤 차이가 있는가? Q2 : 왜 카메라가 이런 위치에 있으며, 만약 카메라가 다른 위치에 있었다면 어떤 차이가 생기겠는가?
(2) 음향과 영상에 주목하기 ▶ 비디오 화면을 덮고 학생들에게 짧은 장면의 음향 트랙을 청취하게 하여 무엇을 들었는지 정확하게 서술하게 한다. − 학생들은 자신들이 생각하는 텍스트 유형을 확인하고, 음향을 들은 후 서술한다. 이어 장면의 내용과 영상 스타일을 짐작해 본다. − 장면을 보여 주고 음향과 영상이 서로 어떻게 영향을 미쳤는지 토론한다.	영상 이미지 음향 트랙은 음악, 음향효과, 음성 그리고 무음이 의미를 만든다. 음향 중 특히 음악은 텍스트의 무드를 만들 수 있고, 특유의 정체성을 구성한다(드라마, 코미디 등). 음향은 종종 영상보다 장면의 의미를 분명하게 할 수 있다. 무음도 장면 해석에 강력한 효과를 발휘할 수 있다.	Q1 : 어떠한 종류의 음악이 사용되었는가? 어떤 느낌과 이미지가 제시되었는가? Q2 : 정확하게 어떤 음향효과를 들을 수 있었으며, 무엇을 재현한 것인가? Q3 : 무엇이 말해지며, 대사를 통해 무엇을 말할 수 있는가? Q4 : 음향은 어떤 차이점으로 장면을 다르게 만드는가?
(3) 샷의 편집과정에 주목하기 ▶ 짧은 장면을 본 후 사용된 샷의 수를 추측해 본다. − 두 번째 볼 때 샷과 화면의 위치, 사운드 변화를 표기한다. − 세 번째 볼 때 샷의 변화가 어떻게 이루어지는지, 음향의 변화가 일어나는지 주의 깊게 살펴보면서 각 샷의 시간을 잰다.	영상 이미지의 장면은 샷의 수와 길이가 모두 의미를 만들며, 편집과정에서 의미가 창조된다. 화면 시간과 이야기 시간은 다르며, 편집과정은 수용자를 위해 이야기 시간을 조절하는 것이다. 편집의 페이스와 리듬, 변화 유형도 모두 의미 구성에 기여한다.	Q1 : 장면은 얼마나 길고 얼마나 많은 '이야기 시간'이 재현되는가? Q2 : 각각의 새로운 샷은 어떠한 새로운 정보와 인상을 주는가? Q3 : 각각의 음향의 변화는 어떤 정보와 인상을 주며, 왜 이러한 샷의 변화가 이용되는가?

기본 교수법	학습 목표	핵심 질문들
(4) 시작과 끝을 체크하기 ▶ 타이틀 장면을 보여 주고, 학생들에게 장르와 의도된 수용자를 확인하며, 내용과 메시지를 예측하게 해 본다. ▶ 영상 이미지 텍스트의 시작과 끝 크레디트를 보여 주고, 텍스트의 출처에 대한 정보와 텍스트의 소유 구조(생산과정) 및 어떻게 배포되었는지에 대해 토론한다.	영상물의 타이틀은 텍스트를 규정하고, 그것을 수용자에게 판다. 즉 텍스트의 장르와 내용, 수용자와 목적을 분명하게 하거나 호기심 유발을 위해 위장하기도 한다. 누가 만들었으며 누가 투자했는지, 누가 소유하는지에 대한 정보를 주지시킨다.	Q1: 타이틀은 영화 필름인가? TV 프로그램인가? Q2: 사실인가? 허구인가? Q3: 누구를 위한 것인가? Q4: 무엇에 대한 것인가? Q5: 누가 만들었는가? Q6: 누가 소유하며 왜 만들어졌는가?
(5) 수용자에게 어필하는 요소 찾아보기 ▶ 둘 혹은 그룹으로 학생들은 텍스트가 어떻게 시장에 나와 수용자에게 팔리고 유통되는지 정보를 모은다. 예를 들어 TV 편성표, 비디오 카탈로그 웹사이트, 영화 포스터, 광고, 예고편, 시청률, 영화 비평 등	대부분의 영상 이미지 텍스트들은 상업적 시장에서 수용자를 둘러싸고 경쟁한다. 영상물들은 매우 다양한 매체에서 홍보될 수 있으며, 마케팅과 판매 촉진 전략은 영상 매체 산업에 집중되어 있다. 수용자의 반응은 측정되어 향후 생산과 판매 촉진 전략에 반영된다.	Q1: 텍스트의 수용자에 대한 판매 촉진방법은 무엇인가? Q2: 왜 이러한 방법이 사용되고, 누가 텍스트의 판매 촉진을 돕고 있는가? Q3: 수용자들은 생산자의 의도대로 반응했는가? 그렇지 않다면 왜 그런가?
(6) 장르 변환해 보기 ▶ 학생들은 영상 이미지 텍스트(다큐멘터리, TV 뉴스, 상업방송, 영화)를 신문 아이템, 잡지 기사, 소설 같은 인쇄 매체 장르로 변환해 본다. ▶ 반대로 인쇄 매체 텍스트를 영상 이미지 형태로 변환해 본다.	정보가 다른 형태로 제시되거나 다른 매체로 바뀔 때 의미는 변할 수 있다. 각각의 매체는 자신만의 언어 관습과 장르가 있다. 영상 이미지는 특정 종류의 내용에 더 적합하고, 인쇄 매체 텍스트는 또 다른 것에 더 적합하다.	Q1: 영상 이미지에서 말하거나 보여 줄 수 없는 것을 인쇄 매체 형태로 무엇을 말해 줄 수 있는가? 또 그 반대는 어떤가? Q2: 한 매체에서 다른 매체로의 진정한 전환이 가능한가?
(7) 미디어 간 비교하기 ▶ 두 개의 다른 미디어에서 서로 다른 두 수용자들을	이슈와 가치, 아이디어들은 형식과 장르, 수용자에 따라 서로 다른 방식으로	Q1: 인쇄 매체 텍스트와 영상 이미지는 각각 시간, 배우, 세팅, 동기 등과

기본 교수법	학습 목표	핵심 질문들
위한 이슈의 구성을 비교한다. ▶ 하나의 허구적 인쇄 매체 텍스트를 두 개의 영상 이미지로 각색하는 데 따르는 주요 순간을 비교한다. 실제와 허구 형태의 동일한 테마의 구성을 비교한다.	재현된다. 인쇄 매체 텍스트들은 영상 이미지로 각색될 수 있다. 다큐멘터리와 드라마 모두 한 테마를 효과적으로 제시한다. 사실과 허구의 경계선은 구별하기 어려울 수 있다.	같은 문학적 특징들을 어떻게 처리하는가? Q2 : 각각의 형태에서 무엇을 얻을 수 있으며, 무엇을 놓치는가?
(8) 시뮬레이션 ▶ 둘 혹은 그룹의 학생들은 어떤 주제의 커리큘럼을 이용해 기존 영상 이미지 제작자로서의 역할을 갖고 어떻게 작업을 할지에 대한 계획을 세우도록 요구된다. - 다른 연령층을 위해 수정하거나 재구성한다. - 특정한 관점에서 비판적으로 이의를 제기한다. ▶ 계획들은 선생님이나 다른 그룹에게 제시되어야 한다.	대부분의 영상 이미지 텍스트들은 편집에 대한 제약, 제도적 제약 안에서 생산된다(시간, 예산, 맥락, 의도 등). 내용과 형식은 수용자와 목적에 따라 변할 수 있다. 수용자에 따라 어떤 것은 이야기할 수 있는 반면, 어떤 것은 이야기하거나 보일 수 없다. 기존 텍스트에 대한 비판적 제기는 근거를 가져야 한다.	Q1 : 왜 특정한 연령층의 수용자를 선택하였는가? Q2 : 수용자에게 도달하기 위해 어떠한 방법이 가장 적합한가? Q3 : 어떤 관점에서 특정 텍스트를 반대하거나 다른 주장을 하는가? Q4 : 당신의 의견을 뒷받침하기 위해 어떤 증거를 사용하는가?

출처 : 정회경, 「영국에서의 초·중등학교 미디어 교육 교과과정 연구」, 2005, pp. 14~19.

문학 텍스트를 TV용으로 줄이기 위한 계획서를 작성할 수도 있다. 이를 통해 특정한 텍스트들이 실제 수용자 혹은 독자에게 제공하는 즐거움을 식별하며, 텍스트가 수용자의 기대를 충족시키기 위해 어떻게 구성되어 있는지를 검토하고, 비슷한 텍스트에 대한 다양한 반응들을 조사할 수 있게 된다. 이러한 학습 활동과 학습 결과는 앞서 살펴본 기본 교수법에 따라 세부적으로 학습 목표를 세우고, 가능한 학습 활동을 추론해 낼 수 있으며, 영어 과목뿐 아니라 과학, 디자인과 기술, 역사 등의 과목에도 적용시킬 수 있다.

한편 국내 중·고등학교에서의 미디어 교육은 아직까지 정규 과목이나 교과과정에 통합되어 실시되지 않고, 특별활동(CA)이나 특기·적성 교육 차원에서 신문을 중심으로 이루어지고 있다. 하지만 일부 학교 현장에서는 TV와 영화 같은 영상물을 이용한 미디어 교육을 실시하기도 한다. [표 11-2]는 한국언론재단이 노원고등학교에서 실시한 '미디어 바로 보기 반' 활동을 위한 수업 계획안이다.

공공 기관인 한국언론재단은 국내에서 가장 활발하게 미디어 교육을 실시해 왔다. 한국언론재단은 사업 영역도 매우 다양해 미디어 교육 교재 개발과 교사 연수, 전문가 양성, 학교 미디어 교육 지원 등 미디어 교육에 필요한 거의 모든 사업을 실시하고 있다. 특히 초·중·고등학교 등 각급 학교 및 사회복지관, 도서관 등 미디어 교육이 필요한 기관에 전문 강사를 직접 파견해 교육을 실시하고 있는데, 2004년을 기준으로 전국의 370여 곳에서 미디어 교육을 실시하였다. 이 가운데 초등학교 52개교, 중학교 163개교, 고등학교 87개로 학교가 전체의 82%를 차지하였으며, 특히 중학교가 가장 높은 비율을 차지하고 있어 미디어 교육을 실시할 수 있는 여건이 가장 좋은 것으로 분석된다. 교육 내용은 신문 제작이 35%로 가장 많았고, 영상 제작이 23%, 미디어 일반이 13%, NIE 13%, TV 바로 보기가 6% 등이었다. 제작 교육을 통한 미디어 교육은 학생들이 직접 미디어 내용을 제작해 봄으로써 직접 체험을 통해 미디어에 대한 이해를 높일 수 있어서 교육적 효과가 매우 높다(이동우, 2004).

한국언론재단은 또한 미디어 교육 길잡이 CD를 개발해 전문 강사 및 학교 교사들에게 무료로 배포하여 활용하게 하였으며, 강사들이 교육시간에 반드시 CD를 활용하게 함으로써 체계적인 교육을 실시하도록 권장하고 있다. 미디어 교육 길잡이 CD는 '미디

〔표 11-2〕 미디어 바로 보기 수업 계획안

수업 주제	미디어를 통해 자신의 삶과 연관 지을 수 있는 학습	대상	고등
수업 모형	창의적인 사고 및 모둠별 협동 학습	수업 차시	90분 수업 10차시
수업 목표	다양한 미디어 매체와의 만남을 통해 매체에 대한 정보 분석과 비판적인 사고력 및 평가할 수 있는 능동적인 태도를 길러 자신의 삶을 개착할 수 있다.		
지도 교사의 의도	매스 미디어는 현대사회에서 개인의 의지와는 무관하게 주변에서 쉼 없이 활동하고 있다. 사람들은 매스 미디어의 영향을 받으며 살아간다. 특히 학생들에게는 강한 영향력을 미치므로 미디어에 대한 올바른 이해와 사고를 통해 자신의 진정한 삶의 미래를 가꾸어 가길 바란다.		

차시		학습 활동 주제	
1차시	1교시	모둠 세우기	협동 학습에 대한 이해 및 활용
	2교시	대중 매체 이해하기	언론재단 제공 CD 활용
2차시	3교시	미디어 리터러시란 무엇인가?	활동지
	4교시	미디어 리터러시에 접근하기	활동지
3차시	1교시	TV 들여다보기 1	언론재단 제공 CD 활용
	2교시	TV 들여다보기 2	활동지
4차시	3교시	가요의 시간적 변화 흐름 1	가요의 시대적 흐름 알아보기
	4교시	가요의 시간적 변화 흐름 2	뮤직비디오에 대한 토론
5차시	1교시	미디어와 광고 1	언론재단 제공 CD 활용
	2교시	미디어와 광고 2	광고와 우리 생활의 관계
6차시	3교시	애니메이션 1	애니메이션의 특성
	4교시	애니메이션 2	애니메이션의 다양성
7차시	1교시	영화 들여다보기 1	언론재단 제공 CD 활용
	2교시	영화 들여다보기 2	영화 감상(영상물, 활동지)
8차시	3교시	영화 들여다보기 3	영화 감상
	4교시	영화 들여다보기 4	영화 감상 및 마무리 2교시
9차시	1교시	미디어 비평하기 1	미디어 바로 보기 후 활동
	2교시	미디어 비평하기 2	신문 제작 및 BOOK ART
10차시	3교시	미디어 비평하기 3	
	4교시	활동 마무리	모교 광고지 만들기

출처 : 허성희, 『한국언론재단 미디어 교육 사례』, 한국미디어교육학회, 2005, p. 59.

어 제작과정', '영상 촬영 기법', 'TV 바로 보기' 등 총 3편으로 구성되어 있으며, 미디어의 역사와 종류, 신문, 방송, 영화 등 생생한 현장 취재를 통해 미디어의 제작과정을 보여 줌으로써 학생들의 이해를 돕도록 쉽게 구성되어 있다. 이러한 교재를 바탕으로 미디어 교육 교사 연수와 미디어 교육의 확산을 위해 전국 학교장 워크숍을 실시하였다. 〔표 11-3〕과 〔표 11-4〕는 '학교 미디어 교육 강의 프로그램'의 일부 사례들을 발췌 · 정리한 표이며, 중학생들을 대상으로 학기별로 격주 1일 2시간씩이나 주 1회 2시간씩 미디어 교육을 실시하였다.

한편 이상의 영상 제작 교육에 대한 강의 프로그램 사례들은 영국에서 실시하는 미디어 교육과는 상당한 차이를 보인다. 가장 큰 차이점으로는 영국의 경우 학교교육 교과과정 안에서 미디어 교육을 실시할 수 있도록 학습 목표와 학습 활동 및 질문 사항들이 구체적으로 작성된 데 비해, 국내에서 실시되고 있는 TV와 영화를 포함한 미디어 교육은 매체에 대한 이해를 돕고 있기는 하지만 학생들의 학습 활동을 중심으로 무엇을, 왜 해야 하는지가 명확하지 않다. 영상 제작 교육의 경우도 강의 내용은 영상 제작 자체에 초점을 두고 있고, 영상물 제작을 통해 영상 언어 읽기나 학습 활동을 통한 교육적 효과 부문에서는 구체성이 떨어진다. 분석의 단위나 내용의 구체성이 교육 목표와 학습 활동, 교육적 효과까지 연결되어야 교과과정에 수용될 수 있다.

미디어 교육의 표준 교과과정 모형에 대한 시안적 연구 자체가 수월하지는 않지만, 한국언론학회의 미디어교육위원회에서는 2005년도에 학교 미디어 교육과정 모형 연구를 주제로 '학교 미디어 교육의 제도화'를 위한 다양한 안을 제시하였다. 임성호(2005)는 미디어 교육의 표준 교과과정의 모형을 제시하기 위해 미디어 교육

〔표 11-3〕 학교 미디어 교육 강의 프로그램 사례 1

▶ 강의 대상 : 부평 부일중학교

▶ 강의 제목 : 1학기 — TV 바로 보기, 2학기 — 미디어 교육

▶ 강의시간 : 격주 1일 2시간

▶ 세부 계획 1학기 — TV 바로 보기

차시	구분		내 용	세부 활동 및 자료
1	기초	주제	자기소개하기, 모둠 구성하기	−사진말 이용 자기소개 −수업 기초 설문조사
		목표	나를 알리고 모둠 구성원의 성격을 파악할 수 있다.	
2	기능	주제	커뮤니케이션과 미디어	−CD 이용 학습 −학습활동지
		목표	커뮤니케이션을 이해하고 생활 속의 미디어를 안다.	
3	지식	주제	TV란 무엇인가?	−CD 이용 학습 −학습활동지
		목표	TV 매체의 특성을 알고, 수용자로서의 주권을 안다.	
4	기능	주제	영상 언어 읽기	−CD 이용 학습 −학습활동지
		목표	영상 언어의 특징을 안다.	
5	가치	주제	TV와 나	−시청 습관 알기 : 편성표 −학습활동지
		목표	나의 TV 시청 태도와 올바른 시청 습관이란 무엇인지 안다.	
6	가치	주제	TV 읽기—드라마 바로 보기	−CD 이용 학습 −학습활동지
		목표	TV 드라마가 그려 내는 세상을 분석하고 바르게 볼 수 있다.	
7	지식	주제	TV 읽기—뉴스 바로 보기	−CD 이용 학습 −학습활동지
		목표	TV 뉴스의 특징 알아보기	
8	가치	주제	TV 시청 감상문 쓰기/비평하기	−인터넷 활용 −감상문 작성 −총정리 및 설문조사
		목표	TV 프로그램을 시청하고 비평문을 쓸 수 있다.	

▶ 세부 계획 2학기 — 미디어 교육

차시	구분		내 용	세부 활동 및 자료
1	지식	주제	광고 1	−자료(신문, 사진)를 통한 광고 특성 알기 −학습활동지
		목표	광고의 특성을 알 수 있다.	
2	기능/ 가치	주제	광고 2	−비디오 자료를 통한 광고 메시지 알기 −학습활동지(광고 만들기)
		목표	광고를 바로 볼 수 있다./광고를 만들 수 있다.	
3	종합	주제	만화와 애니메이션	−인터넷 활용 학습 −비디오 자료를 통한 학습 −학습활동지
		목표	만화와 애니메이션을 바로 볼 수 있다.	
4	기능/ 가치	주제	영화 1	−책과 비디오 자료를 통한 영상물 특징 알기 −학습활동지 −CD 이용 학습
		목표	영화의 매체적 특징을 안다.	
5	가치	주제	영화 2	−비디오 자료 −영화 감상문
		목표	영화 감상을 하고 감상문을 쓸 수 있다.	
6	종합	주제	인터넷	−인터넷 활용 학습 −학습활동지 −총정리 및 설문조사
		목표	올바른 인터넷 사용을 할 수 있다.	
7	지식	주제	신문 읽기 1	−CD 이용 학습 −신문자료 −학습활동지
		목표	신문의 매체적 특징을 알고 제작과정을 안다.	
8	지식	주제	신문 읽기 2	−신문자료 −학습활동지
		목표	신문을 이루는 요소에 대하여 안다.	
9	기능/ 가치	주제	신문 읽기 3/강의 정리	−신문자료 −학습활동지 −총정리 및 설문조사
		목표	기사의 종류와 기본 원칙에 의한 기사 작성을 해 본다.	

출처 : 이동우, 『다양한 형태의 미디어 교육사업 실시』, 제8회 미디어 교육 전국대회, 2004.

과 관련된 역사적인 자료를 선정하여 그 틀을 토대로 모형을 추출했고, 현재 300여 개 학교에서 시행중인 미디어 교육자료를 선정해 그 틀을 보완하여 모형을 추출하는 방법으로 수준을 높여서 표준

〔표 11-4〕 영상 제작 교육 강의 프로그램 사례 2

▶ 강의 대상 : 서울 상계제일중학교
▶ 강의 제목 : 영상 제작 교육
▶ 강의시간 : 주 1회 2시간

차수	일자	시간	강의내용
1	4월 16일	14:00 16:00	미디어란? / 미디어의 종류와 역할
2	4월 23일	〃	미디어의 특성 / 미디어를 어떻게 볼 것인가?
3	5월 7일	〃	영상 언어, 영상 문법
4	5월 14일	〃	광고, CF 등 다양한 영상물 보기
5	5월 21일	〃	영상물 제작의 이해
6	5월 28일	〃	기획안 만들기 / 카메라 기초 촬영
7	6월 4일	〃	영상물 촬영 1
8	6월 11일	〃	영상물 촬영 2
9	6월 18일	〃	영상물 촬영 3
10	6월 25일	〃	영상물 촬영 4
11	9월 3일	〃	영상물 편집의 기초
12	9월 10일	〃	영상물 편집
13	9월 17일	〃	영상물 완성 및 감상
14	9월 24일	〃	제작된 영상물 분석
15	10월 7일	〃	상업용 영상물 분석 및 토론

교과과정 연구를 수행하였다. 그가 제시한 두 가지 모형 중 여기서
는 중·고등학교의 미디어 교육을 위한 교과과정을 소개하고자 한
다. 이 교육과정안에 따르면, 중학교 1학년의 경우 신문, 잡지, 라
디오, 텔레비전과 영화, 인터넷, 캠코더, DMB 등의 다양한 미디어
에 대한 개론적 학습을 실시한다. 중학교 2학년은 언론(신문) 관련

내용에 대한 기초적 이론 및 실습을 포함하는 기초과정 1을 실시하며, 중학교 3학년은 기초 이론 및 실습을 보다 다양하게 다루는 기초과정 2를 배운다. 고등학교의 경우는 매체를 선택하여 분야별 내용에 대한 중급과정으로 매체별 관련 이론과 실습 제작을 하게 한다. 또 다른 안은 중학교와 고등학교 모두 학년별로 1학년은 신문, 잡지, 라디오, 텔레비전과 영화, 인터넷, DMB 같은 뉴미디어에 대한 개설적 이해를 도모하고, 2학년은 신문과 라디오, 텔레비전과 영화에 대한 이해과정을 미디어 이론과 실습·교육과정을 거치게 하며, 3학년은 인터넷, 캠코더, DMB 등 뉴미디어 이론과 실습·제작과정을 다루는 것이다. 이를 통해 매스 미디어를 이용하고 감상할 수 있는 능력을 배양하며, 텔레비전과 영화, 신문과 라디오의 특징 및 기술에 관한 이해를 도와 매스 미디어 내용을 비판적으로 평가할 능력을 기를 수 있다. 아울러 이러한 미디어 교육과정은 매스 미디어 사용 시 판별 훈련기술을 개발하고, 매스 미디어와 관련된 가치 판단과 인본주의적인 태도를 육성하도록 제시하고 있다.

중·고등학교의 청소년을 대상으로 한 텔레비전과 영화에 대한 교과과정은 학생들이 영상 매체를 비판적이고 식별력 있게 감상할 수 있도록 구성해야 한다. 예를 들어 텔레비전과 영화는 사회조직과 가치체계에 영향을 미친다는 사실을 교육하며, 텔레비전과 영화를 비판적으로 감상할 수 있는 능력을 함양시키기 위해 효과적인 시청기술을 습득하게 하고, 시청 내용에 대한 충분한 이해능력을 길러 주어야 한다. 미디어 교육은 중요한 내용을 기억하는 능력과 텔레비전 프로그램을 비교할 수 있는 능력, 여론 형성과정에서의 텔레비전의 역할을 인식하고 기존의 알고 있는 지식을 바탕으로 새로운 지식과 정보를 비교할 수 있는 능력, 자신의 기존 태도에 비추어 시청한 내용을 비판적으로 평가·판단할 수 있는 능력 등을 향상시킬 수 있다. 또한 영화와 텔레비전 프로그램의 분석을 통해 진술된 내용의 사실과 의견, 환상적 내용을 구별하며, 편견과 감정적 내용을 인식해 영화와 텔레비전에서 제시하는 중심 문제를 파악하게 할 수 있다. 이와 함께 학생들이 텔레비전 광고를 이해함으로써 상품광고가 전달하려는 내용과 잠재되어 있는 내용, 영화음악과 텔레비전 음악의 효과 등 양질의 프로그램을 식별할 수 있는 능력을 갖출 수 있도록 미디어 교육과정이 수립되어야 한다. 이러한 교과과정의 내용은 크게 미디어 전반에 대한 이해와 신문, 광고, 라디오, 텔레비전, 영화, 인터넷 같은 개별 매체에 대한 교육 내용이 담겨 있어야 할 것이다. 또한 미디어 교과과정의 표준화 모형을 개발하기 위해서 먼저 미디어 교육과 교과과정 구조가 일관성을 가져야 하며, 일관된 구조의 연속선상에서 미디어 교육이 학년별로 심화되고 세분화·전문화되어야 한다(임성호, 2005 : 107). 미디어 교육은 교과과정의 형식을 표준화시킴으로써 다른 과목과의 연계성을 가질 수 있으며, 미디어 교육과정의 기본 형식과 교수법을 마련해야 통합교과 형태의 미디어 교육이 가능해질 수 있다. 교과과정 형식의 표준화 과정에서는 창의적인 방안이 마련되어야 한다. 매체 환경이 급변하는 상황에서 새로운 미디어가 교과과정에 반영될 수 있도록 전체적인 틀은 열려 있어야 하고, 유연성 있게 교육 내용들이 추가되고 표준화될 때 미디어 교육이 정규 교과과정으로 발전해 나갈 수 있다.

제12장

통합교과 미디어 교육 사례

1. 제7차 교육과정에서의 미디어 교육

2. 미디어 교육의 교과과정

3. 교과목별 미디어 교육과정

4. 미디어 교육의 향후 전망

1. 제7차 교육과정에서의 미디어 교육

현재 우리나라에서 실시되고 있는 미디어 교육은 미디어 리터러시 교육, 매체 비평 교육, 시민 교육, 수용자 운동, 인성 교육, 정보통신 윤리 교육 등 다양한 차원에서 이루어지고 있다. 그 개념적 접근방식도 보호주의 관점과 대중예술 패러다임, 미디어 리터러시 등이 있다. 미디어 교육은 그 특성상 매체의 다양성과 함께 그 범위와 대상 영역이 포괄적일 수밖에 없지만, 공교육 차원에서 미디어 교육의 도입이 논의되면서 이제 체계화된 커리큘럼이 마련되어야 한다는 목소리들이 높다. 미디어 교육을 실시해 온 시민 단체들의 모니터링 교육에서부터 언론재단이나 방송영상산업진흥원 등 공공 기관에서의 미디어 교육 강사에 대한 교육, 그리고 300여 개가 넘는 학교 현장에서 특별활동과 동아리를 중심으로 행해지는 방송 제작 활동에 이르기까지 미디어 교육은 주체와 목표, 교육 내용과 주제, 형태 등이 너무 광범위해서 다소 혼란스러운 양상을 보이고 있다. 이처럼 사회 여러 기관에서 미디어 교육을 실시함에 따라 미디어 교육에 대한 국민적인 관심과 사회적 필요성은 제고되었지만, 각 단체의 목적과 특성에 따라 미디어 교육의 내용과 방법이 달라 학교교육에 바로 적용시키기 어려운 점들이 있다. 미디어 환경이 변화함에 따라 제도권 교육 내에 미디어 교육을 실시해야 하는 당위성이 높은 만큼, 변화된 매체 환경과 매체 이용에 관한 내용 역시 학교교육에서 사용될 미디어 교육 교과과정에 포함되어야 할 것이다. 특히 한국의 교육제도 및 교육정책 결정과정에 대한 종합적인 검토를 바탕으로 제7차 교육과정의 개요와 이해를 통해 미디어 교육의 공교육화를 위한 기본 방향 제시가 더욱 중요해졌다.

　　김기태(2005)는 현실적으로 학교 현장에서 실시할 수 있는 미디어 교육의 범주를 세 가지 유형으로 제시하였다. 첫째는 정규 과목의 독립 유형이고, 둘째는 기존 과목의 편입 유형으로서 통합교과목으로 실시하는 유형이며, 마지막으로는 특별활동 과목 유형이다. 정규 과목의 독립 유형은 초·중·고교 정규 교과목의 하나로 독립해 미디어 교육을 실시하는 유형으로서 전 학년 동안 연속해서 편성할 수 있으며, 교육의 체계성, 일관성, 지속성을 유지할 수 있는 장점이 있다. 하지만 미디어 교육은 기존 교과목 외에 새로운 교과로 독립하기가 쉽지 않으며, 특히 한국과 같이 입시 위주의 학교 교육체제 안에서 인성 교육, 교양 교육 성격의 미디어 교육 교과가 독립 교과로 편성되기는 어려울 것이다. 또한 정규 과목의 독립 유형은 체계적인 교과과정 개발과 교사 양성, 적절한 교재 개발이 선행되어야 가능한 유형이다. 다음으로 기존 과목의 편입 유형은 통합교과목으로 미디어 교육을 실시하는 것이다. 현행 교과목 중에서 미디어 교육과 비교적 관련이 많은 국어나 사회 과목, 미술, 음악 같은 과목의 일부 단원이나 항목으로 편입해 미디어 교육을 실시하는 유형이다. 이 경우는 부분적인 정책 결정만으로도 미디어 교육을 실시할 수 있는 수월성이 장점이다. 또한 관련 교과목을 담당하는 교사들을 대상으로 재교육을 통해 미디어 교육 교사로 활용할 수 있다는 점에서 독립 교과목의 경우보다 수월하다. 반면에 특정 교과목마다 관련 교사가 자신의 전공에 관련된 분야만 강조할 경우 교육 자체가 소홀해질 가능성이 있고, 교육효과도 떨어질 우려가 있다. 이 경우에도 역시 학년별 단원 내용의 연계성을 고려한 체계적인 교과과정과 교사용 및 학생용 교재 개발이 필수적이다.

마지막으로 특별활동 과목 유형은 국내 교육 환경 및 정책 결정과 정의 특성상 가장 실현 가능성이 높은 유형이며, 현재 대부분의 학교에서 특별활동 과목으로 미디어 교육이 실시되고 있다. 이 경우는 교사들의 전공과 상관없이 희망 교사에 한해 담당 교사를 양성할 수 있으며, 교육정책이나 교과과정에 큰 변화 없이도 실시가 가능하다는 점에서 가장 실효성이 높다. 그러나 교육효과 차원에서 특별활동은 필수 과목이 아닌 선택과목이라는 점에서 입시 위주의 중·고등학교 교육 현장에서 얼마나 큰 호응을 얻을 수 있을지는 의문이다. 물론 어떤 형태로든 미디어 교육을 공교육 제도권 안에 도입해야 한다는 점에서는 가장 현실성이 있지만, 이 경우에도 학생들의 성별이나 관심사, 연령 등에 따라 어떤 종류의 미디어 프로그램을 실시해야 하는지 적합한 교과과정과 교수법, 교재 등이 개발되어야 할 것이다(김기태, 2005 : 3~5). 이상의 유형들이 한국의 교육과정에 도입되기 위해서는 공교육 현장의 실태와 문제점을 파악해서 교육 현장에 부합하는 미디어 교육의 방향을 제시해야 한다. 특히 현재 실시되고 있는 제7차 교육과정의 정확한 이해와 분석을 통해 실천 가능성이 있는 미디어 교육의 교과과정 및 교수법을 개발하고, 제도화를 위한 단계적 실천방안을 모색해야 할 것이다.

2004년부터 시행된 제7차 교육과정에서는 미디어 교육이 부분적으로 편성되어 있다. 제7차 교육과정은 제6차 교육과정과는 달리 수준별 교육과정을 도입하여 교과 외 활동인 재량활동 영역의 새로운 도입과 고등학교 2~3학년에서의 선택 중심의 교육과정이 도입되었다. 이는 미디어 교육의 경우 기존에 실행되어 온 특별활동 외에도 재량활동을 통해서 활용될 수 있음을 의미한다. 제7차 교육과정은 크게 초등학교 1학년에서부터 고등학교 1학년까지 해당되는 국민 공통 기본 교육과정과 고등학교 2~3학년에 적용되는 선택 중심의 교육과정으로 구성되어 있다. 미디어 교육은 국민 공통 기본 교육과정에서 모든 교과 수업과 특별활동을 통해 가능하며, 새로 도입된 '재량활동'시간을 통해서도 이루어질 수 있다. 고등학교 2~3학년의 경우 선택과목의 하나로서 미디어 교육이 개설될 수도 있다. 재량활동은 초등학교에서는 연간 68시간, 중학교에서는 연간 136시간, 고등학교에서는 1학년 12단위, 연간 204시간, 주당 평균 6시간으로 편성되어 있으며, 다시 '교과 재량활동'과 '창의적 재량활동'으로 구분된다. '교과 재량활동'은 중등학교의 선택과목 학습과 국민 공통 기본 교과의 심화·보충학습을 위한 것이고, '창의적 재량활동'은 학교의 독특한 교육적 필요나 학생의 요구에 따른 통합교과 학습의 형태이다. 미디어 교육이 학교교육 내에서 시행되면 통합교과 형태인 '창의적 재량활동'에서 가능할 것이다(김양은, 2005). 통합교과 학습은 특정 교과보다는 여러 교과에 관련된 탈교과적인 주제 중심의 학습을 말한다. 미디어 교육은 민주 시민 교육, 인성 교육, 환경 교육, 성교육, 경제 교육, 보건 교육, 소비자 교육, 진로 교육, 통일 교육, 국제 이해 교육, 정보화 및 정보 윤리 교육 등 다양한 분야에 적용시킬 수 있다. 제7차 교육과정에서 미디어 교육은 또한 통합교과 형태 외에 하나의 독립된 선택과목으로 채택될 가능성도 있다. 즉 교양으로 분류된 일반 선택과목이 심화 선택과목으로 확장될 때 새로운 교양과목으로서 '미디어 교육'을 채택할 가능성이 있는데, 이 형태는 주당 1시간을 정기적으로 수업한다는 점에서 미디어 교육이 일반 교양과목 중 편성될 수 있다. 이처럼 제7차 교육과정에서 미디어 교육을 편성하기 위해서는 무엇보다 체계적인 교육과정을 개발해야 할 것이다.

2. 미디어 교육의 교과과정

국내 시민 단체와 공공 기관, 학교에서 실시되고 있는 미디어 교육은 미디어 리터러시 교육보다는 '미디어에 대한 일반 지식과 정보의 습득'에 중점을 두는 경향이 있다. 중등학교 이상을 대상으로 하는 미디어 교육 관련 교재들의 경우도 미디어 제작 교육에 관련된 교재가 더 많으며, 2004년 시민 단체들의 미디어 교육에서도 미디어 내용을 비판적으로 읽히는 교육보다는 제작 교육에 관한 내용이 더 많아 동일한 결과가 나타났다(김양은, 2005 : 158). 이러한 현상은 현재 국내에서 미디어 교육 내용이 기존의 보호주의적 차원의 모니터링 교육에서 제작 교육 중심으로 옮겨 가고 있음을 시사한다. 그러나 제작 교육의 경우, 미디어 내용을 비판적으로 읽어 내는 리터러시 교육과 병행되지 않으면 청소년들이 현실을 구성해 내는 미디어의 문제점을 제대로 파악하지 못하는 결과를 초래할 수 있다. 즉 청소년들이 자신의 일상에서 경험하는 미디어 문화에 대해 거리를 두고 비판적으로 미디어 내용을 수용하며 분별력을 갖기 이전에 제작 경험을 통해 흥미 중심의 제작과정과 매체에 대한 친근성만 제고하기 쉽다. 미디어 교육에서는 읽기와 쓰기 학습이 유기적으로 이루어져야 미디어 능력이 형성된다. 즉 미디어 사용자들이 '미디어 읽기'를 통해 비판적인 사회 인식을 갖게 되고, 이것이 또한 학교교육 내에서 실천할 수 있는 가장 가능한 미디어 교육이다. 하지만 국내의 미디어 교육 교재들은 '미디어의 비판적 읽기'에 대한 구체적이고 체계적인 방법론이나 교수법을 제시하지 못하고 있다. 그동안의 많은 교재들이 '텍스트' 중심의 분석이나 해독에 대한 접근을 체계적으로 제시하기보다는 '올바른 미디어 이용 태도'를 고양시키는 데 중점을 두고 평가 내용으로 삼았기 때문이다. 따라서 대부분의 미디어 교육 관련 교재 내용은 '제작' 교육을 위한 미디어 지식이나 미디어 산업에 대한 내용을 중심으로 구성되어 있으며, 미디어 언어와 미디어 표상에 관련된 항목은 전체적인 분석 틀을 제공하지 못한다. 실제로 국내 미디어 교육 교재들은 대부분이 미디어 기술의 개념과 미디어 수용자론에 집중되어 있으며, 감상적 분석 차원에서 '미디어의 비판적 해석'이 이루어지는 경향이 있다. 유럽의 경우 초등학교에서의 미디어 교육이 감상과 체험 중심으로 이루어진다면, 중·고등학교에서 실시되는 미디어 교육의 목표는 체계적인 방법론을 통해 '비판적 독해'와 '제작과 표현' 교육에 중점을 두고 있다. 미디어 교육은 미디어에 대한 식별력을 바탕으로 미디어 언어능력을 습득하고, 비판적 독해능력을 기른 후 제작과 표현의 단계를 거쳐 이루어지는 것이다. 하지만 국내 미디어 교육의 현실은 대부분의 경우 매체 중심적인 내용과 모니터링 그리고 최근에는 제작 교육에 초점이 맞추어지고 있다(문화연대, 2003 : 282 ; 김양은, 2005 : 159에서 재인용).

미디어 교육의 교과과정을 구성할 때 다양한 원칙이 적용될 수 있겠지만, 영국영화협회(BFI)에서 제시한 교과과정은 우리나라에도 적용할 수 있을 것으로 판단된다. 영국영화협회에서는 교과과정의 중요한 개념 목록을 제시하기보다는 미디어 교육에서 다루어야 할 전반적인 틀을 제시하고 있다. 영국영화협회에서 제시한 여섯 가지 핵심 영역은 미디어 제작자, 미디어 범주, 미디어 기술, 미디어 언어, 미디어 수용자, 미디어 표상으로서 미디어 내용에 영향을 미치는 요소들에 대한 사고를 조직화하는 틀을 의미한다. 안

〔표 12-1〕 미디어 교육의 여섯 가지 핵심 영역

누가 왜 커뮤니케이션하는가?	➡ 미디어 제작자
어떤 유형의 텍스트인가?	➡ 미디어 범주
어떻게 생산되었는가?	➡ 미디어 기술
그것이 의미하는 바를 우리는 어떻게 아는가?	➡ 미디어 언어
누가 수용하고, 어떻게 이해하는가?	➡ 미디어 수용자
그 주제를 어떻게 표상하는가?	➡ 미디어 표상

정임 · 전경란(1999)은 영국영화협회가 제시한 미디어 교육 교과과정의 핵심 영역을 〔표 12-1〕과 같이 간단하게 재정리하였다(p. 65).

　미디어 교육의 여섯 가지 핵심 영역을 토대로 국내 학교 현장에서도 미디어 교육을 매체별로 실시할 수가 있다. 가령 신문의 사진 광고를 갖고 미디어 교육의 핵심적 내용을 구체적인 질문 형식으로 바꾸어 실제 수업시간에 적용해 볼 수 있다. 요컨대 신문 광고의 사진을 통해서 신문 매체의 광고 텍스트를 이해하는 방법으로서 영국영화협회가 제시한 핵심 영역들을 평범한 질문으로 제시한다면 학생들이 보다 빨리 이해할 수 있고, 미디어 교육의 핵심인 '비판적 읽기' 학습도 수월하게 진행될 수 있다. 예를 들어 아파트 분양 공고에 관한 기사와 함께 아파트를 분양하는 건설회사의 전면광고를 놓고, (1) 누가 실은 광고이며, 왜 광고를 냈는가?—미디어 제작자, (2) 어떤 종류의 사진인가?—미디어 범주, (3) 어떻게 만들어진 것인가?—미디어 기술, (4) 나는 그것을 이해하는가?—미디어 언어, (5) 누구를 위해 찍은 것인가?—미디어 수용자, (6) 무엇을 나타내고자 하는가?—미디어 표상 등의 질문을 제시해 볼 수 있다. 이러한 질문을 통해 학생들은 신문의 전면광고가 담고 있는 여러 가지 측면의 정보와 의미를 이해할 수 있게 된다. 미디어 교육의 핵심 영

역은 상호 연관성이 있으며, 각 영역은 목적과 상황에 따라 중요도
가 다르므로 특정 영역만을 강조할 것이 아니라, 각각의 영역을 조
직화해서 핵심 영역 전반을 미디어 텍스트에 대한 총체적 이해를
위한 안내서로 이용하는 것이 바람직하다.

　　국내 미디어 교육의 내용이 감상적인 텍스트 분석에 머무르는
데 비해, 미디어 교육이 보다 오래전부터 실시되어 온 선진 국가들
의 경우 텍스트에 보다 체계적이고 분석적으로 접근하며, 구체적인
학습 활동을 제시하고 있다. 이런 맥락에서 호주와 캐나다의 미디
어 교육 교과과정 역시 참고할 만하다. 호주 퀸즐랜드 주의 경우,
취학 전 어린이부터 중·고등학생을 대상으로 (1) 미디어의 기술적
측면, (2) 문화와 의미, (3) 수용자, (4) 미디어 기관 및 미디어 산업
등 네 분야를 중심으로 학년에 따라 난이도를 두어 구성하고 있다.
캐나다의 온타리오 주의 경우는 (1) 미디어 교육의 목적과 필요성,
(2) 텔레비전의 미디어적 특성 등에 대한 개론, 텔레비전의 현실 구
성, 해독 활동, 프로그램 종류, 텔레비전의 상업적 특징, (3) 영화의
개론적인 정보, 영화와 사회, 영화 비평, 영화의 역사와 장르, 영화
와 문학의 관계, 단편영화 제작 실습, (4) 라디오의 역사적 배경, 다
른 미디어와의 관계, (5) 대중음악과 뮤직비디오의 내용, 가치, 미
학적 측면, 음악의 역사, (6) 사진의 특성, 이미지의 문제, 사진의
미학적 측면 검토와 실습 활동, (7) 인쇄 매체인 신문과 잡지, 기타
정기간행물의 미디어적 특성과 기능, 다른 영상 미디어와의 차이점
및 유사점, (8) 광고와 미디어에서의 성(sexuality)의 문제, 폭력의
문제, 캐나다적인 정체성과 미디어 소유 간의 문제, 뉴스 보도에 대
한 내용을 다루고 있다. 캐나다의 경우는 매체별로 미디어 교육을
교과과정에 담고 있다. 예를 들어 텔레비전의 경우 어떻게 현실을
구성하는가와 관련해 텔레비전의 시각적 특성을 소개하고, 이미지

와 실제 현실, 텔레비전에 그려진 현실 등을 비교해 보며, 텔레비전의 서사구조와 문학의 서사구조를 비교해 설명한다. '텔레비전의 해독 활동'에서는 텔레비전 언어에 대해 자세히 배우며, 수업 중에 실제 광고와 텔레비전 프로그램 장면을 분석한다(안정임·전경란, 1999 : 66~68).

　물론 전 세계의 미디어 교육은 국가별로 다양한 것이 특징이다. 이는 각 나라마다 미디어 교육의 도입 목적과 미디어 역사, 매체 종류, 활용 정도가 다르며, 이에 따라 전혀 다른 형태로 미디어 교육과정이 구성된다. 각국의 미디어 교육 목표에 의해서 전혀 다른 미디어 교육이 실시될 수밖에 없는 것이다. 예를 들어 영국은 문화적 전통에 의해서 미디어 교육이 문화 비평과 대중문화 이론에 토대를 두고 있는 반면, 프랑스는 미학적 접근에 의해 문화·예술 교육 차원에서 미디어 교육이 이루어진다. 이에 반해 독일은 제도 교육으로서 미디어에 의한 디지털 격차와 사회적 요구에 따라 미디어 교육이 시작되었다. 이런 점에서 각국의 미디어 교육은 각기 다른 양상으로 발전한 것이며, 우리나라의 미디어 교육 역시 교과과정 설계에서 미디어 교육 목표를 어디에 두어야 할지를 결정하는 일이 중요하다고 하겠다. 최근 들어 한 가지 주목할 사항은 전 세계적으로 미디어 교육이 '보호주의' 관점에서 '리터러시'와 '미디어 능력 배양'으로 확장되고 있는 추세이다. 더 나아가 기존의 '영상 리터러시'에 대한 이해 측면에서 해석과 제작에 중점을 두었다면, 인터넷의 발달과 디지털 개인 미디어의 개발로 '영상 미학적 차원'의 접근보다는 '개인 미디어'와 '정보능력'을 향상시키는 차원에서 미디어 교육이 이루어져야 할 것이다. 즉 우리나라의 경우도 인터넷과 뉴미디어를 포함한 '디지털 시대의 미디어 능력 향상'이라는 측면에서 미디어 교육의 목표가 수립되어야 할 것으로 본다.

3. 교과목별 미디어 교육과정

제7차 교육과정이 실시된 이후에 중등교육 현장에서 연구되어 온 교과목별 미디어 교육과정을 살펴보면, 국어과 '매체 언어 교육'과 사회과 교육과정의 미디어 교육을 대표적인 사례로 꼽을 수 있다. 국어과 교육과정의 경우, 국어 활용능력 신장이라는 교육 목표가 미디어 리터러시와 가장 잘 부합된다. 현행 국어과 교육과정의 교육 내용에서 매체 언어 교육 내용이 반영되어 있음은 이를 반증한다. 제7차 교육과정에 반영된 매체 언어 교육 내용을 간략히 검토해 보면 말하기와 쓰기, 읽기, 듣기 영역에서 텔레비전과 라디오, 연극과 영화, 만화영화, 사진, 컴퓨터 등 다양한 매체를 통해 미디어 교육을 접목시키고 있다. 예를 들어 말하기 영역에서는 텔레비전에서 본 것이나 라디오에서 들은 것 중에서 화제에 알맞은 내용을 선정해 말하거나, 연극이나 텔레비전 드라마를 보고 배우들이 상황에 따라 말, 표정, 몸짓, 어조를 어떻게 달리 사용하는지, 또 연예인들의 말에서 어법에 맞지 않는 예를 찾아 말해 보기 등이 있다. 쓰기 영역에서는 만화영화의 내용을 사건이나 행동의 변화가 드러나게 글로 쓴다든지, 컴퓨터를 이용해 가족 신문에 실을 만한 내용을 글로 쓴다든지, 그림이나 사진, 표 등을 넣어 자신이 쓴 안내장이나 신문 기사를 보기 좋게 편집한다거나, 인터넷과 컴퓨터 통신 등 다양한 매체를 이용해 필요한 정보를 찾아 글을 쓰는 내용들이 있다. 10학년의 경우는 신문이나 잡지에서 논쟁이 이어진 예를 찾아보고 쓰기가 갖는 사회적 역할에 대해 토의할 수도 있다. 듣기 영역에서는 연극이나 영화, 비디오를 보고 등장인물의 언어적 표현과 반언어적 표현, 비언어적 표현의 상호 보완성에 대해 토의하고, 텔레비전 드라마에서 등장인물의 어휘 사용이 상황에 적절하지 못한 경우를 찾아 적절한 어휘로 바꾸어 보는 내용을 들 수 있다. 이 외에도 학년별로 적용할 수 있는 매체 언어 교육 내용은 다양하지만 미디어가 주로 활용 수단으로만 이해되고, 그 교육 내용의 계열화와 통합화가 전혀 고려되지 않았다는 한계가 있다. 이는 제7차 교육과정 입안 시기가 1995년이었으므로 미디어 교육의 제도권화에 대한 문제를 깊이 있게 고려하지 못한 상태에서 "국어과 교육은 정보화 사회에서 효과적으로 국어 생활을 영위하고"라는 성격 규정만을 반영한 정도였기 때문이다(최웅환, 2005).

한편 7학년 이상의 국어과 교과서는 2001년도부터 개발되기 시작해 제6차 교육과정의 교과서와는 달리 다양한 삽화나 그림 등 시각적 요소들이 풍부해졌다. 제7차 교육과정이 반영된 교과서는 그 편찬과정에서 매체 언어 교육 이론과 교육 현장의 매체 언어 교육에 상당 부분 영향을 받은 듯한데, 7학년에서 9학년까지의 '생활 국어'와 10학년의 '국어 상·하', 그리고 '국어생활'에서 보이는 매체 언어 관련 부분의 주요 내용은 〔표 12-2〕와 같다.

최웅환에 따르면, 제7차 교육과정 국어 교과서에 반영된 매체 언어 교육은 각 단원별로 다양한 매체를 활용하고 있으나 매체 언어를 위한 독립된 단원은 아주 제한적이고, 또 세부적으로 살펴보았을 때 타 매체에 비해 '만화'가 전체 학년에 걸쳐 상당수 나타난다(7학년 5회, 8학년 3회, 9학년 3회 등). 10학년 국어 교과서에도 만화가 나타나는데, 이는 시각 언어로서 만화가 흥미를 끌고 창의력 개발에도 도움이 되기는 하지만, 타 매체 언어와 비교해 볼 때 다소 편중된 경향이 있다. 또한 국어 교과서의 미디어 교육은 '읽기로서

[표 12-2] 제7차 교육과정 국어 교과서에서의 매체 언어 반영 내용

■ 7학년 1학기 : 신문 기사, 만화
■ 7학년 2학기 : 3. 정보 수집하기
  (1) 매체를 이용한 정보 수집 : TV 프로그램, 광고문, 신문, 잡지, 책, 노래 가사, 통신어
■ 8학년 1학기 : 라디오 방송, 인터넷 게시판, 만화
■ 8학년 2학기 : 뉴스 진행, 드라마, 텔레비전 일기예보, 신문 기사, 인터넷 검색 글, 인터
           넷을 통한 검색
■ 9학년 1학기 : 만화, 광고 분석
■ 10학년 국어(상) : 영화 포스터, 텔레비전 방송 기사, 광고문, 만화, 전자메일
  ▶ 각 단원별 사진 보기, 인터넷 사이트 소개
■ 10학년 국어(하) : 정보의 조직과 활용
  (1) 다매체 시대의 언어 활동 :
  – [단원의 길잡이] "다매체 시대의 언어 활동에서는 다양한 매체 언어의 특성을 이해
     하고, 이를 바탕으로 매체가 전달하는 정보를 재조직하여 듣거나 읽는 활동을 해 보
     고……."
  – [알아 두기] 인쇄 매체 언어 : 신문 기사(신문 읽기)
     방송 매체 언어 : 광고, 뉴스, 드라마 등 다양한 장르가 혼합(텔레비전 보기)
     인터넷 매체 언어 : 인터넷 읽기
  ▶ 국어생활([주]한국교육미디어)
  (1) 여러 가지 매체 — 활자 매체, 영상 매체
  (2) 컴퓨터와 국어생활 — 컴퓨터로 읽기, 컴퓨터로 쓰기

출처 : 최웅환, 「국어과 미디어 교육 교과과정 연구」, 한국언론학회 미디어 교육 컨퍼런스 발제문,
2005, p. 124.

의 매체 언어'와 '쓰기로서의 매체 언어'라는 제한된 내용으로 국
어과 내용 영역의 하위 내용으로서 미디어를 활용한 교육이 중심이
되고 있음을 알 수 있다. 제7차 교육과정에 반영된 국어와 매체 환
경 영역에서도 제시되었듯이, 국어와 미디어 환경 단원은 현대인의
언어생활에 영향을 끼치는 여러 가지 매체의 작용을 이해하고, 지
식·정보사회에서 멀티미디어를 이용한 의사소통의 특성을 이해
하는 데 보다 중점을 두어야 할 것이다.

국어과 교육과정에서 미디어 교육은 여러 가지 매체 속에 나
타나는 다양한 텍스트를 이해하고, 대중매체로 표현된 국어 사용

현상을 비판적으로 평가하여 효과적인 국어생활을 하는 데 목표를 두고 있다. 그러나 실제 수용과정에서 미디어 교육이 갖는 문제는 전통적 의미에서 각 과의 교육이 갖고 있던 정체성에 대한 재확인 작업 없이 미디어 교육 속으로 흡수되는 경향이 있다. 비록 국어과 하위 영역의 교육 내용 및 활동 수준이기는 하지만 미디어 교육과 매체 언어 교육이 갖는 목표와 내용이 다르며, 부분적으로만 일치하기 때문에 이에 적합한 매체 언어의 범위를 분명히 해 두는 것이 필요하다. 또한 매체 언어의 교육적 가치도 보다 신중하게 고려해야 할 것이다. TV 드라마나 영화, 광고 등의 많은 미디어 생산물이 제작 초기부터 교육적 가치를 염두에 두고 제작된 것이 아니므로 영화 포스터나 TV 드라마, 광고, 만화영화 등의 미디어 읽기가 온전히 국어 교육의 내용이 될 수 없다는 점도 담당 교사들이 인식해야 할 사항이다. 따라서 국어 교육적 관점에서 미디어 관련 텍스트의 엄밀한 해체·분석이 필요하며, 타당한 매체 언어 교육방법론을 찾을 필요가 있다.

사회과 교과목 역시 미디어 교육을 실시하기에 적합한 교과목이다. 사회과는 기본적으로 사회 현상을 올바르게 인식하고, 사회적 지식 습득과 사회생활에 필요한 기능을 익히며, 민주 시민으로서의 자질을 육성하는 교과이다. 사회과는 지리, 역사 및 제 사회과학의 개념과 원리, 사회제도와 기능, 사회 문제와 가치, 그리고 사회 현상을 종합적으로 이해하고 탐구한다. 따라서 사회과 교육은 학생들에게 다양한 정보를 활용하여 사회 현상에 관한 지식을 발견하게 하고, 문제를 해결하는 데 필요한 비판적·창의적 사고력과 판단 및 의사 결정력 등을 키우는 데 중점을 둔다. 또한 이를 위해 다양한 탐구방법을 활용하여 학습자 스스로 학습하는 기회를 제공하며, 흥미와 관심을 고려해 개개인의 수준에 적합한 경험을 제공하는 효율적인 교수-학습 전략을 지향한다. 이처럼 사회과는 사회 현상에 관한 기초 지식과 능력은 물론, 사회과학의 기본 개념과 원리를 발견하고 탐구하는 능력을 길러 우리 사회의 특징과 세계의 여러 모습을 종합적으로 익힘으로써 개인의 발전은 물론 국가, 사회, 인류의 발전에 기여할 수 있는 민주 시민의 자질을 기르는 데 큰 목표를 두고 있다. 김영순(2005)에 따르면 사회과 교육에서 미디어 교육의 역할은 크게 세 가지 측면에서 정리해 볼 수 있다. 첫째, 미디어 교육은 학생들의 정보에 대한 접근과 분석, 그리고 의사소통의 기술 강화와 세계 정보에 대한 중요성을 인식시켜 준다. 또한 학생들에게 민주주의 사회에서 언론의 기능과 다양한 의견 접근의 중요성, 그리고 정책 결정자에 대한 정보를 제공한다. 둘째, 미디어 교육은 학생들의 표현능력을 기르고, 리더십과 문제 해결의 상황에 직면했을 때 어떻게 대처해야 하는지 의사소통의 능력을 길러 준다. 셋째, 미디어 교육은 학생들이 보다 다양한 정보의 출처에 접근하도록 자극하며, 스스로 다양한 의견과 정보를 탐색하도록 도와주는 역할을 한다. 제7차 사회과 교육과정에서 사회과는 사회 현상을 올바르게 인식하고, 사회의 지식을 습득해 사회생활에 필요한 기능을 익히며, 민주사회 구성원으로서 필요한 가치와 태도를 지니게 함으로써 민주 시민으로서의 자질을 육성하는 교과로 되어 있다. 사회과에서는 사회 인식의 형성과 시민적 자질의 육성이라는 목표를 위해 사회와 관련된 지식과 기능, 가치의 세 부분을 조화시키고 인간과 공간, 인간과 시간, 인간과 사회의 세 영역을 강조하고 있다([표 12-3] 참조).

　사회과 교육에서 미디어 교육은 학생들이 한 사회의 문화와 역사적인 관점을 갖도록 도와주며, 세계 또는 특정 지역에 대한 지리적, 문화적 이해를 돕는다. 실제로 다큐멘터리뿐만 아니라 허구

〔표 12-3〕 중등 사회과 미디어 교육과정

영역＼학년	7학년	8학년	9학년	10학년
인간과 공간	· 지역과 사회 탐구 · 중부 지방의 생활 · 남부 지방의 생활	· 현재 세계의 전개	· 현대사회의 변화와 대응 · 자원 개발과 공업 발달 · 인구 성장과 도시 발달 · 지구촌 사회와 한국	· 국토와 지리 정보 · 자연 환경과 인간 생활 · 생활 공간의 형성과 변화 · 환경 문제와 지역 문제
인간과 시간	· 지역과 사회 탐구 · 인간 사회의 역사 · 인류의 기원과 고대 문명의 형성	· 유럽 세계의 형성 · 서양 근대사회의 발전과 변화 · 아시아 사회의 변화와 근대적 성장 · 현대 세계의 전개 · 현대사회와 민주 시민 〈국사〉 · 우리나라 역사의 시작 · 삼국의 성립과 발전 · 통일신라와 발해 · 고려의 성립과 발전	· 지구촌 사회의 한국 〈국사〉 · 조선의 성립과 발전 · 조선 사회의 변동 · 개화와 자주 운동 · 주권 수호운동의 전개 · 민족의 독립운동 · 대한민국의 발전	· 문화권과 지구촌의 형성 · 시민사회의 발전과 민주 시민 〈국사〉 · 한국사의 바른 이해 · 선사시대의 문화와 국가 형성 · 통치구조와 정치 활동 · 경제구조와 경제 생활 · 민족문화의 발달
인간과 사회	· 지역과 사회 탐구	· 현대 세계의 전개 · 현대사회와 민주 시민 · 개인과 사회의 발전 · 시회생활과 법 규정	· 민주정치와 시민 참여 · 민주 시민과 경제 생활 · 시장 경제의 이해 · 현대사회의 변화와 대응 · 지구촌 사회와 한국	· 시민사회의 발전과 민주 시민 · 정치생활과 국가 · 국민 경제와 합리적 선택 · 공동체 생활과 사회 발전 · 사회 변동과 미래 사회

출처 : 김영순, 「중등 사회과 미디어 교육 교과과정 연구」, 2005, pp. 140~141.

적인 드라마 이야기 속에서도 역사가 구성되고 재현되는 방식에 대
해 학생들이 토론함으로써 특정 시대에 대한 역사적 관점에 대해
생각해 볼 수 있다. 또한 인터넷과 같은 정보 매체를 통해 세계 각
지의 산업과 문화, 환경 등의 최신 정보를 획득할 수 있고, 학생들
의 수준에 맞게 미디어 자료를 재구성해서 활용할 수 있다. 신문과
텔레비전 방송의 국제 뉴스를 활용해 우리나라와 관련 있는 국가에
대한 정보와 이미지를 획득할 수도 있다. 이 외에도 미디어는 과학
과 기술에 대한 새로운 지식과 적응능력을 길러 주며, 시민의식뿐
만 아니라 지구 공동체에 대한 인식의 지평도 넓혀 주는 데 도움을
줄 수 있다. 기존에 발간되어 있는 고등학교 사회 · 문화 교과서의
경우, 인간과 문화 현상에 대한 내용을 교육하기 위해 사진과 읽기
자료를 활용하는 비중이 큰 편이다.

　　한편, 사회과 교육에서 학생들에게 다양한 의견과 관점에 대
해 스스로 탐색하고 분석할 수 있는 능력을 길러 주기 위해서는 미
디어 교육에서 커뮤니케이션 능력 향상과 비판적 시각을 위한 구체
적인 학습 목표를 설정하는 것이 중요하다. 〔표 12-4〕는 김영순

〔표 12-4〕 사회과 미디어 교육 교과과정의 추가 요소

사회과 교육 영역	미디어 교육 교과과정 요소
정치 교육	사이버 정치, 온라인 투표 등
경제 교육	전자상거래
사회 교육	정보사회, 사이버 윤리
문화 교육	사이버 문화
법 교육	사이버 범죄
지리 교육	가상 현실(Virtual Reality)
역사 교육	역사 드라마 바로 보기

출처 : 김영순, 『중등 사회과 미디어 교육 교과과정 연구』, 2005, p. 149.

(2005)이 제시한 사회과 교육에서 미디어 교육 교과과정에 추가로 편입해야 할 요소들이다.

이상의 미디어 교육 교과과정 요소들은 사회과 교육 영역을 통해 새롭게 생산되는 뉴미디어를 청소년들이 다룰 줄 알게 하며, 미디어를 매개로 사회적 커뮤니케이션 행태가 어떻게 진행되는지를 이해하게 한다. 아울러 사회과 미디어 교육은 인터넷과 같은 미디어에 의한 커뮤니티 형성과 사이버 커뮤니케이션을 통한 사회·문화적 맥락을 이해시키는 데 도움이 된다. 사회·문화 현상을 탐구할 때 학생들은 미디어 텍스트의 다양한 종류를 경험하게 되며, 미디어 텍스트의 구성 원리와 문법을 이해하고, 미디어 텍스트에 그려진 가상 현실과 현실을 구분할 수 있게 된다. 그러나 이러한 미디어 교육 역시 사회과의 학습 테마를 중심으로 전개되어야 한다.

4. 미디어 교육의 향후 전망

디지털 미디어 시대에는 정보의 검색과 요약능력, 쓰기능력, 시각적·음악적 능력, 사회적 교류능력에 이르기까지 통합적인 지적 능력이 모두 요구된다. 디지털 미디어 리터러시는 단순히 글자를 읽고 쓰는 기술이 아니라, 멀티미디어의 영상적 이미지와 언어적 이미지를 중개하고 해체하는 능력이 필요하다. 청소년들에게 영상적 정보 처리능력은 고도의 지적 사고력이나 심미적 능력이 아니며, 대부분의 아이들이 가지고 있는 일상적인 능력에 지나지 않는다. 또한 디지털 미디어는 콘텐츠를 저장하거나 이용하고 통제하는 방식에서 매우 유연하다. 인터넷을 기반으로 한 디지털 정보는 어느 한 가지 언어 형태만을 담기보다는 문자 텍스트, 데이터, 음성, 비디오 신호를 쉽게 통합하여 함께 전달하며, 정보를 압축하거나 조작하는 것이 쉬워지기 때문에 유연성이 크다. 이는 기존의 미디어가 문자나 음성, 영상 중 어느 한 형태의 정보만을 전달한 것에 비하면 엄청난 변화가 아닐 수 없다. 과거에 어느 한 가지 형태의 정보만을 대상으로 하는 미디어들은 특정한 감각에 의존하기 때문에 시각 매체, 청각 매체 등으로 구분되었으나 인터넷과 같은 미디어는 멀티미디어적 특성을 갖는다. 따라서 디지털 미디어의 이용자들은 각각의 정보 형태를 이해하고 활용하는 통합적인 리터러시 능력을 갖추고 있어야 한다. 즉 양방향성, 네트워크화 등의 특성을 지닌 디지털 환경에서 수용자는 특정한 정보기술을 활용하는 일차적인 능력이 필요한 것이다. 또한 정보를 공유하는 협동력과 자신만의 독창성을 결합하는 능력도 요구된다. 요컨대 주어진 해답을 빨리 찾는 것이 아니라 자신이 필요로 하는 정보를 검색·조합하여 새로운 지식으로 창출함과 동시에, 실제로 문제 해결에 인터넷을 활용할 수 있는 능력을 발휘해야 한다. 이러한 능력을 배양시키는 것이 디지털 리터러시 교육의 핵심적인 요소가 되어야 할 것이다.

백욱인(2001)은 디지털 리터러시 교육을 구성하는 핵심적인 요소를 커뮤니케이션 특성에 적용해 다음과 같이 세 가지로 구분하였다. 첫째, 기술적 액세스(access)로서 네트워크 및 컴퓨터에 대한 접근능력을 통해 정보 접근능력을 향상시키는 것이다. 즉 컴퓨터 활용법을 교육하고 컴퓨터 네트워크를 사용하는 기회와 방법을 제공해 주는 것이 정보 리터러시 교육의 주요 영역을 이룬다. 둘째, 콘텐츠 활용능력을 배양하는 것이다. 이는 정보 내용을 이해하고 활용하는 능력을 의미한다. 자기에게 필요한 정보가 무엇이고, 그것이 어디에 있으며, 어떻게 찾을 것인가에 대한 노하우(know-how)를 익히는 교육이 필요하다. 우리 사회의 경우 컴퓨터망 보급과 하부 설비만 갖추면 디지털 리터러시가 자동적으로 이루어지리라는 환상도 적지 않았다. 따라서 개인적 차원에서 컴퓨터 사용법이나 몇 가지 주요 소프트웨어 사용법을 학습하는 것이 디지털 리터러시의 전부인 것처럼 오인되기도 했지만, 디지털 리터러시에서 정작 중요한 것은 네트워크 액세스나 컴퓨터 소프트웨어, 인터넷을 통해 무엇을 해야 하고, 정보를 어떻게 수집하며, 그것을 어떻게 자신의 삶에 적용할 것인가에 대한 이해가 필요하다. 셋째, 디지털 리터러시는 공동체 형성과 지식 정보의 나눔능력을 향상시켜야 한다. 디지털 미디어의 특성인 양방향성과 네트워크화를 잘 살림으로써 인터넷은 기존의 교육 환경을 획기적으로 변화시킬 수 있는 교육 공간이 될 수 있다. 즉 교사가 체계적인 지식 콘텐츠를 준비해서 학생에게 일방적으로 전달하는 것이 아니라, 엄청난 양의 정보 교류를 통해 인터넷 이용자들이 상호 간의 학습에 영향을 미칠 수 있다. 예컨대 가상 공간에서는 청소년들이 어른들에게 유용한 정보를 제공할 수도 있고, 커뮤니티 활동을 통해 실제 현실에서는 접할 수 없는 전문가들과 직접 연결될 수도 있다. 사람들은 가상 공간의 커뮤니티에서 스스로에게 필요한 적절한 정보를 주고받으면서 대화와 교류를 통한 학습을 자연스럽게 경험한다. 이 과정에서는 교사와 학생의 역할이 따로 구분되지 않으며, 지식의 흐름도 정해진 방향을 갖지 않는다. 디지털 리터러시는 이처럼 일상생활의 정보기술을 통합하려는 지속적 학습을 통해 이루어진다. 아직까지 국내에서 디지털 리터러시의 개념은 정보기술의 습득과 검색에만 초점이 맞추어져 있을 뿐, 정보의 창조자 및 제공자로서의 능력 배양에 대해서는 무관심한 상황이다. 전통적인 미디어 리터러시 교육에서는 미디어 텍스트를 비판적으로 이해하기 위해서 수용자 스스로가 미디어 생산자가 되어 보는 경험이 필수적이라고 보았듯이, 디지털 미디어 교육에서도 직접 정보를 생산하고 이를 인터넷상에 유포시켜 공동체와 나눔으로써 가상 교육적인 공간에서 효율적인 커뮤니케이션을 유도하고, 상호 교류를 더욱 활성화하여 교육의 효과를 증대시킬 수도 있다.

한편, 디지털 미디어 교육에서 인터넷 이용자들의 목적의식 결여나 창의력 및 문제의식이 없는 주입식 리터러시 교육방식은 한계가 있다. 미디어 리터러시 교육은 결국 자신의 창의성을 바탕으로 남의 생각을 이해하고, 자신의 생각을 창조적으로 전달하는 능력에 달려 있기 때문이다. 인터넷을 포함한 멀티미디어 리터러시 교육 역시 단순한 도구의 사용에 그치는 것이 아니라 이 도구를 사고의 도구, 탐구의 도구, 대화의 도구, 제작의 도구, 문화 습득의 도구로 활용할 수 있게 실시되어야 한다. 이렇게 볼 때 미디어 교육은 어린이나 청소년 등 특정 시기에만 한정적으로 실시되는 것이 아니라 평생교육의 차원에서 이루어져야 한다. 수백만 명의 수용자를 컴퓨터를 통해 상호 연결하는 인터넷, 월드와이드웹, 인터넷 방송, 온라인 컴퓨터 게임 등을 비롯해 가상 현실 등과 같은 디지털 미디어의 등장은 수용자가 정보의 생산과 소비의 동시적인 주체로서 직접 참여하는 커뮤니케이션 패러다임을 가져왔다. 따라서 디지털의 변화는 단지 기술의 변화가 아니라 수용자 위상의 혁명적인 변화를 가져온 것이다. 하지만 우리의 일상생활에 이미 깊숙이 들어와서 이용되고 있는 디지털 뉴미디어를 개념적으로나 효과 측면에서 정확하게 인지하고 사용하는 사람들은 많지 않다. 이러한 맥락에서 미디어 교육은 디지털 기술로 발전된 인터넷과 같은 미디어들을 잘 이용하고, 개인이나 그룹의 사상, 의견, 감정 등을 구성하여 적절하게 표현하는 능력을 기르는 데 중점을 두어야 한다. 요컨대 디지털 시대의 미디어 리터러시 교육은 미디어 수용능력 육성에 초점을 두어야 하며, 미디어 콘텐츠란 특정 사회 안에서 누가 만들어 낸 정보인가를 파악하고, 그 특성이나 배경에 근거하여 비판적으로 수용·해석하는 능력을 강조해야 할 것이다. 또한 향후 미디어 교육은 우리 사회의 디지털 디바이드 현상을 극복하고 수용자 간의 미디어 리터러시 격차를 해소하기 위해 디지털화된 정보를 해독하는 능력과 이를 새로운 정보와 지식으로 전환시키는 수용자 중심의 매체 교육을 전개시켜 나가는 것이 요망된다.

참고문헌

▶ **국내 문헌**

· 강상현 외(2002), 『디지털 방송론』, 한울 아카데미.

· 강정훈(2004), 「특기 · 적성 교육 시간을 이용한 미디어 교육」, 제 8회 미디어 교육 전국대회 발제문.

· 강정훈(2005), 「'깨끗한 미디어를 위한 교사 운동' 고등학교 미디어 교육 현장 사례」, 제9회 미디어 교육 전국대회 발제문.

· 강진숙(2005), 「독일에서의 초 · 중등학교 미디어 교육 교과과정 연구」, 2005년 1차 한국언론학회 미디어 교육 콘퍼런스 발제문, pp. 45~60.

· 강현두 편(1980), 『대중문화의 이론』, 민음사.

· 권혁남(2000), 『한국언론과 선거보도』, 나남출판.

· 권혁남(2006), 『미디어 선거의 이론과 실제』, 커뮤니케이션북스.

· 김광수(2000), 『광고학』, 한나래.

· 김기태(2005), 「초 · 중등학교 미디어 교육의 목표 및 방향 설정」, 2005년 1차 한국언론학회 미디어 교육 콘퍼런스 발제문, pp. 1~6.

· 김성문(1998), 『방송 · 영상의 실제적 이해』, 커뮤니케이션북스.

· 김성벽(2006), 『인터넷 환경 바로 보기, 어린이 미디어 이해 교육을 위한 미디어 지도자 양성과정』, 한국지역사회교육협의회.

· 김양은(2005), 「범교과 및 독립교과 미디어 교육 교과과정 연구」, 2005년 1차 한국언론학회 미디어 교육 콘퍼런스 발제문, pp. 153~170.

· 김영임 · 김우룡(2000), 『방송학개론』, 한국방송통신대학교출판부.

· 김창헌 · 박두순 · 손진곤(2000), 『뉴 밀레니엄 인터넷』, 이한 출판.

· 김학천 · 한진만 · 설진아(2001), 『방송제작기술』, 한국방송통신
  대학교출판부.
· 김호석(1999), 「텔레비전과 스타 시스템」, 황인성 편, 『텔레비전
  문화 연구』, 한나래, pp. 375~399.
· 노영란(2005), 「한국 사회단체 미디어 교육 평가 및 과제」, 제9회
  미디어 교육 전국대회 발제문.
· 댄시거(Dancyger, K.), 정경욱 역(2005), 『영화와 비디오 제작의
  세계』, 커뮤니케이션북스.
· 문혜성(2004), 『미디어 교육학』, 한국방송영상산업진흥원.
· 밀러슨, 한국방송개발원 역(1995), 『비디오 프로그램제작』, 나남
  출판.
· 박효식 · 양영종(1997), 『현대사회 광고론』, 형설출판사.
· 배규환(2004), 『매스미디어와 정보사회』, 커뮤니케이션북스.
· 비첨, 심길중 역(1995), 『비디오 촬영기법』, 나남출판.
· 설진아 · 오종환(2002), 『방송기획제작 I』, 한국방송통신대학교출
  판부.
· 설진아 · 한성수(2004), 『방송제작기술』, 한국방송통신대학교출
  판부.
· 성동규 · 라도삼(2000), 『인터넷과 커뮤니케이션』, 한울아카데미.
· 세버린 · 탠카드 공저, 박천일 · 강형철 · 안민호 역(2004), 『커뮤
  니케이션 이론』, 나남출판.
· 슈로이펠(Schroeppel, T.), 이찬복 역(2004), 『이것만 알면 찍는다 —
  영화와 동영상』, 커뮤니케이션북스.
· 스가야 아키코, 안해룡 · 안미라 역(2001), 『미디어 리터러시』, 커
  뮤니케이션북스.
· 심길중(1996), 『텔레비전 제작론』, 한울.

· 안보섭(2002), 「인터넷과 PR」, 원우현 편, 『인터넷 커뮤니케이션』, 박영사, pp. 231~269.

· 안정임 · 전경란(1999), 『미디어 교육의 이해』, 한나래.

· 알렌, 김훈순 역(1992), 『텔레비전과 현대비평』, 나남출판.

· 양영종 · 강승구(2006), 『광고기획제작』, 한국방송통신대학교출판부.

· 오택섭 · 강현두 · 최정호(2003), 『미디어와 정보사회』, 나남출판.

· 원용진(2000), 『텔레비전 비평론』, 한울아카데미.

· 원우현 편(2002), 『인터넷 커뮤니케이션』, 박영사.

· 윌리엄스(Williams), 박효숙 역(1996), 『텔레비전론』, 현대미학사.

· 이강수 편(1998), 『대중문화와 문화산업론』, 나남출판.

· 이대희(2001), 『문화산업론』, 대영.

· 이동우(2004), 『미디어 교육 추진 사례』, 한국언론재단.

· 이상철(2002), 『신문의 이해』, 박영사.

· 이은미 외(2003), 『디지털 수용자』, 커뮤니케이션북스.

· 이은택 · 김창룡(2001), 『취재보도론』, 한국방송통신대학교출판부.

· 이형식(2001), 『영화의 이해』, 건국대학교 출판부.

· 이효성(2002), 『언론과 민주정치』, 커뮤니케이션북스.

· 임성호(2005), 「초 · 중등 미디어 교육 표준교육 교과과정 연구」, 2005년 1차 한국언론학회 미디어 교육 콘퍼런스 발제문, pp. 61~115.

· 전석호(1999), 『정보사회론』, 나남출판.

· 정경훈(2002), 『방송기술이야기』, 한울.

· 정만수(2002), 「인터넷과 콘텐츠」, 원우현 외, 『인터넷 커뮤니케이션』, 박영사, pp. 205~230.

· 정성호(2003), 『정치 커뮤니케이션과 TV토론』, 차송.

· 정현선(2003), 「영국의 미디어 교육 현황」, 한국언론학회 정기학 술대회 세계의 미디어 교육 현황 보고서.

· 정회경(2005), 「영국에서의 초·중등학교 미디어 교육 교과과정 연구」, 2005년 1차 한국언론학회 미디어 교육 콘퍼런스 발제문, pp. 7~44.

· 제틀, 박덕춘·정우근 역(2002), 『영상제작의 미학적 원리와 방 법』, 커뮤니케이션북스.

· 차배근·김우룡·이기홍(1993), 『매스컴대사전』, 한국언론연구원.

· 최경숙(2006), 『커뮤니케이션과 미디어』, 한국교과서주식회사.

· 최웅환(2005), 「국어과 미디어 교육 교과과정 연구」, 2005년 1차 한국언론학회 미디어 교육 컨퍼런스 발제문, pp. 119~133.

· 최이정(2005), 『영상 제작론』, 커뮤니케이션북스.

· 최충웅(1999), 『텔레비전 제작실무론』, 나남출판.

· 크리버 외, 박인규 역(2004), 『텔레비전 장르의 이해』.

· 톰슨(Thompson, R.), 김창유 역(1999), 『영화 연출과 편집문법』, 책과 길.

· 한국방송진흥원(1999), 『프로그램 기획과 제작』.

· 한국정보문화센터(2002), 『인터넷 중독 상담전략』.

· 한국컴퓨터생활연구소(2005), 『청소년의 인터넷 문화와 중독예방』.

· 허버트 갠스, 강현두 역(1998), 『대중문화와 고급문화』, 나남출판.

· 허성희(2005), 『한국언론재단 미디어 교육 사례』, 한국미디어교육 학회.

· 황인성 편저(1999), 『텔레비전 문화연구』, 한나래.

· SBS 방송아카데미(1999), 『방송과 프로그램 제작』 제1·2권.

· SBS 서울디지털포럼 편(2005), 『유비쿼터스의 최전선』.

▶ 외국 문헌

· Featherstone, M.(1990), *Global Culture: Nationalism, Globalization and Modernity*, London, Newbury Park and New Delhi : Sage.

· Frith, K.T.(1996), "The Century of the Dragon-advertising in Asia: From Dependence to Convergence," *Media Asia*, 23(4), pp. 188~197.

· Macluhan, M.(1964), *Understanding Media : The Extension of Man*, New York : Mentor.

· Tulodziecki, G.(1997), *Medien in Erziehung und Bildung.* Grundlagen einer handlungs/ und entwicklungsorientierten Medienpadagogik, 3. Aufl. Dad Heilbrunn. 강진숙(2005), pp. 52~53에서 재인용.

· Zettl, H.(2000), *Television Production Handbook*, 7th Edition, Belmount, C.A. : Wadsworth.

▶ URL

· www.mediacollege.com

· www.naver.com

· www.wordnet.princeton.edu

부록

방송 프로그램의
모니터 기준과 방법

1) 모니터링의 기준

방송 프로그램을 모니터할 때 일정한 기준 양식이 별도로 정해진 것은 아니다. 다만 프로그램을 체계적이고 분석적으로 비평하고 모니터하기 위해서는 다음과 같은 사항을 고려할 수가 있다. 다음은 모니터 요원으로 활동하고 있는 맹숙영 씨가 제시한 일반적인 모니터링의 기준과 장르별 프로그램의 모니터 기준을 소개하고자 한다(www.goodmonitor.pe.kr 참조).

(1) 기획

－프로그램의 주제 설정은 시기에 맞는가?
－주제는 적합한가?
－프로그램 포맷은 주제에 맞는가?
－출연자 선정은 적합한가?

(2) 내용

－각 방송국의 방송 목표와 지표를 구현하는 내용인가?
－방송 윤리에 어긋남이 없는가?
－소재 선택은 잘 되었는가?
－진실하고 명확하게 표현되는가?

(3) 구성

－시청자의 이해를 촉구할 수 있도록 구성되어 있는가?

―속도감과 변화를 주고 있는가?

―게시 부분은 시청자에게 어필할 수 있도록 구성되어 있는가?

―화면 구성, 카메라 앵글 등은 적절한가?

―프로그램의 목적 및 취지가 제대로 부각되었는가?

―효과는 적절한가?

(4) 진행

―정확한 발음과 정상적인 음성으로 진행하는가?

―프로그램의 성격과 조화를 이루는 음성을 연출하는가?

―지루하고 불성실하게 진행하지 않는가?

―부자연스러운 공백 또는 중단이 있지 않았는가?

―예정된 방송 내용과 다르게 방송되지 않았는가?

―방송량의 부족으로 스테이션 브레이크(프로그램 안내, 캠페인, 공지 사항)가 발생하지 않았는가?

(5) 운행

―정규 시간의 콜 사인(방송국 고유의 송출부호)의 누락은 없었는가?

―스테이션 브레이크의 처리는 적절했는가?

(6) 기술

―잡음은 없는가?

―화면에 이상은 없는가?

−음향 수준의 변동은 없는가?

−오디오와 비디오가 잘 조화되었는가?

−방송 도중 정파 및 공백은 없었는가?

−조명은 적당하며 적절했는가?

−특수효과를 잘 활용하고 있는가?

(7) 무대

−극적 효과를 살릴 수 있는 무대장치인가?

−시대물의 시대적 고증이 잘 부각되었는가?

(8) 선곡

−방송 금지 가요는 아닌가?

−생활시간대에 맞는 선곡인가?

(9) 제작

−정확한 발음과 활기차고 생생한 어휘로 연기 진행 또는 해
  설을 했는가?

−지루하고 복잡하고 불성실하지 않았는가?

−전체의 조화 및 순서의 배열은 잘 되었는가?

−자료가 효과적으로 제시되었는가?

−불성실한 편집은 없었는가?

2) 장르별 프로그램의 모니터 기준

(1) 시사 및 보도 프로그램

─그날의 톱뉴스는 무엇이고 톱뉴스로서 적당한가?

─기획 고발 기사의 발굴 취재 노력은 있는가?

─뉴스 흐름에서 관변 기사 일변도로 흐르지 않았는가?

─형평성이 결여된 보도를 하지 않았는가?

─기사의 시의성 및 현장성은 있는가?

─중요 기사를 빠뜨리지 않았는가?

─기사 내용과 화면이 일치하는가?

─속보성에서 일관된 보도 태도를 견지하고 있는가?

─어깨걸이(DVE)와 슈퍼 자막은 적절한가?

─보도 문장은 압축적이며 간결한가?

─보도 내용에 과장은 없었는가?

─통계 보도에서 오차의 한계 등은 밝혔는가?

─컴퓨터 그래픽의 활용은 어떠한가?

─앵커맨과 취재 현장의 연결 상태는 어떠한가?

─인터뷰 내용이 기사 내용을 반복하지는 않는가?

─기자의 리포팅과 전달력에 문제점은 없는가?

─초상권 침해 부분은 없는가?

─기사 작성은 간결한가?

─언어 표현에서 중복어를 사용하지 않았는가?

(2) 교양 프로그램

- 주제 설정은 적절한가?
- 소재 선택은 잘 되었는가?
- 내용 구성은 논리적으로 허술하지 않은가?
- 기획 의도와 부합하는가?
- 생활시간대와 잘 맞는가?
- 시의성, 공정성, 객관성은 유지되었는가?
- 기획, 구성, 편집, 진행 및 연출은 신선하고 적절한가?
- 적절한 긴장감과 속도감으로 지루하지는 않았는가?
- 세트, 조명, 음향, 자막 등에서 미흡한 부분은 없는가?

(3) 예능 및 오락 프로그램

▶ 드라마
- 극적 전개에서 속도감과 변화를 주고 있는가?
- 재미적 요소와 감동적 요소로 시청자들에게 공감을 주고 있
  는가?
- 시대물의 고증이 잘 되었는가?
- 특정 계층을 비하하거나 위화감을 조장하는 내용은 없는가?
- 배경과 소품의 선택은 적절한가?

▶ 오락 프로그램
- 재미가 있는가?
- 출연자들의 의상이 지나치게 노출되어 선정적이지는 않았
  는가?

―별 의미 없이 폭력적인 행위를 웃음의 소재로 삼지 않았는가?

―출연자 배역은 적절한가?

―특정 연예인의 지나친 중복 출연은 없는가?

―비상식적인 대사(비어, 속어, 은어)와 연기는 없는가?

―장면 배경 및 설정은 잘 되었는가?

찾아보기

..ㄱ..

가변성 213
가상 공간(cyber space) 81, 219, 308
가상 공동체 81, 213
가상문화 81
가상 현실 306
간결성 135
갈등성 137
개인형 미디어 75
거브너 25, 153
게이트키핑 100, 133, 138
경마식 보도 44
경실련 117
고급문화 54
고다르 187
고발 뉴스 19
고정관념 91, 176
공교육기관 105
공동체 31
공론의 장 34
공영방송사 41
공영성 159
공익성 23, 155
공정성 41
공중 30, 31, 32
관음주의 201
광각 렌즈 266
광고 164, 168, 175
광고 기능 140
광고 주체 172
광고효과 180, 215
교과과정 92
교수-학습 형태 102
교양 프로그램 159
교육 강사 290
교육방법론 72
교육 현장 70

교재 92
구른베르트 선언 85
구성방식 179
구성안 248
구성 원리 306
국어 교육 91
군중 53
그룹 샷 257
그리피스 186
근접성 137
글로벌 대중문화 스타들 56
글로벌 문화 59
글로벌 소비자 문화 57
글로벌 시장 57
글로벌 위성 텔레비전 56
글로벌 텔레비전 56, 58
금단 현상 219
기관지 126
기능인 19
기사 선택 20
기업광고 172
기획 246, 248
기획안 248
기획의도 251

..ㄴ..

내면화 21
내용 분석 100
네그로폰테 5
네오리얼리즘 186
네이스비트 5
네트워크 4
네트스케이프 208
네티즌 213
노즈 룸 260
논쟁 31

논평　20
누벨바그(Nouvelle Vague)　187
뉴미디어(new media)　5, 8
뉴스 가치　135
뉴스 피처　134
뉴욕 타임스　142
니 샷　256
닙코(Paul Nipkow)　149

■■ㄷ■■

대량 생산과 대량 소비　8
대본　248
대중　30, 32, 52
대중 매체　8, 37
대중문화　22, 52, 53, 54, 85
대중문화산업　61
대중사회(mass society)　8
대중예술적　72
도색영화　201
독립 교과　89
독일　100
독점화　209
돌리(dolly)　269
동시성　42, 155
동시적 · 비동시적 커뮤니케이션　213
둔감화 이론　200
드라마　113
디지털 격차　38, 78, 80
디지털 기술　74
디지털 디바이드　86
디지털 미디어　11, 74, 82
디지털 미디어 리터러시　306
디지털 방송　79
디지털 신호　12
디지털 위성방송　152

■■ㄹ■■

로빈스　6
롱 샷　255
뤼미에르 형제　185
르 플랑(Le Plean)　149
리터러시 교육　83

■■ㅁ■■

마이너 스튜디오　186
마케팅 전략　175
만평　238
만화　238, 300
매스 미디어　21, 52
매체기술　5
매체 융합　11
매체 특성 교육　70
매클럽　5
맥루한　16
멀티미디어　11, 15, 212, 306
멀티미디어 시대　70
멀티플렉스　197
메신저　217
메이저 스튜디오　186
멜리에스(George Melies)　185
면접조사　46
모델 구성방식　179
문자 언어　82
문화　62
문화 매체　153
문화 배양효과　25
문화 배양효과 이론　26
문화 비평　298
문화산업　61, 62, 66
문화상품　61, 65, 196

문화성 194
문화 연구 85
문화유산 141
문화의 동질화 59
문화적 다원론 53
문화적 무기 153
문화적 산물 54
문화적 세계화 57
문화적 순응주의 24
문화 전수 기능 140
문화 지표 153
문화 침식 60
문화 현상 52
물질만능주의 162
미국 95
미디어 35, 52
미디어 교육 36, 63, 70, 83, 88, 132, 162
미디어 교육 교수법 112
미디어 교육자료 가이드 110
미디어 기술 73
미디어 능력 100, 101, 104
미디어 리터러시 63, 70, 72, 83, 95, 98,
            230
미디어 문화 88
미디어 범주 73
미디어 생산자 86
미디어 세계화 57
미디어 수용자 73
미디어 언어 73
미디어의 세계화 59
미디어의 언어와 대상 89
미디어의 현실 구성 89
미디어 정치 30
미디어 제작 교육 70
미디어 제작자 72
미디어 테크놀로지 89
미디어 텍스트 113, 306
미디어 통제 32

미디어 표상 73
미디어 프로젝트 교육 105
미디어 해독능력 110
미디어 효과 25

..ㅂ..

발상 247
방송 20
방송 뉴스 158
방송 제작 290
방송 프로그램 157
배급 195, 197
배급사 191
배너(banner) 광고 180
배양효과 이론 25
배역 20
버스트 샷 256
벨(Daniel Bell) 4
보도 157
보도 프로그램 158
보편성 42, 155
본문(body) 135
부적응 현상 219
불연속성 213
불편부당성 42
비동시성 12, 78
비선형 편집 273
비일관성 213
비판적 수용능력 107

■■人■■

사설 20
사실성(factuality) 154
사이버 세계 213

사이버 여론조사 34
사이버 정치 34
사이버 정치 현상 34
사이버 테러 35
사이버 토론 38
사이버 투표 34
사이버 폭력 221
사전 제작 단계 248
사회 문화유산의 전수 17, 22
사회성 194
사회 신경조직 17
사회적 공론장 133
사회적 임재감 16
사회 통제 22
사회 통합 140
사회화 21, 22
사후 제작 단계 249
삼등분 법칙 261
상관 조정 17, 20
상영 195
상징체계 16
상호작용성 12, 12, 15, 76, 212
샷(shot) 186
서부교육개발연구소 97
서사구조 73, 298
선거 36
선거 방송 42
선거방송토론위원회 41, 45
선거법 41
선거 보도 35, 41, 44
선거운동 37
선거 캠페인 40, 43
선전 168, 169
선형 편집 273
설득 커뮤니케이션 169
설문조사 46
세계신문협회(WAN) 142
세계화 56, 209

소비에트 몽타주 186
소비자 교육 175
소비주의 164
속보성 133, 135, 158
수용자 교육 70
수용자론 75
수용자 주권 75
수용자 통제형 79
순기능 17, 43
스가야 아키코 98
스크린쿼터제 189, 196
스타 63, 64
스타 시스템 63, 64, 186
스타 의존도 66
스테레오타입 108, 164
스트레이트성 134
슬로건 253
시민 단체 117, 290
시의성 136
시청각 매체 154
시청기술 97, 98
시청률 23
시청행위 97
시청 행태 165
시청효과 196
신국제정보 질서 210
신기성 137
신문 20, 126, 131, 132, 138
신문 활용 교육(NIE) 141, 143, 228, 233, 239
심도 252

■·■ **O** ■·■

아르파넷 207
압축기술 12, 15
애드버토리얼(advertorial) 174

액세스(access) 307
양방향성 38
언론기본법 128, 151
에디슨 184
에이젠슈테인 186
엘리트 신문 129
여론(public opinion) 30, 31, 32
여론 정치 30
여론조사 46, 47
여론조사 보도 37
여론 조성 기능 140
여론 형성 33
역기능 17, 18, 43
영국 87
영국영화연구소 72, 92
영국영화협회(BFI) 85, 91
영상 12
영상 교육 85
영상 언어 82
영향력 42
영화 184
영화 비평 297
영화산업 195
예술성 193
오락 157
오락 기능 22, 140
오락 매체 23
오락 제공 17
오락 프로그램 159, 163
오버 더 숄더 샷 258
온라인 정치 34
우편조사 46
원경 266
원근감 266
원·투·스리 샷 257
월드와이드웹(www) 207, 208
웨이스트 샷 256
윌리엄스 5, 55, 152

유네스코 85
유동성 213
유비쿼터스 13
유통과정 195
의견 지도자 33
의사 문화(pseudo culture) 55
의사 예술(pseudo art) 55
의제 설정 기능 130
이동 멀티미디어 방송 9
이동성(mobility) 12
이동전화 8
이미지 36, 38
이미지 광고 172
이미지 정치 39, 40
익명성 213
익스트리 롱 샷 255
익스트림 클로즈업 샷 257
인상주의 영화 186
인식 교육 91
인터넷 33, 37, 38, 206, 305
인터넷 광고 180
인터넷 정치 34
인터넷 조사 46
인터넷 중독 219, 221
인터페이스 208
인포머셜(informercial) 174
일방향성 154
일탈행위 22

■■ㅈ■■

잔상효과 184
잠재적 기능 17
장르 157
재량활동 292, 293
저명성 137
적용 단계 239

적응능력 101
전경 266
전기통신방식 149
전달방식 12
전문(lead) 135
전문지 126
전시광고 172
전파 매체 8
전화조사 46
정당정치 44
정론지 136
정보 4
정보 격차 6, 80, 86
정보 기능 133
정보기술 4, 5
정보방식 78
정보사회 4
정보의 집중화 209
정보 접근권 79
정보 제공 17, 18, 19, 130, 140
정보 종속 76
정보 창출 211
정보 처리 12
정보 해독능력 83
정보 형태 83
정치과정 35
정치광고 37, 40
정치 정보 38
정치 정보원 37
정파지 127
정화작용 199
정확성 135
제작 교육 230
제작기술 254
제작 단계 249
제7차 교육과정 229, 292
주문형 부가 서비스 75
주사선의 원리 149

중독 현상 221
중앙일보 142, 143
즉시성 42
증언(testimonials)방식 179
지역 민영방송 151
지위 부여 기능 18
집단적 경험 21

■ㅊ■

차별화 252
참교육학부모회 117
창구효과(window effect) 197
친근감 155
친밀성 154

■ㅋ■

카메라 254
카타르시스 이론 162
캐나다 107
커리큘럼 72, 90, 235
컬러텔레비전 150
콘텐츠 11
크로스 샷 258
클로즈업 샷 257
키네토스코프(kinetoscope) 184

■ㅌ■

타이트 샷 257
탈대중화(demassified) 현상 77
텔레비전 35, 148, 149, 154
텔레비전 광고 178
텔레비전 텍스트 73

토착문화 60
토크쇼 65
토플러 5
통합교과 형태 89
통합 교육 101
통합성 12
투표 결정 36
투표행위 36, 39
툴로치에키 103
트랙 또는 트럭(track or truck) 269
트래킹(tracking) 269
틸트(tilt) 269
틸팅(tilting) 269

■■ ㅍ ■■

판촉 광고 172
판촉 활동 168
패닝(panning) 269
팬(pan) 269
편성 메커니즘 65
편재성 13
편집 272
편집 콘티 249, 274
평형성 135
포르노그래피 201
포맷(format) 157, 158
폭력과 미디어 114
폭력과 시청률 114
폭력성 162
표상(representation) 패러다임 72
표제(headline) 135
표현주의 영화 186
풀 샷 256
풀 피겨 샷 256
프라이버시 108
프로슈머 75, 212

프로젝트 수업방식 101
프리뷰 274
피드백(feedback) 15, 156

■■ ㅎ ■■

하위문화 53
학교 신문 231
한국신문편집인협회 142
한국언론재단 281
한류 59
한성순보 128
해독 활동 297, 298
헤드 룸 260
현대 정치 30
현실감(reality) 154
현실성 131
현실 인식 25
현장감(actuality) 154
현재적 기능 17
현지화 전략(localization) 58
협각 렌즈 266
형평성 41
호소력 154, 155
호주의 미디어 교육 111
홍보(publicity) 169
홍보 활동 169
홍보효과 215
화이트 밸런스 268
환경 감시 17, 18, 140
황색신문(Yellow Journalism) 127
후보자 토론 36
흐름(flow) 152, 153, 161
히치콕 187

▪▪영문색인 ▪▪

ARPANET 207

BBC 150

BBC 방송 91

CJ엔터테인먼트 191

cool media 16

DMB 13, 152

HLKZ-TV 150

hot media 16

HTML 210

IP-TV 8

mass culture 52

popular culture 52

PR 168

TV 수상기 149

TV 선거 46

TV 정치광고 36

TV 토론 36, 40, 43, 44, 45

VOD 13

Wibro 8, 13

YMCA 115

지은이 **설진아**

고려대학교 정경대학 신문방송학과 졸업
미국 조지아 주립대학교 언론대학원 석사
호주 맥콰리 대학교 언론학 박사

경력
교육방송국 PD
미국 LA KTE 기자
SBS 프로덕션 PD
SBS 시청자위원

저서
『방송기획제작의 기초』, 『글로벌미디어』,
『방송제작기술』(공저), 『국제방송론』(공저),
『방송기획제작 I, II』(공저), 그 외 다수 논문